KB206368

無字眞經

———————— 붇다의 길

new eye,

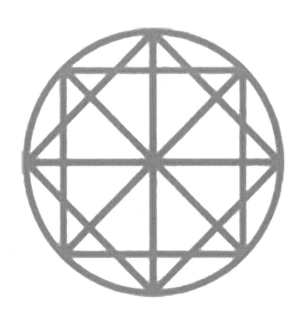

逢 天

순서

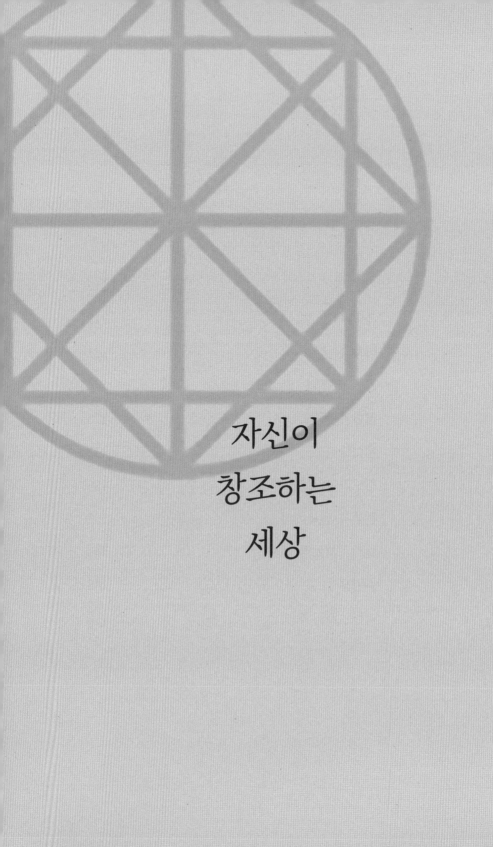

자신이
창조하는
세상

처음이 답입니다

나와 우주를 알려면,

처음은 무엇으로 시작 되었나,

그것은 어떻게 변화 되어 지금의 모습을 가지게 되었나,

나와 만물의 근본재료와 성질과 변화의 과정을

모르고, 경험하지 않고, 지식과 생각으로만 공감하고

그것을 절대의 잣대로 굳히는 것은

근원을 알고, 새로운 것을 보는

창조의 길에 걸림돌이며 장벽입니다.

전부를 요약하면 내면세계와 만나는 법, 표현하는 법,

이해하는 법, 쓰는 법, 無理를 보는 법, 하나 되는 법입니다.

직접 경험해보면서 새로운 발견을 하신다면

그것이 진정한 깨달음이며 살아있는 수행이며,

인류에게 새 길을 여는 새로운 선구자가 될 것입니다.

부처가 되고 보살이 되는 단 하나의 통로며 밖에서 찾지 않고

자신 속에서 자신의 참 모습인 自神을 만날 수 있는 길.

그것으로 자신의 본래 모습을 알고 우주를 알고 진리를 만나는

온 세상과 통하며 잘못된 지식과 자신의 미래를 고쳐 나가는 길.

쓰지 못했던 숨겨진 뇌 속의 태초와 지금까지의 정보를

알 수 있는 새로운 반야의 세계로

당신의 중심에서 당신을 초대합니다.

사람의 정보와 생각으로 깊고 광대한 우주를 다 알 수 있을까?

온 인류가 모든 것을 써서 밝혀낸 것이 얼마만큼 일까?

우주와 자신에 대하여 얼마나 알고 있을까?

본래 자신인 영혼의 세계는 얼마나 알고 있나?

물질 세상에 갇혀버린 자신을 어떻게 깨울지 알고 있나?

우주가 무엇으로 시작되었는지 왜 어떻게 시작되었는지?

見性成佛이 정말일까? 그것으로 우주와 나를 다 알까?

석존은 어떻게 깨달았을까? 그 방법이 바로 전해 왔을까?

宗敎는 왜 祈福으로 변했을까? 과거의 방법이 열쇠일까?

바로 찾을 수 있을까? 그 방법을 제대로 맞게 쓸 수 있을까?

가장 효율적인 현재의 방법이 없을까?

불경을 다 태우니 반야가 남았네,

온 세상을 다 태우니 O 만 남았네,

나로써 시작되어 돌고 돌아보니 그곳이네

누구나 우주법계의 수 없는 현묘한 경지에 접촉하려면,
먼저 우리가 가진 상식의 전부를 송두리째 접어두고
맑은 물 같은 마음에서 새로 출발하지 않으면 안 된다.
우주의 본심과 연결하는 것은 氣의진동이다. 통하는 길은 氣다.
自性을 만나고 無字眞經을 만나는 길이다. 전달 표현체인 나는
맑은 물이어야 한다. 그러기 위해서는 깊은 수련이 필요하다.
생각의 이론이 아닌 실지의 행이며 현실이다.
이론과 실기가 하나 되었을 때 비로소 확신과 믿음이 생긴다.
자신을 하나의 물방울이 되어 맑고 밝게 만들면

세상에 대한 기대와 탐진 치가 사라진 無의 세계

무심 무상삼매의 삶이 저절로 된다.

그것으로 속이 맑게 비추어 해인이 밖으로 드러나니 해인삼매다.

맑지 못한 만큼 왜곡된 우주관을 보고 가지게 된다.

우주는 양면성과 그리고 높이 깊이 넓이의 내적과 외적인 보이고
보이지 않는 것으로 이루어진 상대성을 가지고 있다.

한계를 가진 상과 이름을 보지 말고, 무한이며 실체인 내면을
보라고 하는 이유이다. 무한의 우주에 들 수 있는 방법이다.

道가 무엇입니까 물어본다. 예, 돕니다, 돌아가고 있습니다.

우주도 태양계도 지구도 세계도 국가도 가정도 나도, 만물이
항상 멈추지 않고 변화하고 있다. 돌아가고 있는 것,

시작은 진동과 운동이다. 진동하며 돌아가는 그 기본은 파동과
운동, 즉 소리와 회전이다. 그래서 흔히들 태초의 진동과
소리로 "옴"이라 표현하기도 한다. 운동과 소리 즉 파동은 서로
간섭하며 간섭무늬를 만들어 만상의 기본조건이 된다.

간섭은 길을 방해하여 진행을 막아 스스로 돌게 한다.

돌아가는 것은 저절로 중심이 생긴다.

우주는 스스로 돌고 저절로 만들어진다. 이것을 반야파라밀의
작용 세계라 한다. 중심은 氣의 집합으로 질량을 가진다.

힘에 의한 끌림의 법칙이 크기 회전속도 거리 방향에 따라
만상의 우주를 만들어 낸다.

우주는 O과 氣로 되어 있다. 세상은 氣로써 형상을 이루고 O은
생명의 중심에 들어 氣를 쓰고 있다.

겉의 상과 이름에 현혹되지 않아야 본질인 속을 볼 수 있다.

三世諸佛 依 般若 波羅 密 多 故 得 阿뇩多羅 三먁 三 菩提

현상의 속에서 작용하는 般若 波羅密多의 이치를 알고 쓰면 더
없는 지혜를 얻어 삼세제불이 그렇게 부처가 되었다.

遠 離 顚倒夢想 究竟涅槃

멀리 떼어놓고 생각지 말고 상에서 찾는 꿈을 뒤집어 속에서
찾으면 궁극에 닿아 열반에 든다. 관세음은 그 속에 들어
耳根 圓通法으로 자신의 본질인 여래를 만났다.

그때 관세음보살 마하살이 자리에서 일어나 세존께 정례하고
말하였다. 회상해보니 갠지스 강의 모래알처럼 수많은 세월 전에
관세음이라는 부처님이 계셨고, 나는 그분의 가르침에 고무되어
해탈을 추구하게 되었다.(이 말은 서로 동시대의 인물이
아니라는 표현으로 時空을 초월한 스승과 만남이란 것이다.
그러므로 그는 석존으로부터 가르침을 받은 제자가 아니라는
뜻이다. 추측해 보면 자신 속(自性)과의 대화가 가장 유사하다고
본다.)

나는 초월적인 청취(시공을 넘어 듣는다는 자신과의 대화)에
마음을 집중하는 수행법을 시작하였고, 그 수행에 의해 삼매를
얻었다.(無相 三昧)

나는 聖流(근원의 氣와 振動)에 들어가자마자(同 眞, 動 振)
온갖 분별하는 생각들을 끊어버렸고, 후에는 정진한다는 관념을
버리니, 움직인다거나 고요하다거나 하는 생각이 다시는 마음에
일어나지 않았다.

수행을 계속하여 나 자신의 듣는 본성에서의 온갖 분별 심과, 내면의 초월적인 청취에서의 온갖 분별심이 끊어지기까지 진보해나갔다.

내면의 청취(자신과의 대화, 통합, 동진, 반야 관)에 대해서 마음에 나타나는 바가 멸하고, 깨달음과 깨달아지는 바에 대한 관념도 마음에서 사라졌다.

이렇게 마음이 철저하게 공(空)해지는 상태에 이르니,

마음의 공이나 깨달음을 얻은 본성에 관한 자의적인 관념도 끊어졌다. 일어났다 사라지는 생각들에 대한 모든 자의적인 관념들이 끊어지자마자(無心三昧)

열반의 상태가 명료하게 나타났다.(海印三昧)

그러자 내 마음은 홀연히 세간과 출세간을 모두 초월하여 시방(十方) 세계가 모두 공적한 상태에 들어가,

두 가지의 경이로운 초월적 능력을 얻었다.

그 하나는 우주제불의 본질적이고 미묘한 보리심과 합치하고 또한 제불의 위대한 자비심과 합치하는

초월적 의식(Transcendental Consciousness)이었다.

두 번째는 육도의 온갖 유정 중생들의 마음과 그들의 해탈에 대한 진심과 열망을 내 마음으로 함께 느낄 수 있는(同振) 능력이었다. 자신과의 만남으로 無字眞經을 만나면 무한한 有字眞經이 샘솟는다.

종이 위에서 경(經)을 찾는 것은 쓸데없는 헛수고다.

사람들이 그 가운데 뜻을 참구하여 꿰뚫는다면 외외 부동(巍巍

不動)한 가운데 편안하리라.

조사 말하기를, 법(法)이 어느 곳에 있는가?

신광이 답하기를, 법(法)이 경서(經書) 위에 있노라.

조사 말하기를 검은 것은 글자이고 흰 것은 종이인데, 어디에 법(法)이 있다 하는가?

그대가 종이 위에 법이 있다고 말하였는데, 그렇다면 내가 종이에 떡을 그려 그대에게 줄 테니 굶주린 배를 채워보라.

조사 말하기를, 내가 불법을 천시하는 것이 아니라 그대 자신이 불법을 천시(賤視)하는 것이로다.

전혀 부처의 심인진법(心印眞法)을 탐구하지도 않고 경서설법(經書說法)에만 집착하니 가히 불법을 밝힐 수 없다 하리라.

보고 또 보려 해도 볼 수가 없고, 묘사하고 또 묘사하려 해도 묘사 할 수 없나니, 사람들이 이 한일(一)자를 터득하여 알고, 또 그 도형을 그릴 줄도 알고, 털 끝 만큼도 걸림이 없다면, 비로소 능히 생사(生死)를 벗어날 수 있으리라.

본래 형상이 없으나 가히 사철 광명을 발하니,

사람들이 이 현현(玄玄)한 묘리(妙理)를 터득하여 안다면,

문득 용화회상(龍華會上)의 사람이라 하리라.

달마(達摩)는 원래 하늘 밖의 하늘에서 왔는데 불법을 강론 않고도 신선이 되었네.

만권의 경서가 모두 다 쓸데가 없고 오로지 생사가 한일(一)자 끝에 매달려 있노라.

달마가 서천에서 한 글자도 가져오지 않았으니 오로지 심의(心

意)에 의지하여 공부하라.

만약 종이 위에서 불법을 구하려 한다면 동정호 호숫 물을 붓끝에 찍어 말려야 한다.

사람마다 무자경(無字經) 한권이 있는데 종이와 붓과 먹으로 쓰여 만들어진 것이 아니다. 전개(展開)하면

원래 한 글자도 없지만 밤낮 사시(四時)로 광명(光明)을 낸다.

무자경(無字經)으로 자신을 벗어나게 하고, 아울러 불문(佛門)의 여러 종친(宗親)까지도 제도하도록 하라.

사람을 제도하려면 모름지기 무자진경(無字眞經)을 사용하여 제도하라.

자신의 속에서 태초부터 과거 현재 미래까지 스스로 풀어낼 수 있다. 풀어내면 소우주에서 대우주로 거듭난다.

原音을 들으면 경전이 필요 없음은 근원의 이치를 알아가기 때문이다. 그 시대의 환경이 만든 모든 사상을 근본에서 이해한다.

自性과의 만남이 우주의 만남이 되고 우주의 삶을 산다면 나는 저절로 사라진다. 涅槃이며 寂滅이다.

세상을 위한 삶을 산다면 나는 없는 것이다.

진동 수축과 팽창이 生老病死를 만들었다. 그래서 변하며 돈다.

그래서 우주의 처음에는 선악이 없다. 조임과 풀림을 쓸 뿐이다.

운동의 법칙인 수축과 팽창이 우리에게 선악으로 인식되어있다.

어떤 절대 신도 한 번에 모든 것을 바꿀 수 없다.

시대에 맞추어 할 수 있는 한계가 있다. 우주는 善惡을 다 쓴다.

무자경 = 般若 波羅密多 = 空(般若)의 作用 = 眞空妙有

내면을 보아야 올바른 像이 보인다. 그러나 실제로 속과 영혼까지 보면서 설명하며 방법까지 지도해 주는 선생이 드물다. O의 밝음과 氣진동의 파동과 흐름에 同振하면서 通해야 한다. 氣의 회전 운동과 離合集散을 느껴 우주 이치에 맞추어 再度하며 쓴다. 모아서 중심에 들고 맑은 마음으로 밝게 보며 영혼의 변화를 주도하며, 내면의 가려진 빛을 들어내어 쓴다. 세상(비품)을 쓴다는 것은 제도(器質=氣質=性質=영질)를 쓰는 것과 같다.

바로 쓰는 것과 오래 대사해야 하는 것 = 자신 化

번역자는 깊이 깨친 자가 아니다. 원본보다 더 깊이 아는 자는 굳이 남의 것을 알리려 하지 않고 자기 이야기를 한다.

만물은 두 기운을 모두 가지고 있다. 음양도 %로 보아야 옳다. 남자와 여자, 남성적 여성적 구분과는 다르다. 양면성을 본다.

우주의 길은 좋은 말이나 글이 아니다. 자성을 만난다고 끝이 아니다. 어느 선을 넘어서면 당신이 가는 길을 포기할 때까지 시험하고 방해한다. 환경과 육체의 약점을 이용하여 포기하고 머물 때까지 내면의 자성은 늘 함께하면서도

낯선 자신과의 만남을 주도한다. 둘 다를 가장 잘 안다.

속과 통하고 그 이치를 알고 이룬 자는 세상 경전이 필요 없음은, 그것이 생긴 우주 근원을 내가 만나고 있으니 자신과의 만남이다.

어디서 왔는지, 왜 왔는지, 할 일이 무엇인지, 어떤 변화를 바라는지, 어떻게 행할 건지, 現狀작용의 속 변화를 알면 현재를

안다.

般若 波羅密多의 변화와 구성, 작용에서 그 답을 찾으면 우주와 소우주의 인과를 안다. 모두를 알 수 있다. 부처가 된다.

근원과의 대화가 시작되면 자신의 본질이 육체가 아님을, 최고의 스승이 자기 속에 있다는 것을 깨닫게 된다.

외부의 스승이 꼭 필요한 것은 선각자로 그 길을 틀리지 않고 갈 수 있게 이어주는 역할이다.

순간의 감동에 취하고 깨어나면 사라지고, 또 그 자극을 찾아 헤매는 현실의 수행 속에서 영원하지 못하는 지식만 쌓여 간다.

우주와 자신을 보는 새로운 시각이 필요한 때이다.

참 자신을 만나 필요하면 항상 진리를 드러낼 수 있는 법으로 하나가 되는 그때까지 이어지는 수행, 그 길과 통할 수 있는 O과 氣로 이루어진 般若의 世界를 경험하며 자유롭게 쓴다면, 우주 처음의 작용에서부터 실상까지의 변화를 알므로 달라진다.

설명 부족으로 잘못 전해져온 진리를 새로 경험하며 고쳐가므로 우주를 바르게 이해하고 자신을 알고 고쳐 가는데 도움이 된다.

우리는 착각하고 있다. 보이지 않는 우주이치와 O과 氣로된 세상의 본질의 작용인 般若의 세계를 五感과 지식으로 머리로 생각하고 고행으로 깨달음을 이룰 수 있을 거라고 착각한다.

O은 볼 수 없으나 氣는 느끼고 표현 할 수 있다. 서로 통한다.

보이지 않는 세계를 보는, 들리지 않는 세계를 듣고, 맡을 수 없는 냄새를 맡고, 맛 볼 수 없는 것을 맛보는, 느낄 수 없는 것을 느끼는, 氣와 진동場의 세상, 반야의 세상 觀 반야와 회로,

명상과 사주, 관상, 기도, 염불, 채널 링 등의 공부 방법은 모두 볼 수 없는 것을 보고 만나려 하는 방법이다.

'반야심경(般若心經)'은 '본래 갖추고 있는 위대한 지혜에 이르는 열쇠[心: 핵심]를 설하고 있는 경전'을 뜻한다.

반야 파라 밀 다는 무자진경을 만나는 길이며 밖으로 드러내는 방법이다.

우주의 氣운동=반야=회로, 부호, 문자, 문장, 그림, 글씨, 춤. 몸동작 우주의 공전과 자전, 만물의 창조로

만상으로 드러내며 모든 사상을 창조하는 佛母라 한다.

깨달음은 우주와 내가 하나가 되어가는 동진현상이다. 우주는 전체 대우주와 우리 속에 축소되어 있는 소우주가 있다.

저마다의 나는 각각의 상을 하고 우주 속에 있는 것이다. 우리는 화신으로 자기 속에 처음의 근원을 품고 역할에 맞추어 각각의 모양을 이루고, 저마다 자신의 파장을 가지고 있다.

우리는 수행해 가면서 나라고 하는 의식이 깨어지면서 때때로 동진현상을 일으키고 그 때마다 깨달음을 얻었다고 한다.

수행을 통하여 자신이 점차 변화하고 바뀌어갈 때, 닫힌 것을 하나씩 열 때마다 동진하고 공감하며 이해하지만 객관적으로 보면 깨달음은 틀림없으나 모든 것을 다 열은 깨달음은 아니다. 근원에 닿았다고 우주를 다 아는 것이 아니다.

그것을 동기로 전체 우주를 알아가는 이제 시작인 것이다.

우주는 자체로 우주이치를 가지고 있고 우주 속에 있는 우리도 자신의 생각으로 잣대를 가지고 있는 것이다.

우리가 자신의 진동수를 가지고 주변에 파동을 보내는 것과 같이 우주도 자신을 파동으로 드러낸다. 하나가 되려면 어찌해야 할까?

동진하기 위해서는 氣라는 매체를 쓰면서 안과 밖으로 표현하고 우주 파동과 이어져 동진하며 자신을 열어 하나 되어야 한다.

O과 氣의 세계를 알지 못하면 동진은 느낌이며 생각일 뿐이다.

수행이 깊어져 우주와 가까이 되었을 때, 내면의 소리는 사소한 동기의 건드림에도 닫혀 있는 것들이 열린다.

나라고 했던 경계의 상이 깨어지면 한 번 더 눈을 뜨는 것이다.

적나라하게 우주가 내 속에서 드러나고 살아나서 내 것이 될 때 우주의 지혜의 눈을 가지게 되는 것이다.

언제나 우주와 함께하고 있었으나 찾던 그것이 자기 자신과 늘 함께 있고 한시도 떠난 적이 없으니 자신도 모르게 저절로 웃게 되는 것이 바로 깨달음의 웃음이다.

이렇게 수행을 통하여 의식이 깨어나면서 깊이 숨겨진 자신의 근원에서 우주로 점차 나아가 확인하고, 결국에는 대우주와 내가 다르지 않음을 알고 안팎이 없어지고 너와 내가 없어지고 하나임을 알면, 깨달음은 소리에 있는 것이 아니라 그것을 통해 너와 나 안과 밖이 하나가 되는데 있다고 하겠다.

나의 할 일은 속의 나의본질이 드러나게 열어주는 것이다.

나의 지식과 욕심으로 묻혀있던 본래의 내가 드러나게.

흔히들 묻는다. 道가 뭐냐고.

우주를 보는 잣대는 하나, 道는 길이다.

모든 것은 돌면서 변화하고 있다. 운동의 법칙이다.

태초의 진동부터 회전, 간섭, 변화, 대사, 구성, 형상의 기본은 운동이 수축, 팽창과 이합집산하며 방향과 위치로 각각의 형상을 가지고 변화한다. 만상의 기본이다.

기본을 운동에 의한 것으로 보면 언어의 표현에서 벗어난다.

不立文字로, 언어가 아닌 우주의 절대 의미와 진리가 들어있다.

우주는 회전이며 진동이며 운동이다. 그로써 만물이 나왔다.

般若 또는 回路라 고도 하므로, 근본 운동의 다른 이름일 뿐이다.

지식으로 나를 찾아가는 것이 아니라, 저절로 내가 나올 수 있게 자신의 영혼을 해방하기 위해 氣로 통하고 열어주고 풀어주고, 비추어 밝히고, 균형을 잡아주고, 살려내고, 가게하고, 지도하여 바뀌게 하고 조절, 조정하여 쓰며 타고 가고, 반대로 끌려가고 구속당하고 조종당하고 매달려 사는 자는 세상 氣에 매여 살아가는 자이다.

우리의 내면은 계속 열어달라고 진동을 보내고 있다.

우리가 밖으로만 육감을 열어두고 있기에 들리지 않는다.

영과 기의 세계를 모르면 우주와 사람의 실체를 볼 수 없다.

밝고 맑아야 한다. 누구를 통한 것이 아닌 직접 대화법으로 잘 아는 자 만이 하나가 될 수 있다.

대화의 상대가 자신이어야 한다.

종이 아닌, 끌려가고 부림을 당하지 않는, 자신이 되는 길로 통할 수, 갈 수, 볼 수, 행 할 수 있다.

고요한 마음으로 관찰자(초월자, 구경꾼)의 자리에서 세상을 본다면, 고요한 수면위에 달이 자기 모습을 드러내듯 허상이나 찌그러진 모습이 아닌 실상을 볼 수 있다.

너무 어려운 이야기며 형이상학적 표현이다.

인간이 이룰 수 있을까, 하는 의문이 든다.

과거의 생각은 부딪히면서 끝없이 생겨나는 번뇌 속에 '아니다'로, 지금은 '될 수 있다'로 바뀐 것은 몇 가지의 수행방법으로, 그것을 이룰 수 있다는 것을 알아내었기 때문이다.

첫째는, 無 取, 不 醉로 세상의 물질에서는 가지고 갈 것이 없고 내 것이 없다. 그래서 물질에 취해서 빠지지 않는다.

氣로 이루어진 세상은 잘 타고 쓰고 갈 것들이다. 적시 적소에.

두 번째는 기대 하면 기댄다.

세상의 무엇에도 기대 하지 않는다. 나 자신 조차도, 상대계에서는 각자의 주장으로 바람과 애착으로 살고 있으므로 내 생각과 맞는 사람은 흔하지 않다.

세상 사람은 서로 기대고 살아가며 위안을 얻고 주인의 삶보다 기대고 따르는 종의 삶을 선호한다. 편하기 때문에 홀로 바라보는 외로운 삶을 견디기에는 너무 나약하다.

견딜 수 만 있다면, 항상 그 유혹에 끌려가지 않으려면 내가 없어야 한다. 이기심과 바람과 탐욕으로 가득한 나를, 그때서야 비로소 새로운, 살아있는 자신을 만난다.

내 속에 묻혀있던 숨겨진 자신의 내면을 하나씩 풀어 무엇이 감추어져 있는지를 보고 알고 이해하고 정리해 간다.

그러기 위해서는 자신 속을 파헤치는 방법을 알아야 가능하다.

그 방법의 하나로 가장 효율적이고 직접적이고 살아있는 수행인 반야의 세계인 自 神과의 대화법을 권한다.

우리는 대우주의 축소판인 소우주다.

우주란 바다(海)의 모든 정보가 압축되어 내 속에 있다.

그것을 잘 표현한 한자가 囡(원인인)으로 큰 大를 압축해 口에 가두었다는 표현과 印으로 모든 것을 새겨두었다는 표현, 바로 海印이다. 다른 표현은 素로 원소(元素), 즉 아톰이다.

우주의 원 재료이며 태초의 이치가 반야의 운동 속에 숨어있다.

그것과 이어지면 하늘을 찢고 속을 볼 수 있으니 道, 刀이다.

그 핵심과 통하는 길을 잡아주고 열어주는(＋) 열, 십자, 잘 해부할 수 있는 刀를 얻고 쓸 수 있는 자, 氣는 key로 열 수 있는 열쇠며 그것을 통해서 관찰하고 하나씩 열어 가면 숨겨져 있던 하늘의 모습이 저절로 드러난다.

그 속에 짜여 진 우주 이치로 아는 만큼 쓸 수 있다.

그 방법 중 하나가 과거부터 현재, 미래에도 쓰는 반야 관이다.

모든 깨달으려 하는 자, 선지자, 깨달은 자, 계시를 받은 자들은, 이것으로 우주(하늘)의 계시를 받거나, 이치를 알았다고 한다.

석가도 예수도 마호멧 도, 관세음의 이근 원통법도 한국의 많은 선지자들의 글 속에서 격암 유록과 증산 선생의 현무경등이, 모두 같은 이치로 근원에 닿은 소리 인 것이다.

근원의 소리는 그 시대와 환경과 각자의 성질을 통해서 드러난다.

같은 뿌리에서 울려나온 옴, 또는 소(牛, 素)의 진동이 사람의 환경에 따라 다르게 표현되어 우리에게 혼란을 준다.

상과 이름, 시대적 환경을 이해하고 벗겨 버린다면 가려진 原音을 만나고 듣고 보고 표현할 수 있을 것이다.

불교에서는 耳根 圓通 法으로, 타 종교에서는 명상이나 기도로, 방법은 다르나 그 뿌리에 닿으려고 하는 것은 같다고 본다.

각각 다른 방법으로 원래 이치를 찾아 정리하면서 종교와 사상을 통합한, 그것조차도 넘어선 새로운 방법이 이 시대에 제시되므로 우리의 영혼이 새롭게 태어날 수 있다.

그 기본 원리로 氣를 쓰고 다루는 방법을 권해본다.

수행 방법을 잘 정리해놓은 불경에서 찾아내어 비교하면서 설명하는 것이 쉬울 것 같아 접목해 본다.

우주의 이치를 氣로 표현하면, 영과 氣의 세계로, O과 1이라고도 한다.

우리의 영은 상도 이름도 없는 우주의 근원으로, 상이 없어 짜이지 않으며 모습이 없으나, 우주의 氣와 같이 하면서 서로 간섭하고 서로 짜고 풀며 영이라고 상징하는 그것과 함께하며 반응하며 드러내므로, 氣로써 짜이고 풀어지는 현상을 보며 영의 원리를 유추해 우주의 작용을 알아가는 반야관이 유일한 방법이라고 본다.

O과 1 이 서로 반응 하는 것을 여(如)라 표현하며, 같다는 표현, O과 1은 다르지 않다, 상호작용이 같다는 의미이다.

O이란 상이 없는데서 1이란 상이 생기므로 그때부터 분리로, 위, 아래, 좌우, 앞뒤 안 밖이라는 분별과 상대가 생긴다.

우주의 시작으로, 비유하면 힌두교의 0을 요니, 그곳에서 저절로 생겨난 1을 링가라 하며 상의 처음이며 性의 상징으로, 神의 본래 모습으로 신봉하고 있으며 불교에서는 비로자나불과 반야로 표현한다. 반야의 般은 돌리다, 되돌아오다 의 반자로 같을 若과 합치면 같은 자리로 되돌아온다는 氣의 원운동의 비유법으로 돌다, 회전, 구른 다의 의미와, 돌면 저절로 생기는 구심점의 원리를 알면 구심점과 원심력의 사이에서 중력이 작용하며 서로 밀고 당기며 진동하고 간섭하며 간섭파동이 간섭무늬를 만들며 만상이 생기므로 만물의 태초의 어머니에 비유하며 그 이치가 드러나는 것을 반야 지혜라 이름 하는 것이다.

그 파동은 서로 간섭하며 짜므로 羅 그물같이 짜고 풀며,
蜜 벌집의 기본 틀에 多 계속 불리면, 주변 환경과 반응하며
각자의 상이 생기는 이치를 설명한 것이 般若 波羅 密 多며,
과거 현재 미래의 부처가 이로써 최상의 지혜를 얻었다 한다.
그것이 우주의 因, 緣, 果를 이어보는 지혜라고 본다.
氣를 쓰므로 사람의 내면, 즉 보이지 않는 세계를 드러내고 표현하며, 보면서 확인하고 이해하며 자신을 고쳐가므로 응용하면서 펼칠 수 도 있는 것입니다.
원의 구심점(核心)에 모든 것이 새겨(印)있고 갇혀(因)있다.
海印의 비밀이라고 본다. 그것을 열고, 풀어내고, 깨트려, 잠을 깨우고 내 속의 하늘을 살려내는, 活天의 수행으로 氣의 세계를 세상에 열어보려고 한다.

태양이 아무리 밝게 비추어도 속을 보지 못 한다.

빛에 의해 드러나는 그림자는 겉모습만 보인다.

속을 밝히면 속속들이 볼 수 있다. 내 속이 환하게 밝혀질수록 자신과 상대와 우주가 밝혀지고 살아난다.

어느 날 나는 밝은 빛으로 변해있다.

많은 것들이 스쳐 지나가도 연이 닿지 않으면, 많은 緣이 닿아도 쓰지 못하면, 많은 연이 닿아도 때가 아니면, 많은 연이 닿아도 마음을 열지 않으면, 그 연을 소중히 여겨 지키지 않으면 아무 소용이 없다.

속을 보고 연을 본다면 겉모습에 걸림이 없다.

스스로 경험하고 실행하지 않는 지식은 짐이다.

알고도 보고도 할 수 없는 것은 쓸데없는 것이다.

自神의 근원과 통하려면 길을 열고 통해야 한다.

氣로써 氣 道의 통로가 열리므로 느끼고 표현 할 수 있다.

자신과 통하며 근원의 진동과 동진하므로 우주 이치를 알고 자신을 매개체로 소질에 따라 다양하게 표현 할 수 있다.

그로써 내 속을 알고 밝혀내고, 海印地圖로 指導를 받으며, 내 속에 잠들고 갇혀 있는 素質들을 깨우고 드러내어 고치고 개발하며 자신의 별세계를 발전시키므로, 각각의 별들이 밝아져 저마다의 빛을 낸다.

소우주를 다 밝혀내고 자기 것이 되어 쓸 수 있을 때, 나는 전부다 펼쳐진 대우주다, 하고 깨닫고 쓸 수 있다.

나를 알고 비추어 비교하면 상대도 대우주도 자연스럽게

통하여 열어진다. 나로 비롯된 나의 분신이므로, 나의 펼쳐진 거울상이다. 구경꾼이 되어 바라보라, 自 神의 氣흐름에 맡기면 짜는 머리의 번뇌가 사라진다.

내가 만드는 사고의 행위가 필요 없는 길로 든다.

쓸 수 없는 지식은 배우지 말라. 이제 자신과 만날 때다.

생각이 아닌 현실로 無 조건, 밖의 보이는 모습은 조건이 잘 갖추어진 것 같아도 속을 보지 않으면 알 수가 없다.

無분별, 밖의 상과 이름을 보고, 좋고 나쁨을 구분하지 않고, 보이지 않는 氣로써 서로의 궁합을 보고 판단한다.

無소유, 밖의 물질을 가지려 하지 않고, 보이지 않는 본질작용인 우주 이치를 알아 가질 수 있다면, 최고의 보물을 가진 것이다.

無지도, 보이지 않는 길의 지도 해인지도를 열어보는 반야 관으로 본다면, 훌륭한 지도자이며 선생이다.

無의 세계는 철저히 조밀하게 짜여(설계)져 있다.

또, 이어져 있다. 그물처럼, '인드라 망'이라고도 한다.

無의 相은 변할 수 있으니 불체(化神)라고도 한다.

겉은 변하지 않는 것 같지만 속은 항상 변할 수 있다.

생각의 잣대에 따라서 그 모습이 본인의 지금 실체이다.

實相이라고 한다. 그것을 보고 알 수 있다면 정확하다.

그것을 보면 어느 흐름을 타고 살아가는지 보인다.

자신의 지식을 버리고 근원의 氣로써 흐름을 타고 분별한다면, 無爲自然의 삶을 살아 갈 것이다.

지식은 무위자연이 아닌 자신의 생각으로 살아가는 길이다.

지식은 행할 수단이 없는 것이다. 실행력을 갖추어야 지혜롭고 효율적인 우주이치를 타고 쓸 수 있다.

그것이 반야를 타고 반야바라밀다의 세계를 알게 되는 길이다.

태초의 운동으로 절대법인 반야지혜라고 한다.

깨달음을 간단히 나누면 이름과 이르름, 이룸의 차이가 있다.

처음 우주를 알 때는 그 이름(갈 곳)을 알고 느낀 단계라고 본다.

그것을 자기 것으로 만들기 위해 계속 이루려고 하는

이르름의 숙성 과정이 필요하며 그곳에서 바르게 걸러지게 된다. 그것이 자기 것이 되고 자유롭게 쓸 수 있을 때 이루었다는 이룸의 자리에 들게 된다.

즉, 깨달았다가 아닌 自神과 하나로 이루었다.

그것을 현실로 쓴다. 왜, 나 자신이니까.

생각이 아닌 현실로 쓸 수 있는 이룸의 자리, 진정으로 이룬 자가 아닐까.

불교의 無說이다. 無를 설명하고 가르친다. 釋尊의 삶이 그랬다.

불교 경전의 정수라고 하는 마하 반야 파라 밀 다 경의 반야 파라 밀(般若波羅蜜)을 예로 하면서 정리를 해본다.

마하는 처음의 자리이다. 시공간이 없는, 표현할 수 없는 그 진동의 場(空)으로부터 회전하는 반야가 나왔다.

돔이며 첫 해인(海印)이며, 상대계의 시작이며, 첨과 참의 세계다. 그로써 만물이 생겼다.

그는 돈다. 도는 회전력으로 동시에 중심에 에너지가 모인다.

중력이 생기며 돌면서 동시에 진동한다. 수축 팽창하면서,

중심축을 갖고 회전하며 수축 팽창하니, 직선으로 되지 않고 돌면서 점점 커지고, 돌면서 줄어든다.

그래서 우주에는 직선이 없다. 돌아들고 돌아 나오는 것이다.

그것들이 모여 파를 내고, 이치(설계)를 짜고, 틀을 만든다.

波, 羅, 蜜, 인 것이다. 多는 밀을 기본으로 분화되며 몸집을 만든 벌집 모습, 같은 주변 환경과 적응하여 相이 된다.

반야의 작용을 볼 수 있고 쓸 수 있고, 바꿀 수 있어야 반야관으로 자신과 세상을 조종한다.

그런 능력의 상징을 관세음(觀世音)으로 표현했다.

소리로 세상을 본다. 어떻게?

소리는 진동이다. 우주 만물은 각자의 고유진동을 내고 있다.

만물은 상에 가려져 있다. 물질 눈으로는 그 속을 볼 수가 없다.

그러므로 상을 보지 않고 진동(내면의 마음소리)을 들으니 상에 가려지지 않고 본래 모습(性品) 반야작용을 볼 수 있다.

若見 諸相 非相이면 卽見 如來라, 상을 보지 않고 달리 보는 방법을 가졌다면 만물의 근원을 바로 볼 수 있다.

行沈 般若 波羅密 깊은 곳에서 행해지는 반야파라밀의 세계, 그것을 알고 행할 수 있다면 번뇌가 사라지고 세상을 밝게 보는 지혜가 생긴다.

지혜로운 자는 멀리서 바라보고 있는 구경꾼처럼 물질의 기운들이 활동하고 있는 것을 그저 바라보기만 한다.

그 활동에 영향을 받지 않는다. 그는 모든 행위와 활동이 반야 운동에 의한 기운의 활동이므로, 관(觀)하여 바라본다.

그 작용을 보며, 흔들리지 않는 상태로 금강 삼매에 있다.

그는 괴로움과 즐거움을 하나의 변화로 보며, 인위적인 행위를 꾀하지 않는다. 이런 사람을 일러 물질차원의 기운을 초월한 자(깨달은, 붇다)라고 한다.

처음의 자리에서 상대세계 변화를 보며, 그 속에 살면서 물들지 않는, 두 세계가 내 것이 된 그 자리가 寂滅, 涅槃의 자리이지 않을까 한다.

나의 마음은 절대 계에 있으나 육신은 상대 계에 있으니, 밝게 비추어 보아 세상에 물들지 않고 밝으니, 연꽃처럼 그 상대세계를 잘 쓰고 초월하여 진리의 씨앗을 터트려 부처의 꽃을 활짝 피웠다.

그 경지를 아는 가섭이 미소로 화답하였다.

우리가 믿고 따르는 신도, 부처도, 부모도, 스승도 모두 펼쳐진 전체 우주이다. 내 속에 성인도, 부처도, 부모도, 스승도 살려 낸다면 내 것이 되고, 나이고, 하나로 化神이 되었을 때, 나도 전체가 되어 너 가 나로구나 할 수 있다면, 세상에 걸림이 사라져 버리니 큰 웃음 지을 수 있겠지.

반야 심경 비교

석존의 천상천하 유아독존과 나 외의 신은 믿지 말라는 처음의
말은, 모든 것이 나(自 神)로 시작되어 전체가 창조됐다
같은 말이 아닐까. 밖에서 찾지 말고 나를 찾는 법,
이 경전을 다른 관점에서 열어보기 위해 일반적인 해석을, 크게
벗어나지 않는 범위에서 우주 본래 운동인 O과 1을 잣대로 풀어
보려고 한다. 비교해 보시고 새로운 발견이 있기를!
마하반야바라밀다심경 摩 訶, 般若 波 羅 蜜 多, 心經
마하는 場(空)의 세계를 말함이며, 시간과 공간을 초월하여
처음의 시작 이전을 표현하며, 절대계이다.
만물의 부모인 비로자나불과 하나님에서 반야(氣)가 나왔으니,
만물은 돈다. 운동이며 회로며 상대세계의 시작이며 자(金尺)
이다.
이것과 통할 때 般若지혜를 만난다. 우리가 만나려는 法으로
파라 밀 다로, 이어지는 연기법으로 우주 탄생의 비밀이다.
O과 氣인 반야로 시작되어 만들어진 것이 현상계에 드러나니,
O의 작용으로 물질이 만들어졌으니 O을 공으로 표현했다면
O에서 색이 만들어졌고 색은 氣의 모이고 흩어지는 짜임이니 공
즉 시색 반대로 본다면 색즉시공이라고 볼 수 있다.
펼쳐지는 대우주의 작용도 다르지 않아서 O과 1은 같다.
모든 것이 O과 氣의 작용이다. 그러므로 상과 이름을 보지
않으면 12연기법과 이어져, 전개되는 과정을 반야, 바, 라, 밀,

다로 변해가는 것을 이어서 비유해 설명한 것으로, 心은 深(깊을 심) 또는 中心=核心으로 보아도 될 수 있다.

觀自在菩薩 行深 般若波羅密多時 照見五蘊 皆空 度一切苦厄
관자재보살은 반야 관으로 깊고 넓게 보는 것에 걸림이 없어 자유자재라는 이야기며, 그것은 이름에서 보듯이 觀(볼, 관), 世(세상 세), 音(소리 음), 즉 글대로 풀이하면 세상을 소리로써 본다. 그것이 가능할까? 여기에 답이 있다.

그것은 이근원통(耳根源通)이며 관세음의 수행방법이며 모든 부처가 이것으로 깨달았으니 석존도 다르지 않았다.

圓通, 즉 반야인 원으로 모든 것과 통하였다는 수행법이다.

소리는 진동이다. 그것을 동진으로 들어 안다. 마음으로 들으면 타심통, 귀로 듣는 것은 천이통, 모든 신통력의 근본이 된다.

만물은 각각의 설계(정보) 모양대로 고유 진동을 내고 있다.

그 진동을 동진하여 느끼고 볼 수 있다면 보고 통할 수 있다.

작은 각각의 단위부터, 전체 파동도 읽을 수 있다.

氣를 공부하고 운영하는 세계에서는 흔히 하는 방법이다.

소리를 듣고, 상을 벗어나 진동의 강약 음폭에 따라 깊은 내면의 소리를 듣는다. 性品(性質)을 본다고 한다.

나의 지식으로 판단하는 五感의 소리가 사라지면, 상대의 내면의 진동으로 성품을 듣고 각자의 수행방법으로 표현하여 圓滿 相(一圓)에 비추어 비교하면 드러내어 볼 수 있다.

그 방법을 業鏡臺에 비추어 본다고 한다. 사찰에 남아있다.

行深=核心, 즉 깊은 처음의 작용을 보니, 반야의 작용이다.

반야(般若)의 般은 한자 풀이는 되돌아올 반으로, 若의 풀이는 야 또는 약으로, 같을 약, 같은 곳으로 다시 돌아온다는 뜻이다.

그것이 반야며, 가장 부합되는 단어는 회전, 원운동으로, 우주 태초의 시작이며 근본인 원 운동이며, 元素의 운동, 다시 돌아오는 길이라는 회로(回路)라는 표현도 쓴다.

宇宙 素의 운동이니 돈다, 회전한다, 원이라고 하니 그래서 생긴 우주 절대법칙이며, 인과응보며, 공전과 자전, 우주는 휘어져 있으며 곡선이다. 직선으로 가는 것은 없다.

윤회와 같이 계속 반복해서 도는 우주의 절대 법칙이며 처음의 반야 작용이며 시작이며 변하지 않으니, 반야의 작용을 바탕으로 불변(O)의 법이 생긴 것으로 본다.

불변의 법(金剛), 이것이 자신의 것이 되면 금강좌(金剛座)며, 금강자(金尺)이며, 쓰는 상징으로 金剛 般若지혜라고 한다.

반야의 법 金剛은 무엇에도 깨어지지 않고, 흔들리지 않으며 무엇이든 깨고 풀어내며, 풀어줄 수 있는 지혜가 된다.

돌며 회전하게 되면, 동시에 생기는 에너지(氣)와 그것에서 나온 波(물결 파)로 파장, 파동, 진동으로 서로 간섭파를 만들며 무늬, 즉 그물 같이 서로 짜면서 우주의 기본 이치를 만들어가니, 스스로 짜는 모양이 그물과 같아, 羅(벌릴 라, 그물 라)로 표현했다고 본다.

그 기본이 되는 하나의 틀이 蜜(벌 밀)로, 육각의 모양으로 표가 된 하나의 기본 틀(설계)에서 연속적으로 이어져 전체 모양이 되어가는 벌집에 비유했을 것으로 본다.

실제 눈으로 보는 입체로는 정육면체로 자신의 몸집(마음의 폭)으로 房이라고 한다.

원, 방, 각의 방이다. 크게 이어져 형상을 만드는 모습을 多(많을 다, 더할 다)로 계속 더하여져, 형상이 되는 과정을 아주 짧게, 간단하게 비유로 표현하였으니 근본 원운동이 다음으로 전개되는 인연과(因緣 果)의 우주 기본 이치를 잘 비유했다고 본다.

그 처음의 작용으로 보면 照(비교할 조, 비칠 조)로, 照 見

처음 작용으로 비교하거나 밝게 비추어 보면 현실의 오온(五蘊) 작용, 물질적 현상, 감각 작용, 식별작용들 근본이 원운동임을 깨달아, 모든 고통이 실체가 아니므로 그것(相, 業)에 붙잡히지 않는다는 이야기로 본다.

그러나 우리가 사는 현상계도 인연 과로 창조한 상징이니 공(空)으로 비어 있다. '없다'가 아닌 자신의 지금 현실로, 공으로 부정하기 이전에 인과응보의 지혜로 비추어 보고, 새로운 관점으로 자신을 창조해 가며 반대로 육신이 무너지면 주인도 무너지며 탈이 난다.

舍 利 子 色 不 異 空, 空 不 異 色 色 卽 是 空 空 卽 是 色

受 想 行 識 亦 復 如 是

사리자는 분별 심을 놓고 다시 통찰해 본다는 비유로 색과 공이 다르지 않는 것은, 空을 비어 있다 로 보지 않고 원소(元素)의 원운동 작용으로 본다면 그 짜임이 물질계, 즉 색계로 모이므로 色(빛 색, 모양 색)을 이루어 현상으로 드러나니 모이고 흩어지며 변화된다. 세상 모든 것이 반야가 짜며 형상을 이루고 작용하고 흩어지며 사라지므로, 生, 老, 病, 死의 변화로 드러낸다.

반야의 작용 원에 의해 만들어진 현상계이니, 따로 안 보고 속을 보니 둘이 하나에서 시작되어 둘의 이치를 같게 본다.

뜻을 잘 파악한다면 色을 受(이을 수), 想(생각할 상)으로, 둘을 잘 이어서 생각하면 行과 識(움직임을 보고 아는 것) 亦 復는 다시 돌아올, 거듭됨의 뜻으로 이 역시 반야 관을 이야기하며 如 是로 같이 보는 것이 옳다는 뜻이다.

舍利子 是 諸法空相, 不生 不滅, 不垢 不淨, 不增 不減

모든 법과 상이 반야의 작용이니, 근원에서 바르게 본다면 나고 죽고, 더럽고 깨끗함이 없고, 증가와 감소가 없다는 우주의 법칙을 이야기한다고 본다. 상과 이름을 지운다면 모든 것을 현상계에 두지 않으므로, 집착과 고정된 관점에서 벗어나 자유로운 창조의 길을 갈 수 있다는 가르침이다.

그러나 아무리 부정해도, 현상계에서 육체를 가지고 현재는 태양계를 벗어날 수 없는 인과 속에 살므로 우주 근본의 법인 인과응보를 잘 알고 지혜롭게 살피어 자신의 삶을 창조한다면 무조건 공(空)이라는, 또는 없다는 無를 이해하는 잘못된 닫혀있는 생각에 빠지지 않을 것이다. 나와 상대가 존재하기에.

그래서 고정되지 않고 계속 변화하는 우주의 섭리와 속을 바르게 알고 잘 쓰면, 그것은 곧 반야의 지혜이다.

상대 계 우주는 무와 유, 음과 양, 보이지 않는 세계에서 반야의 작용으로 생긴현상이 보이는 세계로 들어내는 것으로 계속하기 위해 도는 반야의 작용세계이니, 처음과 현재, 미래를 잘 이어서 보고 반야 파라밀다의 과정을 보면, 생각과 습관이 달라지므로 현재와 미래를 바꾸어가는 반야지혜라고 본다.

진공묘유라고 했다. 속의 반야, 파, 라, 밀, 다의 반야작용 세계를 볼 수 있어야 할 것이다.

是故 空中無色 無受想行識 無眼耳鼻舌身意 無色聲香味觸法

그래서 진공 가운데는 色인 물질도 없고, 無의 작용으로 이어지는 受 想 이어서 생각하면 行과 識 (움직임을 보고 아는 것)으로,

無眼界 乃至無意識界 無無明 亦無無明盡 乃至無老死 亦無老死盡

보는 경계와 의식 어둠과 生老病死와 다함이란 끝이 없으며

無苦集滅道 無智亦無得. 以無所得故 菩提薩埵 依般若波羅蜜多

고집멸도도 없고, 반야파라밀다의 지혜 외는 얻는 바도 없으니

故心無罣礙 無罣礙故 無有恐怖 遠離顛倒夢想 究竟涅槃.

이와 같이 얻음이 없는 고로, 보리살타는 물질 아닌 無의 세계 반야바라밀다에 의지하기 때문에 마음에 걸림이 없느니라.

마음에 걸림이 없기 때문에 공포가 없고 멀리가 아닌 상의 꿈에 잡힌 생각을 뒤집어 보고 마지막 경계에 닿아 열반에 이르며

三世諸佛 依 般若 波 羅 密 多 故得 阿뇩多羅 三먁 三菩提

과거, 현재, 미래의 모든 부처님도, 반야 관(이근 원통법)으로, 반야, 파, 라, 밀, 다를 관해보고 실체를 알므로 반야지혜로 의해 최상의 깨달음인 아뇩다라 삼먁삼보리를 얻었다.

(依는 잘못된 번역)

부처는 의지를 하지 않는다. 意, 즉 알고 이해하고 하나 됨으로
무상 정등 정각, 즉 완전한 깨달음을 얻었다.

이 길이 근원과 통하여 부처가 되는 유일한 길이다.
故知 般若波羅密多 是大神呪 是大明呪 是無上呪 是無 等等呪
사람들은 자신이 이해하지 못하는 것은 신비한 것으로 건드리지
못하고 남겨둔다. 생각으로 이해와 종교의 한계로, 종교의 여러
경전에서도 볼 수 있다.
평면의 원이 회전력으로 입체가 되면 공(球)의 모양이 된다.
그런 의미라면 원(圓)이나 밝은 구슬 珠가 맞을 것 같다.
여기에서 쓰는 한자의 呪는 빌다, 저주로 쓰인다.
실지로 반야의 회전 운동과 만나면 우주 진리와 만나며 무한의
지혜가 샘솟는다. 경험하지 않고는 모르는 일이다.
경전 같은 종교의 깊고 넓은 지혜의 큰 말씀이 어디에서 나온
것일까 당신의 생각은
能除 一切 苦 眞實 不 虛 故 說 般若 波羅密多 呪 卽說呪曰
거짓됨이 없다는 것은 아니다. 본인 생각으로 받아들이고 보기
때문에, 올바른 잣대(金尺)가 없다면 구름을 잡으려는 망상이
된다. 한 사람의 잘못된 깨달음이 인류를 잘못된 길로 가게 하는
것을 많이 볼 수 있다.

揭諦 揭諦 波羅 揭諦 波羅僧 揭諦 菩提 娑婆訶
부디 수행자는 진동하며 짜여 가는 그 이치를 바로 알고, 돌며

파동하며 춤추는 세상을 잘 타고 깨달아 속의 작용인 반야, 파, 라, 밀, 다에서 반야지혜를 얻어 세상의 빛이 되기를 바라며, 참고해 도움이 되었으면 한다. 여기서 모지의 菩는 모, 가 아닌 보로, 보리나무 보, 보살 보, 깨칠 보라고 쓰며, 堤는 '지'가 아닌 '제'로, 들 제, 끌 제, 북 이을 제, 梵語 제, 까부를 양, 도끼 양, 자득할(스스로 얻을) 양으로 직역을 하면 '보양'이나 '보제'로, '깨우침을 이어 간다', '스스로 깨달음의 지혜를 얻으려는 자는 반야의 이치를 알고 자기 것으로 만들고, 세상과 이어보아서 세상의 파도를 잘 타야한다'라고 풀이하면 맞지 않을까,

능엄경의 비교

능엄경에서 이근원통을 연관해 이해할 수 있을지, 반복되지만 이어 보았다. 같은 내용을 구체적 수행으로 말한다.

그때 관세음보살 마하살이 자리에서 일어나 세존께 정례하고 말하였다. 회상해보니 갠지스강의 모래알처럼 수많은 세월 전에 관세음이라는 부처님이 계셨고 나는 그분의 가르침에 고무되어 해탈을 추구하게 되었다.(이 말은 서로 동시대의 인물이 아니라는 표현으로 時空을 초월한 스승과 만남이란 것이다. 그러므로 그는 석존으로부터 가르침을 받은 제자가 아니라는 뜻이다. 추측해 보면 자신 속과의 대화가 가장 유사하다고 본다.) 나는 초월적인 청취(시공을 넘어 듣는다는 자신과의 대화)에 마음을 집중하는 수행법을 시작하였고 그 수행에 의해 삼매를 얻었다. 나는 聖流(근원의 氣와 振動)에 들어가자마자(同 眞, 動 振) 온갖 분별하는 생각들을 끊어버렸고, 후에는 정진한다는 관념을 버리니, 움직인다거나 고요하다거나 하는 생각이 다시는 마음에 일어나지 않았다. 수행을 계속하여 나 자신의 듣는 본성에서의 온갖 분별심과, 내면의 초월적인 청취에서의 온갖 분별심이 끊어지기까지 진보해나갔다.

내면의 청취(자신과의 대화, 통함, 동진, 반야 관)에 대해서 마음에 나타나는 바가 멸하고, 깨달음과 깨달아지는 바에 대한 관념도 마음에서 사라졌다.

이렇게 마음이 철저하게 공(空)해지는 상태에 이르니, 마음의 공이나 깨달음을 얻은 본성에 관한 자의적인 관념도 끊어졌다.

일어났다 사라지는 생각들에 대한 모든 자의적인 관념들이 끊어지자마자 열반의 상태가 명료하게 나타났다.

그러자 내 마음은 홀연히 세간과 출세간을 모두 초월하여 시방(十方) 세계가 모두 공적한 상태에 들어가, 두 가지의 경이로운 초월적 능력을 얻었다.

그 하나는 우주제불의 본질적이고 미묘한 (무심삼매와 해인삼매) 보리심과 합치하고 또한 제불의 위대한 자비심과 합치하는 초월적 의식(Transcendental Consciousness)이었다.

두 번째는 육도의 온갖 유정중생들의 마음과 그들의 해탈에 대한 진심과 열망을 내 마음으로 함께 느낄 수 있는(同振)능력이었다.

세존이시여, 관세음 부처님(지도 O, 自 神)께 예배하였더니 그분께서는 초월적인 청취(근원과의 통합)에 마음을 집중하는 한 가지 수행법으로써 어떻게 금강 삼매를 성취하는지를 가르쳐주셨습니다. 더욱이 그분은 제가 모든 여래와 동일한 자비심을 얻도록 도와주셨고, 이로 인해 저는 32응신을 나 투어 어느 때 어느 곳에든지 구원을 향한 기도가 있으면 즉각 응답해 줄 수 있게 되었습니다. 저는 초월적인 청취의 수행에 전심을 기울임으로써 증득한 신묘한 금강삼매(Diamond Samadhi) 안에서 32응신을 완전히 자유자재하게 나투어 왔습니다.

세존이시여, 저는 금강 삼매에서 나오는 신묘한 힘으로 그리고 시방삼세 육도 중생들과 간절한 해탈의 염원을 같이함으로 인하여 모든 유정중생들에게 14가지 무외공덕(無畏功德)을 베풀어 왔습니다. 제가 이근(耳根)으로부터 원통의 본래 성품을 닦아 나아가 모든 감각기관과 분별 심을 융합하는 데까지 이르게 되자 제 몸과 마음은 심심 미묘하게 모든 현상세계를 포용하게 되었습니다.

그리하여 만일 어떤 제자가 제 이름을 염송한다면 세존의 다른 법 왕자들의 이름을 염송하는 이와 동등한 축복과 혜택을 누리게 될 것입니다.

세존이시여, 제 이름을 염송하는 이가 누리는 혜택이 다른 법왕자의 이름을 염송하는 이와 동등한 이유는, 제가 진정한 원통을 증득할 수 있는 수행을 했기 때문입니다.

세존이시여, 이와 같은 것이 바로 모든 유정중생에게 축복을 주는 14가지 무외(無畏)의 해탈심입니다.

저는 원통을 얻고 최상의 깨달음을 증득한 까닭에 4가지의 불사의(不思議)하고도 신묘한, 초월적 자재력(自在力) 또한 얻게 되었습니다.

그 첫 번째는 이러합니다.

제가 처음으로 초월적인 관음의 능력(Transcendental Hearing)을 증득했을 때 제 마음은 그 본질적인 성품을 되찾았습니다. 또한, 듣고 보는 오감능력도 자각(Awareness)의 완전한 통일성 안에서 완전한 상호성과의 원통을 깨닫는, 청정하고 영광스러운 상태에 이르렀습니다.

이로 인하여 저는 크나큰 초월적 자유를 얻었으며 언제든 중생을 구원하고자 할 때면 여러 가지 신묘한 모습으로 나 툴 수 있게 되었습니다.

저는 때때로 자비의 형상으로, 때로는 정의의 형상으로, 때로는 정(定)이나 혜(慧)의 상태로 나 투 곤 합니다.

그러나 제가 이 모든 일을 행하는 것은 중생들을 구제하고 보호하여 대 자유를 얻게 해주기 위해서입니다.

두 번째의 불 사의하고 신묘한 초월적 자 재력(自在力)은 저의 듣는 힘과 생각이 6가지 감각기관의 오염으로부터 벗어나 있음으로 인한 것입니다.

저는 마치 소리가 아무 장애 없이 벽을 통과하듯이, 능히 여러 가지 다라니를 염송하는 갖가지의 형상으로 나타나서 초월적인 무외의 힘을 중생들에게 베풀어줍니다.

이런 까닭에 저는 시방의 모든 국토에서 '초월적인 무외의 힘을 베푸는 이'라고 알려져 있습니다.

세 번째의 불 사의한 신묘한 초월적인 자 재력은 이러합니다.

저는 원통한 청정본근(淸淨 本 根)을 닦았으므로 제가 가는 곳의 중생들이 자신의 목숨과 값진 소유물을 포기하고 저의 자비와 동정을 간구하도록 이끌어줍니다.

네 번째의 불 사의하고 신묘한 초월적 자 재력은 이러합니다.

저는 본래 갖추어진 내면의 불심을 증득하고 최상의 단계에 이르렀으므로 시방 우주의 여래들께 갖가지 보화로써 공양을 올릴 수 있습니다. 세존께서 감각기관을 통한 대상과의 접촉에서 일어나는 18가지 측면의 정신작용 중에서 어느 것으로 가장 먼저 원통을 이루었느냐고 물으시니 제가 첫 번째로 철저한 원통을 증득한 바에 대해 말씀드리겠습니다.

저는 내면의 소리를 관함에 의해 원조(圓照)하는 삼매를 증득하고 외부의 오염에서 벗어난 초월적인 정신의 자유를 얻었습니다. 이때 제 마음은 제약에서 벗어나 초월적인 성류(聖流)에 들어갔으며 이윽고 금강 삼매와 깨달음에 들어갔습니다.

세존이시여, 그 옛날 저의 스승이셨던 관세음 부처님께서 제가 원통법문을 증득한 것을 찬탄하시며 많은 회중 앞에서 말씀하시길 저 또한 온유한 자비심을 가진 보살로서 "기도를 듣고 응답하는 자"라는 뜻을 지닌

"관세음"이라는 이름으로 불릴 것이라 하셨습니다.

이와 같이 저의 초월적 관음(Transcendental Hearing)의 능력은 시방 우주에 두루 미치며 관세음 (音을 관하는 主님)이라는 이름은 인간들로 하여금

어떤 극한의 고통이나 위험도 극복하게 해줍니다."

그때 세존께서 모든 불국토로부터 온 여래들과 가장 높은 보살 마하살 가운데 옥좌에 앉아 계시다가 그들 모두를 능가하는 자신의 초월적인 영광을 드러내었다.

세존의 오체(五體)로부터 신령한 빛이 뿜어 나와 시방 우주의 여래와 보살 마하살들과 법 왕자들의 정수리를 비추니, 다른 여래들 역시 오체에서 한꺼번에 영광스러운 광채를 발하여 세존의 정수리를 비추고 아울러 회중에 있는 모든 여래와 보살 마하살과 아라한들의 정수리를 비추었다.

이때 제타(Jeta) 공원의 모든 나무와 호숫가에 찰랑대던 물결들도 법음에 맞추어 노래했으며, 교차하는 광명들은 마치 보석으로 엮은 영롱한 그물처럼 빛나며 그들 모두를 비추었다.

모든 회중에게 그것은 상상도 해본 적이 없을 만큼 신비로운 광경이었으며, 이들 모두는 경탄 속에서 말을 잊은 채 부지불식간에 금강 삼매의 지복에 찬 평화경지 속으로 몰입했다.

하늘에서는 붉고 푸르고 희고 노란 색의 보드라운 연꽃잎들이 비 오듯이 내려왔으며, 그 꽃잎들의 진하고 연한 갖가지 색조들이 서로 섞이고 어울려 하늘의 열린 공간 속으로 반조되었다.

이에 더하여 사바세계의 모든 대지산하(大地山河)의 차별성은 서로 섞여 녹아 사라지고, 꽃으로 장엄된 원초 우주의 단일성만이 남았다. 그리고 이 원초 우주는 죽은 비활성의 공간이 아니라

생명과 빛으로 생동하고 있었으며 우주의 초월적인 소리에서 나오는 노래와 운율이 울려 퍼지고 있었다.

이 우주의 소리는 선율적으로 떠올랐다 가라앉았다 하다가 침묵 안으로 녹아 사라지고 있었다.

그때 여래께서 문수사리 법 왕자에게 말씀하셨다.

"문수사리여, 그대는 지금껏 위대한 보살 마하살들의 자신의 수행법에 대해 증언하는 것을 들었도다. 그들 모두가 처음에는 감각기관과 접촉하는 정신적인 국면에서 원통을 얻었고, 그로부터 정신작용의 모든 국면에서 원통이 뒤따라 삼매를 얻게 되고 본질적인 각성(覺性)을 완전히 깨달았다고 하도다.

그들의 신실한 수행방법이 제각기 다르기는 하지만 성취도와 걸린 시간에 상관없이 모두가 좋은 결과를 얻었도다.

나는, 아난다가 다양한 깨달음의 성취들에 대해 잘 이해하고 그 중 어떤 수행법이 자신에게 가장 적합한지 알게 되기를 원하노라. 또한 내가 열반한 뒤에 이 세계의 중생들이 무상정등정각(아뇩 다라 삼먁삼보리)을 얻고자 할 때 어떤 방편이 가장 용이한지 알게 되기를 원하노라."

문수사리 법 왕자가 그 말을 듣고 나서 자리에서 일어나 세존께 정례하고 그의 심원한 위엄에 감화되어 정신을 가다듬으며 다음과 같이 대답하였다.

"계를 지키는 것은 명상 수행에 꼭 필요하오나 원통의 본성에 도달하기 위해서는 계에만 의존할 수는 없습니다."

그때 문수사리가 세존께 다음과 같이 말씀드렸다.

"세존이시여, 나의 주님이 천계에서 사바세계로 내려오신 후로 그분은 놀라운 깨달음의 가르침을 우리에게 주셨습니다.

처음 가르침을 받을 적에 그것은 청각기관을 통한 것으로 우리가 그에 통달하게 되자(근원과의 대화, 채널 링)

그것은 '초월적이고 직관적인 관음으로 변했습니다.

그렇기에 초월적인 관음의 능력을 일깨우고 완성함은 모든 초심자들에 있어 대단히 중요합니다.

어떤 제자든 삼매를 얻고자 깊이 열망한다면 초월적인 청각기관을 통해서 그것을 얻을 수 있을 것입니다.

갠지스 강의 모래알처럼 많은 겁 동안 '기도를 듣고 응답하는 분'인 관세음여래님은 시방 우주의 모든 불국토를 드나들면서 한량없는 자유와 무외의 초월적인 힘을 얻었으며, 모든 유정 중생들을 속박과 고통에서 건져내겠노라 서원하셨습니다. 관세음님의 소리는 얼마나 감미롭고 신비로운지요! 그것은 순수한 브라만의 소리이자, 내면으로 굽이치며 부드럽게 속삭이는 해조음(海潮音)입니다.

그 신묘한 소리는 고통 속에서 도와달라고 부르짖는 모든 유정 중생들에게 해탈과 평화를 가져다줍니다.

그 소리는 진실로 열반의 평화를 구하는 이들에게 영원의 느낌을 가져다줍니다. 제가 여래께 말씀 드리고 있는 동안에도 그분은 관세음님의 초월적인 소리를 듣고 계십니다. 그것은 마치 우리가 명상하며 고요히 앉아 있을 때 귀에 북들이 울리는 소리가 들리는 것과 같습니다. 그 소리를 들으며 우리의 마음이 움직이지 않고 고요한 상태에 들면 이것이 바로 원통의 본 모습입니다.

신체는 대상과 접촉해야만 느낌이 일어나며,

시각은 불투명한 대상을 통과하지 못합니다.

냄새 맡고 맛보는 감각 또한 마찬가지입니다.

사념도 분분히 일어나 뒤섞였다간 사라져버립니다.

그러나 소리는 담을 넘어서도 들리며 멀거나 가깝거나 모두 의식됩니다. 듣는 감각은 다른 감각들보다 더 정련되어 있습니다.

들음의 본성은 통과 성(通 眞實)입니다.

소리의 본질은 움직임과 침묵 모두에서 감지되며 존재하는 것과 존재하지 않는 것을 모두 통과합니다.

소리가 사라지면 듣는 작용도 멈춘 듯이 느껴지지만, 사실 듣는 작용은 대기 상태로 남아 있습니다.

진실로 아무 소리도 없을 때야말로 듣는 작용이 가장 예민해지는 때이며, 소리가 있을 때 듣는 본성은 가장 덜 발달합니다.

어떤 제자이든 이러한 생(生)과 멸(滅)의 환각으로부터, 즉 죽음과 재탄생으로부터 자유로울 수 있다면 그는 불변하는 실재를 얻은 것입니다. 깊이 잠들어 모든 사유작용이 정지될 때일지라도 듣는 본성은 여전히 깨어 있습니다.

듣는 본성은 신체 의식과 마음 의식의 영역을 넘어서 있는 까닭에, 사유하는 마음을 초월한 깨달음을 비춰주는 거울과도 같습니다.

이 사바세계에는 내면의 초월적인 소리에 대한 가르침이 널리 퍼져 있지만, 중생들은 자기 내면의 소리를 듣는 것에 대해 무지하고 무관심합니다. 그들은 오직 현상적인 소리에만 주의를 기울이며 음악이나 시끄러운 소리에 교란되어버립니다.

아난다 역시 그 놀라운 암기력에도 불구하고 사도(邪道)에 떨어지는 것을 면치 못해 무자비한 풍랑 속에서 헤매어왔습니다. 그러나 그가 사념의 풍랑으로부터 마음을 돌이키기만 한다면 곧 본심(Essential Mind)의 맑은 지혜를 회복하게 될 것입니다."

"아난다여! 이 말을 들어라! 나는 지금껏 금강 삼매의 형용할 수 없는 법음으로 이끌어주는 붓다의 가르침에 의지하여 왔노라.

아난다여! 그대는 먼저 욕망과 오염과 집착에서 벗어나지 못한 채 수많은 불국토의 비밀 법문을 추구해왔다. 그 결과로서 그대의 기억 속에는 엄청난 양의 세속적인 지식만 쌓여 왔으며 결함과 오류의 탑만 높이 세워왔노라. 어찌하여 스스로 내면에 본래 갖추어진 법음을 듣고(내면의 진동, 소리, 울림) 명상함으로 수행하지 않는가? 초월적인(自性) 소리를 듣는 지각은 자기 의지에 따라 자연적으로 개발되지는 않는 것이니라.

그대가 현상세계의 소리를 무시할 수 있게 되고 초월적 소리에 대한 관념 또한 그칠 때 내면에 본래 갖추어진 듣는 작용(Intrinsic Hearing)을 깨닫게 되리라.

이 이근(耳根) 하나가 본원(本 原, 根本)으로 돌아가 그것의 허구성을 명료히 알게 된다면 곧 모든 감각기관의 허구성을 깨닫게 될 것이며, 마음은 즉시 보고 듣고 냄새 맡고 맛보고 촉각하고 사유하는 감각의 굴레로부터 해방되리라.

왜냐하면 그것 모두가 실재하지 않는 환영이나 망상 같은 것이며, 3계 모두가 실상은 허공 속에 핀 가상의 꽃과 같으니 이근의 기만적 지각으로부터 해탈하면 즉시 모든 객관현상이 사라질 것이며 그대의 본질적인 각성도 완전히 청정해지리라.

그대의 각성이 지고의 청정함에 이르면 거기에 본래 갖춰져 있는 빛이 자연히 환해지리라.

그대가 고요히 명상하면 마음은 즉시 순수 공간과 같이 변하리라.

아난다여, 돌아와서 현상세계를 보면 마치 꿈속의 광경처럼 보이리라. 그리고 마 등가(환락가의 여자)와 있었던 일도 꿈처럼 여겨지며 그대의 육신도 고형성과 항구성을 잃게 되리라.

모든 인간 남녀는 마치 능란한 요술쟁이의 환술로 현현되어 움직이는 꼭두각시처럼 보이리라. 혹은 각각의 인간이 저 혼자 계속 움직이는 자동기계처럼 보이리라.

그러나 그 기계가 동력을 잃는 순간,

그 모든 동작은 정지되어버리고 그 존재 자체가 사라지리라.

여섯 가지 감각기관(六根)도 그와 같도다. 육근은 근본적으로, 통합하고 일깨우는 하나의 정신에 의존하고 있노라.

그러나 무지로 인해 그것은 여섯 가지 반 독립적인 성질들로 나뉘었나니, 만일 하나의 감각기관이라도 해탈하여 그 근본으로 돌아가면, 육근이 깊은 근원에서는 하나로 연합되어 있는 까닭에 그것들 모두가 작용을 그치게 되리라.

그리고 한 생각에 모든 세속적인 불순함이 정화되어 그대는 완전한 밝음(圓 明)의 신묘한 청정함을 얻게 되리라.

만일 무지의 오염이 조금이라도 남아 있다면 완전한 밝음,

곧 여래의 깨달음을 얻기 위해 진지하게 수행해야 하리라."

"이 위대한 회중의 모든 형제들이여, 그리고 아난다여,

그대들은 외면으로 향하는 청각을 돌이키고 내면으로 향하게 하여 그대 자신의 본래 성품(Mind Essence)에 내재하는 완전한 합일의 음(圓 音)을 들어야 하리니, 그대들이 원통을 얻으면 지고의 깨달음을 성취하게 되리라.

이것이야말로 열반(Nirvana)으로 가는 유일한 법문이요,

과거세의 모든 여래들이 따랐던 길이로다. 또한 이것은 완전한 깨달음을 구하는 현재와 미래의 모든 보살마하살이 가야 할 길이며 아득한 과거세에 관세음여래님이 이 법문을 통해 완전한 깨달음을 얻었으며, 현재의 나 또한 그런 이들 중의 하나로다."

"세존께서는 우리 각자의 수행법 중 어느 것이 열반으로 인도하는 가장 쉽고 빠른 길임을 물으셨노라. 나는 관세음보살의 수행법이 모두에게 가장 쉽고 빠른 길임을 증언하노라.

다른 모든 수행법은 부처님의 위신력에 의해 유지되고 이끌어지는 것이기 때문이니라. 누군가가 있어 모든 세속적인 구속을 다 떨쳐버렸을지라도 이 수행법들을 계속해나가기는 어려우리라. 왜냐하면 이 수행법들은 중급, 또는 상급의 제자들에게나 적합한 특별한 방편들이기 때문이니라. 범부 중생들에게는 이근에 마음을 집중하고 내면으로 향하게 하여 본래 성품의 초월적인 소리를 듣는 이 법문이 가장 쉽고 현명한 방편이다.

세존이시여. 모든 오염과 더러움으로부터 완전히 벗어난, 순수하고 말로 형용하기 어려운 여래장에 경배하나이다.

미래의 모든 제자들을 위해 한량없는 자비심을 베풀어주시기를 나의 주께 기도하나이다.

원하건대 저로 하여금 아난다와 이 겁의 유정중생들이 자신의 본래 성품에 내재하는 소리를 듣는 이 훌륭한 법문에 대하여 믿음을 가지고, 이 용이한 수행법으로써 성취하도록 가르치게 해주소서.

만약 어떤 제자가 있어 이 초월적인 청각기관에 대한 명상 수행에 전심을 기울인다면, 다른 모든 감각기관이 곧 그것과 완전한 조화를 이루게 될 것이며,

그리하여 내면의 소리를 듣는 이 한 가지 방편만으로도 자신의 본래 성품의 완벽한 원통을 성취할 것입니다."

그때 아난다와 대회중의 모든 이들은 몸과 마음이 순수하게 정화되어 붓다의 깨달음의 본성에 대한 맑은 통찰과 깊은 이해에 도달하였고 지고의 삼매에 들었다.

그들은 갈 길과 돌아올 길을 명확히 알고 고향 멀리로 중요한 장사 길을 떠나는 사람처럼 자신감으로 충만해졌다.

그곳에 모여 있던 모든 제자는 자기 마음의 본래성품을 깨닫게 되었으며 이로써 모든 세속적인 얽힘과 오염에서 벗어나 법안(法眼)의 순수한 빛 안에서 살리라고.

인용한 앞의 글들에서 모든 가지를 잘라내고 그 시대의 표현방법이 아닌 나만의 방식으로 만든다면 어떨까, 표현해 본다.

선생님, 저의 수행은 근원의 진리를 찾아가는 방법의 하나로 근원의 운동인 O 과 반야의 작용으로 드러나는 진동의 파동을 깊은 마음에서 동진하여 듣고 보고 하나가 되는 법으로, 반야인 원의 氣작용과 통하여야 하므로, 圓通 法이라 합니다.

그 이루어져 가는 과정은 내면의 소리를 들어내 보므로 바깥의 상과 이름 소리에 현혹되지 않고, 그 소리의 진원지인 진동의 圓 音을 들어내어 현실에 비교하므로, 근원의 뜻을 이해하고 새로운

눈을 뜨고 지혜를 밝힙니다.

귀로 듣는 것이 아니라 깊은 내면의 마음으로 同 振해 들으니, 바르게 이해하고 표현하려는 그 행위가 실제 수행이 됩니다.

나의 모든 지식을 버리지 않으면 바로 알고 볼 수 없으며, 바른 잣대(金尺)를 가질 수 없으니 바로 잴 수가 없습니다.

우주의 원리인 돈다, 돌면 생기는 법칙이 윤회 인과응보 등 근원의 변하지 않는 반야지혜의 진리를 만날 수 있습니다.

그렇게 보려면 자신의 수행이 깊어야 함으로 어렵습니다.

잘못되어 속을 보지 않고 눈으로 보고 귀로 들리는 소리에 현혹되고 휩쓸려 방황합니다. 자신의 지식이나 잘못된 정보로, 흔히 계시다 예언이다 영통이다 하며 큰 혼란을 가져오므로 상근기의 밝은 자도 바른 지혜에 들기가 어려우니, 일반인은 그 파동인 氣의 흐름을 이용하여 내면을 관찰하고, 소리로써 서로 조화롭게 만드는 수행이 쉽고 좋다고 봅니다.

선생님을 비롯하여 깊은 깨달음을 가지신 모든 스승이 이 길을 갔습니다. 우주를 아는 유일한 방법이기 때문입니다.

간단해지고 짧아지고 쉽게 해석되게 만들어 가는 일(수행)들이 모든 것을 자기 것으로 만드는 가장 효율적인 일입니다.

우주는 가장 간단한 O과 氣의 진동에서 시작 되어 영원히 계속되는 만물을 만들었으니 이 얼마나 경이로운 일입니까.

우리의 생각도 O과 氣에서 시작해 보시는 것은 어떠실지.

다음은 운동하는 회로가 모여 틀을 짜가는 과정인 제도하는 모습과 유사점이 많은 만다라에 대해 참고로 자료를 모아

보았다.

만다라는 고대 인도어인 산스크리트로 '원'을 뜻한다. 삼라만상의 원리와 우주의 흐름을 상징하는 만다라는 처음에 원이 짜여지면서 펼쳐지는 우주의 근본이치를, 불교에서 말하는 진리의 세계를 그림으로 형상화 한 것으로 본다.

부처님을 그린다거나 8정도를 그리거나, 윤회와 깨달음을 형상화하거나, 우주의 모습을 그리거나, 창조, 신화, 종교, 의례, 치유, 영성체험 등에 중요한 역할을 하는 마법의 원이며 치유의 원이다.

원은 시공을 초월하여 어디서나 만날 수 있는 기본 형태로서 중심을 지니고 있다.

원 형태뿐 아니라 나선 형태, 미로 형태, 구 형태, 정방형, 삼각형으로 사방 연속으로 대칭적 표현이 된다. 만다라 하면 티베트 승려들이 만든 '모래 만다라'를 떠올린다. 만다라 문양 중에는 엄지손톱만큼 작고 복잡한 것도 많다.

먼지처럼 작은 모래알로 문양 하나하나를 표현하기 위해 승려들은 코가 땅에 닿을 듯 연신 허리를 굽힌다. 그야말로 고도의 집중과 정성이 필요하다. 이런 작업을 짧게는 삼사 일에서 길게는 서너 달 지속한다. 이토록 공들여 완성한 후에는 붓으로 모두 쓸어버린다. 사방으로 흩어진 모래는 항아리에 담아 강에 버린다. 이들에게 만다라 만들기는 예술이 아닌 수행이기 때문이다. 모래 만다라는 불교의 세계관인 무상(無常)의 진리를 일깨우는 수단이다. 세상 모든 존재가 영원불변할 수

없음을, 승려들은 지극정성으로 만든 화려한 만다라를 제 손으로
없앰으로써 깨닫는 것이다.

과연 그것이 전부일까. 다음 부호는 우주의 기본 부호이면서
가장 안정된 틀이다. 법륜이며 만다라의 기초며, 상대적 세계가
하나 된 구조의 기본 도형이며, 우주의 열쇄며, 태정(太正, 胎精)
이라 한다.

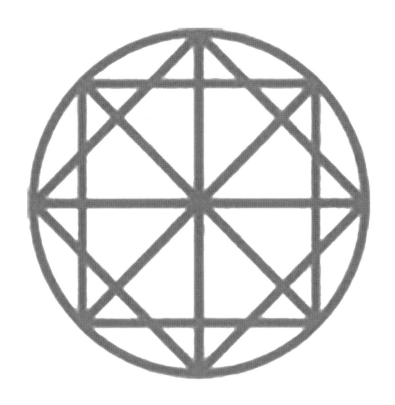

우리가 가진 환상이 깨어지지 않으면 실체가 보이지 않는다.

형이상학적 표현을 현실로 표현하지 못하면 바른 이해는 없다.

환상의 모습과 신들의 이름이 사라지지 않으면 세상과 마음의 혼란을 줄일 수 없다. 현실로 깨어나기 위해 하나씩 지운다.

아무리 좋은 곳도 나쁜 곳도, 영원한 곳은 없다.

좋고 나쁜 것이 함께하는 것이 우주의 절대 법칙이다.

그와 함께 다스리는 신의 많은 이름과 법칙이 사라진다.

무엇이 나를 다스릴 것인가, 우주의 법인 인과응보만 남는다.

지은 만큼 돌아온다는 것에서, 기쁨도 길지 않고 지옥의 고통만큼 잘못도 줄어지는 기쁨을 알기 때문이다. 생각속의 천국과 지옥은 영혼의 세상이므로 육체가 받는 것이 아님을 알아야한다.

속에서 자신을 보면 지금 여기서 해야 할 것이 보인다.

고통을 줄이는 방법은 자신을 되돌아보고 원인을 찾아 해결해가는 만큼 사라진다는 것을 알아가는 것이다.

자신을 떠나서 보면서 관찰자로써 즐긴다. 그래서 수많은 신이 다스리는 굴레에서 벗어난다. 신과 부처를 찾지 않고 자신을 알아가는, 자신의 평화를 찾아가는 혼란한 길이 단순해진다.

저마다 부르는 손짓과 말들이 사라지니 고요해진 그곳에 분명한 소리인 근원 운동의 진동이 드러난다.

섞이지 않은 우주의 밝은 정보와 함께 돈다, 파동 한다,

그러므로 지은 만큼 돌아온다, 드러난다.

파동을 구분하는 눈과 귀가 살아난다. 혼란한 소리에서 벗어나,

참모습을 보고 듣는다. 눈을 혼란하게 했던 색의 세계 그림들이 사라지고 기초 틀(제도)만 남는다. 바탕이 드러나면서 선들만 남는다. 그 선들이 사라지면 점이 남는다.

방향과 위치 어디가 중심점인가.

기초 점과 선들의 만남, 구조 그 기본 부호 위에, 그 바탕에서 각자의 꿈을 설계하여 그리며 틀을 세우고 칠해 간다.

이곳에는 무엇이 어울릴까 하는 것이 어울림 즉 궁합이다.

욕심으로 균형과 조화가 깨어지지 않기를 바라며, 지금의 세계는 종교적 반목, 민족의 분쟁, 가치관의 혼란 등으로 한 치 앞을 내다볼 수 없는 불확실성의 시대를 살아가고 있다.

가치관의 혼란은 단체를 가리지 않고 만연해서, 이젠 그 어떤 집단도 바른 지혜의 판단 또는 답이 없어, 그 누구도 해법을 찾을 수 없는 지경이다.

더 이상 낡은 사상만을 고집해서는 다가올 영적 세대, 선지자들의 지혜로 바라는 예언인 새 세상을 맞이할 수 없다.

그 어떤 집단이든 그 어떤 사람이든, 모두가 함께 공유하고 따를 수 있는 새로운 사상의 출현이 절실한 때이다.

그 해법의 열쇠인 잣대(金尺)로 우주의 처음 운동과 반야의 우주법칙인 반야 파라밀다를, 우주 만물의 공통어를 현대인에게 제시하고 싶다. 종교의 반목, 민족의 분쟁, 가치관의 혼란을, 통일할 수 있는, 새로운 사상의 시발점으로 권한다.

전쟁과 반목은 옛날부터 있어 왔던 일이다. 어디서부터 시작됐을까 원인이 무얼까 방법을 찾아보기 위해 과거로 돌아가

보자.

우주의 처음에는 선악이 없다. 움직임과 운동, 진동과 파동, 수축과 팽창, 변화와 흐름이 있을 뿐, 반반의 세상, 삶의 지식이 음과 양, 무유, 속과 밖, 위 아래를 만들어 구분하게 되고, 어둠과 밝음, 없음과 있음, 선과 악, 신과 인간을 분리하고 좋은 것과 나쁜 것으로 구분하고, 불안하고 알 수 없는 미래의 보장을 위해 천당과 지옥 신을 만들어, 신에 가까이 가면 보장 받는다는 믿음을 만든다. 전체 세상에서 반의 세상은 부정되고, 적이고, 악이고, 하지 않아야 되고, 버려야 하고, 사라져야 되는 것으로, 세뇌 되는 지금까지의 생각을 바꾸지 않으면 우리는 반쪽 세상으로 살아간다.

그들이 神이나 지도자가 되어 상대를 만들어 우주를 반쪽만 보게 하며, 그 길을 가게 하는 지금까지 인류가 걸어온 길을 답습 반복하며, 변화 없고 창조 없이, 새로움 없이 맴돌고 있다.

당신이 진정한 평화와 새로운 세상을 바라면,

다른 눈(new eye)을 뜨면,

이제까지의 환상은 버리고 선과 악, 둘 다를 알고 자유로이 쓸 수 있다면 진정한 주인이며 전체이다.

우주의 모든 것의 본질은 같아 처음의 것인 운동을 기(氣)로 통하며 표현할 수 있다. 내가 어디에 관심을 두느냐에 초점이 맞추어지므로, 우리가 쓰는 라디오, TV, 인터넷같이 자기가 즐기는 주파수에 채널을 고정해서 그 정보를 가장 많이 받아들이는 것과 같다. 그리고 자주 들은 정보이므로 나름의 이해도 쉽게 되는 것도 같다.

밖으로는 자연속에 들어가 그것과 동화되려고 나무, 돌, 꽃 등을 바라보거나 하나가 되어 느끼려고 함은, 깊은 의미에서는 겉을 보지 않고 상과 이름에 매이지 않고 속과 통하고 보는 氣의 대사라고도 하며 채널 맞추기다.

무속 인이나 종교인들이 숭배하는 것에 기도는 믿음을 더 굳히는 많은 의식도 채널을 열기 위한 것으로, 기도(氣道), 서로 氣가 통하여 열리는 길이며 통로며, 자신과 통하는 길을 만들어가는 방법이라고 할 수 있다.

그 속에 동화되어, 어느 사람은 귀로 듣고 입으로 말하여 표현하기 도 하고, 또는 몸으로, 춤으로, 글로, 그림으로, 그 표현방법은 그 사람의 발달된 통로에 따라 달라진다.

내면으로는 태초부터 만들어진 자기의 정보와 주파수가 맞으면 근원의 정보가 열리어 사람에 따라 신의 계시를 받는다.

예언을 듣는다. 신의 말을 듣는다.

기도하여 자기가 원하는 정보와 통한다 하여, 세계의 대표적 채널링 책으로는 성서, 경전, 예언서, 근간에는 우주인과의 대화, 신과 나눈 이야기 등으로, 종교의 대부분은 채널 링을 바탕으로 선구자가 되면서 이루어진 것이 많다고 본다. 그들의 공통점은 그 시대의 환경을 잘 반영하여 표현한다는 것이다. 왜 그럴까?

채널 링을 하는 매개체는 누구나 될 수 있다. 다른 표현으로 영매라고도 한다. 그 시대, 즉 환경이라는 주변의 조건이 더하여져 적절한 표현으로 나타나기도 하며, 또 풀이하는 사람이 자기의 생각으로 해석하기 때문에 시대에 따라 표현과 풀이가 달라진다.

유명한 예언서들처럼 믿고 기댈 것이 필요할 때는, 신들의 세계가 전쟁이나 질병이 퍼질 때는, 멸망의 시기가 질서가 문란하면 반대로 바로 잡으려는 질서의 계시가 알맞게 준비된 인물을 통해 드러난다.

자기 바람이 그 속에 반영되어 그것이 공감을 가질 때는, 많은 무리에게 번져나가 신봉하고, 매달리고, 현재의 환경에서 벗어날 것 같은 희망을 주기도 한다.

대부분의 채널 링은 소리로 전달된다. 글로 표현하므로 소리글이 된다. 우주는 소리와 수리로 형성되어 있다.

氣의 표현으로, 파동, 음파, 말, 뇌파, 환상 등으로, 無의 세계에서 일어나는 素의 작용으로, 그것이 有의 세계, 즉 물질로 드러나면 수리(數理)로, 수(數) 량(量) 형(形) 질(質)로 모양이 만들어진다. 하나의 소리는 많은 뜻, 즉 의미가 내포되어 있다.

한글은 소리글이므로 예를 들면 한글의 "명"이라는 문자를 뜻글인 한자로 풀어보면, 이름 명(名), 만물이 태어나면 이름을 붙이므로, 春 木氣

밝을 명(明) 그것이 활짝 드러나 꽃을 피우면 밝으며, 夏 火氣

목숨 명(命) 그 활동의 결과로 열매를 맺으며, 秋 金氣

어둘 명(冥) 그 씨앗이 정보를 품고 땅으로 숨으며, 冬 水氣

같을 명(?) 하나로 돌아드니 같으며, 土氣

오행으로 풀어본 이외에도 수십 가지 뜻을 품고 있으니, 원하는 사람에 따라 달리 들리고 해석되어 한 줄의 글귀를 자기 나름대로 해석하여 감탄하기도 하고 깨닫기도 하고, 자기와 맞지 않으면 의미 없는 소리가 된다.

그래서 경전에서는 어떤 것의 뜻을 이해하지 못하고 의미를 알지 못해, 주문이나 기도의 한 염송이 되어 "풀어서는 안 되는 숨겨진 신비한 소리로" 남아있다.

채널 링의 진행 모습은, 뇌파로 받는 말이나 영시현상 같은 환상들과 몸으로 표현되어 글이나 춤, 그림 등으로 자기가 원하는 것에 기운을 맞추고, 때로는 원치 않아도 맞추어지고 그 기운에 동진하여 밖으로 표출된다. 우주의 모든 것은 속에는 자기모습으로 자기만의 파동을 발산하고 있다.

그것이 외부의 자극이나 내부의 어떤 동기로, 억눌려있던 스프링처럼 튀어 오르고 화산처럼 폭발하기도 한다.

제어할 수 없을 만큼 되어 자기도 어쩔 수 없이 끌려 갈 때는 무속인이나 기인이 될 수 있고, 수행자는 그것을 조금씩 조절하고 많은 시행착오 속에 의미를 이해하면서 조절하여 큰 무리 없이 근원과 정보 교류로 자기의 수행에 활용하여 우주를 밝히는데 활용하며, 그것이 동기가 되어 생각이 바뀌고 삶이 바꾸어 지기도 한다. 넓은 의미에서 보면 근원으로 화해가는 과정으로, 氣의 대사나 주고받는 말, 문자, 삶, 자체가 정보의 삶이니, 당신은 어느 채널에 주파수를 맞추고 있습니까?

채널 링이 위험한 것은, 영시 현상으로 영적으로 무엇을 보고, 듣고, 체험한 이야기들이 같이 느낄 수 없고, 볼 수 없고, 들을 수 없이 혼자만의 것이기에 지도자의 조언을 받으면 좋다.

사람들은 자기가 보고, 듣고, 경험한 것이기에 강하게 주장하고 동조자를 모은다. 객관성이 없는 채널 링은 위험한 허상이다.

흔히 하는 것 중 하나는 신의 계시를 받았다, 신과 이야기를 나누었다, 아니면 과거의 성인과 서로 대화했다는 것인데, 이것만큼 황당한 것이 없는데 믿고 따른다. 그것은 성인이 살았던 시대에 자기가 알고 있는 모습으로 자기 지식이 보태어져 자신이 만든 허상과 채널 링을 하고 있다는 것을 모른다.

성인이 그 시대에 정지되어있다면 돌아가는 우주의 법칙에서 보면 잘못된 시나리오다.

영화를 보면 서양의 저승사자는 검은 양복에 선 그라스, 검은 개를 데리고 등장한다. 그런데 한국 저승사자는 짙은 화장에 갓 쓰고, 도포 입고, 베로 만든 장화구두를 신고 등장한다.

저승사자라는 상상의 인물에 자기 환경 속에 쉽게 접했던 모습이 그려지는 것이다. 그리스 신과 인도의 신이 다르듯이, 각 나라의 신화도 환경과 풍습의 영향으로 각각의 모습을 그려 나간다.

그것은 인간이 가장 영향을 받는 것은 환경과 정보이기 때문이다.

정보를 바탕으로 비슷한 가능성의 나래를 펼치며,

그것이 굳어지고 믿게 되고 신화와 전설이 된다. 그 환상을 깨고 어디서 비롯됐는지 그 원인을 찾으면 환상이 만들어낸 혼란이 사라지면서 드러난 껍질 벗겨진 그 속에 참 원리가 있을 것이다. 지금도 우주만물이 생멸을 계속하고 있는데, 그 많은 죽음의 변화를 누가 데리러 오고 누가 일일이 심판할 수 있을까?
어리석은 생각이다.

그러다 자신이 선택된 자가 되어가고 그렇게 생각하고, 점점 그 자리에 올라 교주가 되고 신이 된다. 그리고 이것이 진리라고 내세우며 세뇌하고 굳히며, 수를 불리고 무리를 모으고 상대를 만들어 싸운다. 그래서 특히 주의할 점은, 쓰는 용어가 신께서, 주께서는, 어떻게 하라, 들어라, 해주랴, 등

주종관계를 만드는 언어들이 나오면 거의 거짓이다.

왜냐? 우주에는 본래 선악과 주종이 없다. 모든 것이 나로 시작되었고 나의 변화 되어가는 분신들인데, 자기 자신을 신으로 만들고 종으로 만들어 부리고 조종하는 것이 맞을까? 자신의 분신에 자신이 종이 되어 부려지고 있다는 생각을 해본 적 있는가?

자기가 만든 것에 환상을 만들어 의지하고 매달리고 있다는 생각을 한번이라도 해 보셨는지, 밖에서 구하지 말고 自, 神을 찾자.

환상이 사라지지 않으면 나의 참모습과 자유는 영원히 없다.

한 재료에서 출발하여, 공전과 자전 속에 돌며, 변화하고,

좋은 정보로 새로운 씨앗을 만들어 가며 공유하는 한 몸이다.

올바르게 생각하고 볼 수 있는 지혜가 필요한 때이다.

볼 때는 냉정하고 나눌 때는 다정하게 서로를 세워주는 새로운 관찰의 눈이 필요한 때이다. 바른 진리의 화신이 되어 새 지평을 여는 창조의 눈이 되기를. 우리는 옛날부터 완전하지 않는

세상에서 예측되지 않는 자연의 변화에 대한 두려움과 보장되지 않는 미래, 잘되기만을 바라는 마음, 어딘가 큰 것에 기대어 신은 완전한 보장, 믿음, 사랑, 원하는 것을 줄 것같이 생각하고 매달리고, 기도로 위안 삼는 나약함과 두려움이 만든 허상이다.

과거 무리의 지도자들이 자신의 권위를 높이기 위해 마치 신의 후계자인 것 같이 하늘의 아들로 자칭하고 많은 곳에서 비슷한 전설들이 만들어졌으니, 자신의 특별함으로 무리를 끌고 가던 과거로 인해 그것이 깊이 의식화되어 대물림되어진 정보로 우리는 신을 만들고 천국과 지옥을 만든다.

스스로 만든 신을 절대자로 두고, 자신이 만든 신에게 조정 당하며 살아간다. 지금은 많은 것이 밝혀진 세상이 아닌가.

자연의 변화를 예측하여 피해를 줄이는 과학 연구의 한 편에는 인간의 무지와 욕심이 파괴를 앞당기고 있고, 공유와 개인의 자유와 우주질서를 무시하며 이기적으로 전쟁하며 빼앗고 죽이며, 살인하지 말라, 서로 사랑하라는 신의 계시도 무시하고 종교를 가진 자들도 자기 신을 위해 당연히 싸운다. 생각이 서로 조금만 다르면 다른 파를 만들어 서로 대립하고 싸운다.

정보를 바꾸어 보자. 처음부터 잘못 입력된 정보 나에게서 시작된 모든 우주는 나의 분신이다. 나의 모습을 보는 거울상이며 나이기에 서로 통한다. 내 모습이며 나이다. 주종이 없다.

당신과 내가 잘못 지은 집을 허물려고 하는데, 누가 반대를 할까 거의가 반대를 할 것 같다. 이제 다시 지으려는데 동참하실 분은?

우주라는 터에 잘못 짜인 틀을 깨고 새로운 판을 짜야 시기다.

신과 부처는 인간의 바람이 만들어놓은 바람의 결과물이다.

바람이 있어 기대고, 그를 만들고 따르는 자가 남아있는 한,

그들에 대한 신화도 사라지지 않는다. 아마 영원히, 불교에서는

'몸에 병 없기를 바라지마라 탐욕이 생기기 쉬우니'라고 한다.

그래서 석존께서는 병고로 약을 삼으라 하시는데, 약사여래는

병이 없기를 서원하여, 그 말에 현혹되어 사람들이 매달리며

바라고 빌고 있으니 누구를 믿을까.

이론으로는 좋은 공산주의, 그 사상을 사람이 실현하므로,

누리고, 가지고, 부림에 익숙해지면서 평등의 나눔이 사라지면서

본래의 의미는 변질되었다.

똑같은 환경 속에 공동 작업으로 개인의 소질이 제한되어,

낮은 층은 높은 층의 누림에 착취당하는 것이다.

사람의 속성을 모르는 결과이다.

세상이 극락과 천국, 유토피아가 되면 반쪽 세상으로 존재의

가치는 없다.

성숙해지고 높아지는 영성을 바란다면 상대가 필요하다.

지옥도 잘 활용한다. 지옥 불에 자기를 불태운 자는 아무리

어려운 곳도 어디든지 천국이다.

두려움과 미래의 불확실성, 정보의 부족 등이, 기대고, 매달리고,

애원하며, 신을 만들어 위안 삼는다.

그것에 부응하는 유토피아를 머릿속에 만들어 놓고, 누군가

방법과 방향을 제시하면 내가 바라는 것이니 스스로 종이 되어

달려가는 것이다. 당연한 듯 무리 지어.

당연함에서 빠져나와 멀리 보면 때로는 자신이 속한 곳에서 떨어져 나와 바라보면 잘 볼 수 있다.

내가 사랑하는 자식과 가족도 단체도 모든 것이 즉 각도가 다르면 다른 종파와 교파가 생겨 한 뿌리에 많은 가지들이 다른 방향으로 자란다. 서로 다른 방향이라고 다툰다. 많이 번지니 좋을 것도 같고 다양한 면을 볼 수 있으나, 너무 자기 것만 주장하여 다른 것은 적으로 만든다. 전 세계의 종교의 모습이 그렇다.

사람들은 같은 것을 두고 자기의 환경과 지식, 관습으로 합리화시켜 그것을 굳혀 버린다. 스승과 종교지도자는 자기 본 바를 주장하며 가르치고, 배우는 자는 범위를 벗어나면 탈락자나 이단자가 될까 두려워하면서 다른 관점은 숨긴다.

사진이나 그림을 그리는 사람이 동일한 대상을 놓고 자기가 좋아하는 방향, 각도, 위치에 따라 표현하니, 보는 자들은 본 것만 이야기하며 다르다고 한다.

원리에서 찾고, 과하게 벗어난 것은 가지치기함이 좋다.

맛있는 과자는 누가 만들었을까? 멋있는 집은, 자동차는, 그것은 원하는 사람이 있기에 생각을 하고 기운이 형성되고, 힘이 생기고, 생각을 키우면서 필요한 재료와 정보를 모은다.

그래서 자신이 원하는 물건도, 전지전능한 모습의 신도 만들어지는 것이다. 나로부터 시작되어 내가 만들어 가는 세상.

세상의 모든 것이 그렇게 만들어지는 것이다. 만들어진 신은 바람이 있어 매달리는 무리들이 모여 세력을 형성하며 키워 나간다. 무리의 뜻이 모이면서 유일신이 되고 나중에는 사명이 되고, 이해와 반목하는 자와 싸우며 나누어진다.

서로 죽이는 원수가 되기도 한다.

왜 그럴까? 인간이 만든 신은 인간의 욕심이 같아 이기적이고 시기하고, 분노하고 투쟁하며, 누리고 싶어 하고 그 욕심을 채우기 위해 정복하여 부리고 군림한다.

인간의 욕심과 생각을 신의 이름을 빌려 실행하기 때문이다.

자신이 존재하면 더 이상 바뀌지 않으며 새로움은 없다.

신들을 없애지 않으면 전쟁과 반목은 없어지지 않는다.

보이는 것마다, 소(素, 나)의 작용(運動)이 아닌 것이 없고 들리는 것마다, 소(素, 나)의 울음(振動)이 아닌 것이 없다.

빛, 원자의 운동과 같이 작용하는 氣와 동진해야 한다.

동진 하려면 그것과 통(通)해야 한다. 통하려면 통로가 열려야 한다. 자신이 그 통로이다. 열려면 자신이 만든 벽인 지식, 이기심, 업 등을 풀어야 한다. 그것을 풀려면 잘못된 정보인 생각과 습관을 고쳐야 한다. 생각을 고치려면 우주 이치를 알아야 한다.

우주 이치를 알려면 처음과 끝에서 찾아야 한다. 처음에서 이어져 변화되는 인연과(因緣, 果)의 원리를 알고, 조절하고 바꿀 수 있어야 한다. 자기화 시켜야 한다. 자기 것이 되지 않으면 언제든지 다른 것에 무너진다.

즉, 불교에서 말하는 금강좌(金剛, 座)가 되지 못한다.

그 후 상대 세계에서 벗어나 절대 자리에서 자신과 세상을 객관적(초월적) 관점에서 볼 수 있게 된다.

영혼을 담고 있는 세상을 바라보는 관찰자가 된다,

세상에서 더 얻을 것도, 더 구할 것이 없다는 것을 확실히 알 때 벗어난다. 바람이 사라진 자리이다.

세상을 떠나서 보아야 바로 보인다. 자유인이다.

그러나 내게 가까운 것일수록, 벗어나기 힘들다.

보고 이해하는 관점 즉 잣대를 가져야한다. 세상을 보는, 제3의(new eye)눈이다. 그 눈을 가진 자, 더 이상 세상 파도 (파동, 진동, 정보)에 흔들리지 않는다. 바르게 보고 판단해 지혜로 쓴다. 자신 화 된 밝은 빛, O의 진동과 氣를 써 세상을 밝힌다. 더 이상 어둠과 무지는 없다.

생각만으로 내면을 찾는 자, 그것은 지혜가 아닌 지식이다.

지식으로는 진리의 길을 갈 수 없다. 살아있는 도리를 쓴다.

보이지 않는 세계를 볼 수 있게 한다. 자신과 이어진 인연들을 파악하여 조절한다. 우주의 근본지도(해인 지도) 반야를 쓴다.

속의 빛을 열어준다(풀어준다, 깨운다, 두드린다, 벗긴다).

난립하고 있는 수행법과 명칭을 정리한다.

이 수행법을 권하는 것은, 개인의 소질에 맞추어 개발하고 우주의 법칙을 알아가면서 세상의 많은 것에 응용하므로, 그것을 자신을 찾아 가는데 쓸 수 있는 상과 이름에서 벗어나 속을 알 수 있는 효율성과 다양성이다.

생각이나 눈 등 오감으로는 알 수 없는 보이지 않는 세계, 만물의 근본인 우주 운동, 영, 령, 빛, 氣, 마음의 세계를 다양한 표현을 통해 보고, 이해하고, 응용해 쓸 수 있다는 장점과 근원과의 원통(圓 通)으로 반야지혜를 자신의 것으로 만들어 바른 판단력을 가진다는 것.

단점으로는 자기 판단으로 잘못된 이해가 될 때 위험하며, 전혀 다르게 보이는 것, 그 결과는 엄청난 차이를 가져 온다.

기본 지도가 꼭 필요한 이유이다.

또 하나의 큰 이유는, 누구에게나 내재되어 있는 우주의 모든 정보, 처음의 운동부터 그 변화인 회로, 그 틀인 부호, 문자, 문장과 원하는 것과의 채널 링이 된다.

응용으로는 우주 근본 운동 법칙을 응용한 과학, 예능, 체육, 건강, 정신세계, 미술, 서예, 음악, 무용, 기공, 체조, 명상, 사주, 모든 것과의 궁합, 풍수, 성격파악, 심리와 육체 치료, 정신상담 등을 활용하여 자신과 상대의 치료와 개발에 쓴다.

미래를 예측하므로 현재의 자신을 고치고 변화 시킨다.

많은 경험을 하고 주변의 모습을 보면서, 이제까지의 방법 중에 인류 변화에 가장 효율적이며 자신의 소질에 맞는 길을 가므로, 더 나은 자기 개발에 최고의 방법이라고 본다.

서로가 협조하고 지도하므로 궁극의 진리를 만나고, 자신의 자리에서 최고의 깨달음을 만나고 나눌 수 있으리라 절대로 믿는다.

지금까지의 글들을 보면 불교적인 글과 수행법인 것으로 보일 수 있지만, 전혀 다르다. 불교의 관점에서 깨달은 것이 아니라,

전혀 새로운 방법인 氣와 回路, 製圖등 전혀 다른 세계에서 접근했는데, 알고 보니 불교의 궁극의 깨달음과 방법이 같다는 것을 발견한 것이다.

그것을 이해하지 못하면 지금 불교의 이해방법과 수행법이 깨어지지 않으면 근원과 만남인 큰 깨달음을 얻기 쉽지 않다.

바른 수행은 먼저 상과 이름의 환상을 깨야 한다. 그러지 못하면 당신은 큰 깨달음을 얻기 힘들며 부처의 경지에 오를 수 없다고 생각한다. 물론 종교의 경전이 도움을 주긴 하지만 방해도 된다. 글로 이해하려고 하면 보이지 않는 운동과 선의 세계로 된 불립문자의 세계는 영원히 알 수 없다. 언어도단이다.

우주는 0이라는 절대세상과 1이라는 상대세상으로 되어있다. 드러남으로, 無와 有, 이쪽과 저쪽 너와나의 분별이 시작됐다.

누군가 어렵게 발견한 답을 가지고 출발하여 세상에 맞추어 확인해 가는 것과 답도 모르고 찾아 헤 메는 것은 극과 극의 차이우리는 무엇을 선택해야 할까, 어리석은 질문이다.

당신의 세상에서 헤 매임을 줄이기 위해서 권한다.

깨달음의 지혜를 얻는 방법은 자신이 그것이 되어 생각한다.

자신을 근원 또는 우주라고 생각하고 우주의 주인 또는, 창조주, 하나님이라는 위치에서 생각하고 나는 왜 생겼을까, 우주는 어떻게 시작 됐을까, 무엇을 해야 할까, 의문을 가지고 본다면 행할 수 있으면, 같이 보려고 애쓰고 이해하고 닮으려고 한다면, 어느 날 나는 부처의 길을 가고 있고, 예수의 길을 가며, 나아가서는 재림예수 미륵보살이 되어 있으며, 소질과 위치에 따라 다른 모습의 진리의 화신이 되어 드러낼 수 있다고 본다.

근본을 모르고 밖에서 찾아가는 것 보다 모든 것을 처음의 위치에서 생각해 보고 이해하므로 올바른 깨달음을 얻을 수 있다고 본다. 그래서 이루면 하나 된다, 같아진다, 화한다, 꽃피운다, 화신이라고 한다.

그 깨달아가며 얻은 이치를 자신의 것으로 만들어 응용하고 쓸 수 있을 때, 지혜를 실행하는 능력을 갖춘 자가 된다.

종교를 바꾸려 하지 말고 자신의 위치에서 바로 알아 가면 하나가 된다. 우주의 이치가 서로 다르지 않음을 알게 된다.

그것이 가장 효율적인 방법이라고 본다. 처음은 같으니까,

내가 있으므로 神도 있다. 내가 없으면 상대도 사라진다.

내가 없는 자리는 우리(宇宙, 理)라 한다. 우주심(中心)이다.

모든 것이 상쇄(相殺)된 자리, 첨과 참, 시작과 끝자리 완전히 비우고 채워진 자리, 이것이 있으므로 저것이 생긴다.

나를 드러내는 것은 나를 쓰는 것이다. 새로운 창조를 위해 相으로 드러난다. 반사된 세상을 뒤집어 보므로 안과 밖, 긍정과 부정, 그때마다 달라지는 이치, 속의 이치, 겉의 이치, 반반의 세상들이 다름을 벗어나 초월해 하나로 만났을 때 처음의 자리에서 만나므로 우리가 된다.

우주가 나로 된다. 그리고 밝고 지혜로워지니, 저절로 바람이 사라진다. 저절로 탐 진치도 사라지니, 모든 苦가 사라진다.

머리(뇌) 정보가, 점점이 모여, 한 점으로 줄어드니, 정이 된다, 번뇌가 줄어들며 정(精)이 흩어지지 않아 누진(漏盡)통이 된다.

그 정이 전체를 정화하며 몸과 마음 생각을 하나로 만든다.

뇌와 몸은 하나(一切)의 정(답)이 중심점이 된다.

가장 높고 깊은 정으로, 낮은 점으로, 가야할 곳이므로,

석존의 말씀 중에(殺佛, 殺祖) 그대가 들은 것을 믿지 말라.

여러 세대를 전해져 내려 왔다는 이유로 전통을 믿는 일을 하지 말라. 많은 사람이 이야기하고 소문난 것이라는 이유로 어떤 것을 믿거나 하지 말라. 어떤 옛 현자가 해 놓은 말을 쓴 것이라는, 단지 그 이유로 믿지 말라. 추측으로 믿지 말라.

그대의 스승과 선배의 권위를 믿지 말라.

관찰과 분석 후에 이성을 가지고 동의하되, 나와 모두의 이익과 선을 위하여 이바지 될 때 그때 그것을 받아들이고 그에 따라 살라. 스스로 판단하여 그것이 온전하고 흠 없고, 현자의 칭송을 받고, 그것을 따라 수행해서 평안과 행복이 일어난다고 믿을 때, 그때에만 그 가르침을 따라야 한다.

그리고 그 가르침이 덕행, 정직, 자애, 청정, 자유의 길로 이끌 경우에는, 그대들이여 반드시 따라야 한다.

그러니 이렇게 하라. 만일 다른 生이 있다면 이생에서 쌓은 선행의 결실은 내세의 선업이 될 것이요, 만일 다른 생이 없다면 그 선행의 결실은 지금 여기서 자신에게 돌아올 것이다.

선생인 지도자가 가르쳐야 하는 것은 지식이 아닌 지혜로, 공전 (共轉)과 자전(自轉), 공존(共存)과 자존(自存)으로 전체를 보고 이해하는 것과 올바른 판단력인 반야지혜, 옳고 그른 것이 아닌, 선과 악이 아닌, 너와 내가 아닌, 우주를, 만물을, 지식의 분별로

보지 않고 잘 쓸 수 있는 법, 선택도 남이 해 주기를 기대며 바라는 종으로 끌려가지 말고, 겉과 속, 혼란도 내가 만들고 선택도 自神인 내 몫이다.

근본 작용의 이치를 알고 속을 보므로, 겉을 보고 맴돌지 않고, 지혜를 내 것으로 만들어 창조해가는 새롭게 눈 뜨는 반야지혜로 자신(自存 佛, 自 神)이 되기를.

나는 누구인가? 나 자신(自 神, 自身)이다. 밖에서 찾지 말라.

밖에 펼쳐진 것은 분신(分身이며 分 神)으로 내 모습이다.

나는 누구인가? 나는 비로자나불이며 하나님이다.

다른 것은 나의 분신인 각각 부처(化身 佛)이다. 나의 모습이다.

그 곳에서 나왔으니 예수님을 아들(子)이라 이름 한 것이다.

나는 소우주(小宇宙)이다. 만물은 나의 펼쳐진 大우주다.

밖에서 찾지 말고 안에서 찾고 만나야 한다.

깨고 나오라. 하나가 되고 우리가 된다. 宇 理가 겉을 보고 분별하고 재지 말고, 속에서 만나 속속들이 보면서, 처음의 내가 누구인가? 우리는 누구인가? 宇 理를 알아봅시다.

내=뇌(컴퓨터)=뇌의 굴속에 들어있는 정보를 정리해야 한다.

유마경 비교

0과 1에서 시작하는 그 처음의 원리, 0과 1로 시작한 나의 우주, 간섭으로 혼란해진 정보를 정리하여 간단히 볼 수 있는 속을 봅시다. 줄이면 하나, 펼치면 전부, 가장 효율적이고 완벽한 실용성. '나'란 기적이지 않는가. 재미있는 세상, 놀라운 세상 즐기면서 찾아봅시다.

0과 1로 만물이 나왔으니 자(金尺)이며, 잘 쓰면 나와 세상을 변화시키는 자로, 아름다운 삶이되시길.

(분별이 사라지면 '생, 노, 병, 사'가 끊고 이어주는, 정리에 쓰는 이치며, 우주는 상대(두 좌)인 것이 하나로 짜며 돌아가고 있다. 그것을 초월(위에서)해서 보고, 탈 것으로 쓸 수 있어야 한다.

生, 老, 病, 死를 넘어 쓰는 자로, 새로 태어나 가지게 하므로 한곳에 묶이지 않고 잘 돌아가게 하는 우주적 사랑이다.)

세속을 떠나지 않고 하는 불교 수행의 마지막이라는 유마경을 보고 있다. 모든 것은 아는 만큼 보인다.

모르고 보면 지식, 알고 보면 지혜가 된다. 근원의 운동에서 상과 이름을 떠나 이치를 본다.

선악을 넘어 수축과 팽창의 균형으로 본다. 그 것을 넘어 선악을 쓴다. 모든 것을 쓰므로 분별하지 않는다. 버리고 끊을 것이 없다. 지혜를 득하면 끊지 않고, 그 속에서 함께하며 쓴다. 일체의 상대를 초월해도, 그 속에서 평범하게 어울린다.

부처님이 수보리에게 이르셨다.

"네가 유마 힐에게 가서 병을 위문하여라."

수보리는 부처님께 사뢰었다.

"세존이시여, 제가 그이에게 가서 병을 위문할 수 없나이다.

그 까닭은 제가 옛적에 그의 집에 가서 밥을 빌었더니 유마 힐이 발우를 받아 밥을 가득 담아 가지고 말하기를, '만일 수보리님이 탐냄, 성냄, 어리석음을 끊지 아니하고도 그런 것들과 함께할 수 있다면, 무명(無明)을 극복하거나 삶에 대한 갈망을 멸하지 않고서도 지혜의 빛을 일으켜 해탈을 이룰 수 있다면, 들 수 있다면, 해탈도 없고 속박도 없다면, 범인이 아니지만 범인의 특성을 벗어난 것도 아니라면, 성인이 아니지만 성인 아님도 아니라면, 일체의 법을 성취하면서도 모든 법상(法 想 진리의 상)에서 벗어나 있다면 이 음식을 먹어도 좋습니다.

수보리여, 그대는 부처님을 보지도 않고 법을 듣지도 않으며 승가를 섬기지도 않으면서, 동시에 저 외도(六根)의 여섯 스승 등을 그대의 스승으로 삼아 그들을 의지해 출가해서 그 여섯 스승이 규정한 길을 따를 수 있다면 이 음식을 먹어도 좋습니다. 여덟 가지 재난에 묶여 있으면서도 유리한 조건을 구하지 아니한다면 온갖 욕망과 어울리면서도 청정함을 성취하지 않는다면 온갖 마(魔)와 함께 손잡는다면, 모든 번뇌를 반려로 삼는다면, 일체 번뇌의 본성이 곧 존자의 본성이라면, 모든 중생에 대해 적대적인 감정을 갖는다면, 모든 부처님을 경멸한다면, 부처님의 모든 가르침을 비방한다면, 승가에 의존하지 않는다면, 마지막으로 궁극의 열반에 들어가지 않는다면, 이 음식을 먹어도 좋습니다.

세존이시여, 그때 저는 유마 힐의 말을 듣고서 무엇을 어찌해야 좋을지 앞이 캄캄해 방향 감각을 잃었습니다. 무슨 말을 하는지 알지도 못했고 어떻게 대답해야 할지 몰랐습니다.

밥그릇을 버려둔 채 그 집을 나오려 하자 유마 힐이 제게 '수보리여, 밥그릇을 가져가시고 내 말을 두려워 마십시오, 어떻게 생각하십니까? 만약 그대에게 이런 말을 한 분이 여래가 만든 화신이었다면 두려워하겠습니까?'

저는 대답하기를 '아니, 두려워하지 않습니다.'라고 했습니다.

그러자 유마 힐이 다시 말했습니다.

'일체 유정의 성품과 모습은 다 허깨비 같은 것입니다.

따라서 그대는 그런 것들을 두려워해서 안 됩니다.

일체 유정과 모든 언설의 성품과 모습도 마찬가지입니다.

이것이 모든 지혜 있는, 사람의 문자에 대해 집착하지도 않고 두려워하지도 않는 이유입니다. 일체의 언어가 그 자체 고유한 성품도 없고, 그 자체 고유한 모습도 없기 때문입니다.

왜 그럴까요? 자체의 고유한 성품이나 자체의 고유한 모습이 없기 때문에 도무지 문자가 아닌 이것이야말로 바로 해탈입니다.

이 해탈의 모습이 바로 일체 만법입니다.'

세존이시여, 저 대거사인 유마 힐이 이 법을 설하자 2만 명의 천자가 번뇌의 어둠과 욕망의 오염에서 벗어나 일체 만법에 대한 법안의 청정함을 얻었습니다.

그리고 5백 명의 천자는 무생 법인을 터득하였습니다.

그런데도 저는 할 말을 잃어버려 대답하지 못했습니다. 이 때문에 저는 그에게 문병하는 일을 감당치 못하겠다고 한 것입니다"

주지육림과 쾌락에 빠져있으면서 나는 걸림이 없고 세상을 쓴다고 착각하지 않아야 한다. 선악의 분별을 없애고 반야지혜를 얻은 자만이 쓸 수 있다. 아름다운 삶이되시길, 관하는 법은 상과 이름에 잡히지 말고 상대에게 맞추어 말한다. 상대를 알아야 가능하다.

아니면 상대가 알고 싶은 것을 말한다. 묻고 답하는 방식이다.

최고의 방법은 자신의 이야기가 높고 깊고 안과 밖, 과거와 현재, 미래를 동시에 통할 수 있게 간단하고 쉽고 명확해야 한다.

그것은 자신이 그렇게 정리되어야 가능한 것이다.

아니면 분별없이 깊이 들어준다. 의도를 살펴보고 맞춘다.

생각으로 잡혀있는 사고를 분별해준다. 바꿀 방법을 준다.

초월해 보고 들어준다. 관세음의 시작이며, 여래의 길이다.

듣는다. 서로 맞추어주는 자비의 시작이며 참사랑이다.

한 생각이 달라지면 새로운 길을 간다. 속이 답이다.

주인도 모르고 손님도 모르는 이야기는 이제 그만하고 주인이 알고 손님이 알아듣고 스스로 설 수 있게 설명해주는 세상이 되기를 바라며, 인간은 부모로부터 전해진 정보(DNA)와 과거로부터 현재까지 몸으로 받아 입력된 정보로 머릿속에 자신의 환상세계를 만들며 그 속에 살고 있다. 신과 성자들이 한 말에 본인의 생각을 조합해 그것을 신봉하며 믿고 따른다.

실제 그것에서 만들어진 세계가 세상에 만들어지고 힘이 되어 행동하게 하고 내 속에 신으로 존재한다. 과거의 정보로 만들어진 신들은 그들의 정보가 인간의 머릿속에 발자취로 남기를 바라며 실제 작용하며 존재한다.

물론 그들이 남긴 정보가 좋은 것도 있다. 그러나 사람들은 자신이 신봉하는 것에 막혀 잘못된 정보를 구분하기 힘들다.

무조건 믿는 맹신이 자신의 머릿속에 실제 정보체가 신으로 존재하면서 자신을 지배하고 있다는 것을 모른다.

잡물을 제거하고 순수 물질만 남게 하기는 힘들다.

그래서 인간은 100%로의 순금을 선호하는지도 모른다.

신봉하는 자에게 그 정보들의 권위는 무조건이다.

전쟁과 죽음을 불사하면서까지. 현실의 종교가 그러하다.

잘못된 정보를 지우고 새롭고 바른 정보를 구분하는 방법을 선생은 알고 가르쳐야 할 것이다.

인간의 바탕에는 기본 욕망인 생존과 번식, 이상과 이름과 자리가 사람을 마지막까지 지배하고 있다.

그것마저도 벗어버린다면 한결 가벼운 여행이 될 것이다.

자신을 드러내어 고쳐간다면, 새롭고 순수한 자신이 된다면, 보람찬 세상 아름다운 여행길이 될 것이다.

많은 사람들이 언어와 환경에 따라 상징을 만들고 이름 붙여 메달고 사람의 정신을 지배하고 있다.

지금까지 사람이 만든 이름과 상들이 사라져야 한다.

먼저 깨달은 자는 선생님, 표가 되면 배우고 따른다.

이름과 상과 자리가 사라지면 비로소 보인다. 자신이 사라진다. '나'다. 표와 상징이며, 나(我)들이 소풍을 즐긴다.

세상 구경을 했으면 자신(自 神)을, 自覺했으면 집(自 神)으로 돌아(運動, 般若)가야지, 상징과 이름을 보고 서로 비교하고 평가하고 간섭하며, 너와 나로 나누고, 맞다 안 맞다 편 가르고, 선과 악을 만들고, 위와 아래 차이에서 방향과 위치(자리)로 권위와 지배가 생기고 상징을 만들어 내세우고 간섭하며 깃발 아래 나누어 모인다. 돌아갈 생각이 없다.

뱀과 같아 앞으로만 가고 뒤로 못 간다. 깃발을 내세우고 무리를 모으고, 그 힘으로 상대를 제압하고 지배한다.

머릿속 왜곡된 정보를 지우자, 自 神을 살려내자.

누가 많이 사람들의 머릿속에 자신의 정보를 물들일까 경쟁한다. 지금의 종교의 현실이며, 사람들의 주장이며, 무리가 힘을 키운다. 모든 정보는 나에게 있으니 잘못된 것들은 고쳐가고, 밖에서 다른 것에 기대고 바라고 속고 목메지 말고, 좋은 선생의 지도로 나와 통하는 법과 표현하는 법을 배우고, 고쳐가며 인연대로 살면 모든 것이 사라지고, 나다, 나라고 할 것이 없다, 나들이다.

거울과 거울 앞에 서 있는 자(尺, 自, 者)이다.

밖의 삶인 육감, 보고 듣고 냄새 맡고 맛보고 느끼고 하면서, 그것이 우리의 몸이며 삶으로 생각하는 정보가 마음을 만든다.

우리는 그 정보를 가지고 세상을 판단한다.

그것을 벗어난 세상이 상이 아닌 氣의 세상이다. 변화와 흐름이다. 그것도 벗어난 세상, 운동과 진동의 般若세상이다.

각각의 고유 정보 세상, 처음부터 지금까지 이어진, 그 모든 것이 합쳐진 세상(三相, 三界, 원방 각)이 나다.

무엇을 볼 것인가, 무엇을 쓸 것인가, 어디에 살 것인가, 내가 그 선을 택하고 내 삶을 만들고 펼친다.

내가 선택하고 살아가는 것이다. 때로는 떠밀리기도 하지만, 나의 선택이다.

나는 진정 속을 보는 근원과 동진하는 자격과 능력을 갖추었나, 상과 이름에 걸림이 없다면 무엇으로 무엇을 보고 듣고 있는가, 몸에서 일어나는 것이 나의 마음을 만든다면 마음을 떠나 무엇이 나라고 보고 있는가, 그 보는 기준의 잣대는 무엇이고 볼 수 있는 방법은, 부처의 가르침을 따르면서 진정 그들이 상과 이름과 마음을 떠난 그들의 수행법은 무엇이라 생각하시는지,

그들을 부처나 보살로 만들어준 수행법은 무엇이며,

그 상과 이름에 매여 있는 수행의 허점을 알고 있는가,

중요한 것은 묻혀 있고 좋은 것만으로 강조하고 치장된 표현 속에, 경전들의 글자 밖의 의미를 아는가, 그 경전들에서 지워야할 글들이 반 이상인 것을 아는가, 그 시대에 그들의 환경과 사고방식이 만든 그리고 닿지 못한 자들의 생각으로 왜곡된 해석과 부작용, 스쳐 지나가 찾지 못한 글들의 의미들, 이제 볼 때이다.

능력을 갖추어 지식이 아닌 나의 참모습을 확인해야 할 때다.

사람들은 우주와 자신을 밝히려고 애쓰고 이야기한다.

우주는 파동이다, 無다, 空이다, 사랑이다, 빛이다, 어둠이다.

많은 말들이 무엇을 이야기 하려 하는가, 밝혀서 어쩌란 말인가, 세상의 정보들에서 진리라고 하는 지식이 넘쳐난다.

내 말을 들어 달라고, 내가 지도자라고 아우성치며 사람을 모은다. 과연 그들이 그 속을 보고 분별할 수 있고, 바른 기준점을 가지고 고쳐 줄 수 있는 능력을 갖추었는가, 그것을 볼 수 있다는 것은 사람으로 보면 영혼을 볼 수 있고 분별하고, 변화시켜 줄 수 있는 능력을 가졌다는 말이다.

과연 그런 지식을 가진 사람이 그런 능력도 가졌을까, 그 지식이 세상을 밝게 할 수 있을까, 그들의 분별하는 잣대는 바른 것일까, 반야지혜에서 표현의 처음은 관자재이다. 보는 것에 걸림이 없다.

두 번째는 우주의 처음 운동인 반야에서 다음으로 이어지는 파, 라, 밀, 다이다. 그 속에서 각각의 설계도, 즉 성품, 즉 성질을 본다. 그 짜임 제도(羅, 설계도)를 보고 맞추어 지도하여 고쳐 주는 것을 중생 제도(생각을 바꾸다)라고 한다.

속을 알기에 상대의 성품에 맞추어 지도한다.

그 수행법을 이근 원통 법(耳根 圓通 法)이라 한다.

그것을 갖추어야 통하여 세상의 원리와 상대의 영혼을 본다.

여래장 비교

상대를 알고 상대에게 맞추는 그것이 전체와 통하게 하는 최상의 지도법이라고 본다. 지식이 아닌 현실적 능력이다.

머리로 아는 것으로 보면 정보만으로도 세상은 유토피아다.

과연 그 깨달음으로 세상이 균형을 찾고 희망이 생길까.

하나라도 내가 자유로이 보고 쓸 수 있는 내 것이 있다면, 재미있고 아름다운 여행이 되지 않을까.

번뇌 가운데 있어도 여래장은 언제나 청정하다.

부처님께서 방편으로 만든 한량없는 연꽃이 갑자기 시들어 버리고 한없는 화신불이 그 연꽃들 속에 앉아 계시느니라.

속에 계신 화신불은 상호가 장엄하며 결가부좌하고 계시니 만법이 있는 그대로 진리임을 꿰뚫어보는 지혜의 눈인 불안으로 일체 중생을 관찰하니,

그들이 탐욕과 성냄과 어리석음 등 온갖 번뇌에 빠져 있어도 그 안에는 여래의 지혜와 여래의 안목과 여래의 법신이 있다.

그 모습은 결가부좌 하듯 근엄하여 조금도 움직임이 없느니라.

중생의 몸이 비록 여러 고통스런 세계를 윤회하면서 익힌 번뇌 가운데 있더라도 여래장은 언제나 번뇌에 의해 오염되지 않는다.

오히려 중생의 자성 가운데 부처님의 훌륭한 덕과 상이 완전히 갖추어져 있어 나와 전혀 차이가 없느니라. 내용을 비유하면 시간과 공간에 구애되지 않고 사물을 볼 수 있는 사람은 아직 피지 않은 연꽃 속에 여래의 법신이 결가부좌하고 있으며, 또한

시든 꽃잎을 제거하면 바로 부처님의 화신불이 나타나게 된다는 것을 아는 것과 같다. 부처님께서는 중생의 안에 여래장이 갖춰져 있음을 보시고 나서, 그 여래장의 성품을 개발하여 쓸 수 있게 하려고 바른 진리를 설하는 것이다.

즉, 수행하여 번뇌를 완전히 소멸시키면 여래장인 불성이 환하게 드러난다.

모든 부처님의 가르침은 이와 같으니라.

부처님께서 세상에 출현하지 않아도 여래장의 이치는 같다.

일체중생이 가지고 있는 여래장도 항상 존재하여 변함없다.

단지 저들 중생들은 여래장이 번뇌에 가려져 있다.

그러므로 부처님이 세상에 나오니 널리 설법하시는 인연을 우선 만나야 한다. 온갖 번뇌의 티끌을 전부 소멸시켜야, 존재의 총체적인 모습을 아는 지혜인 일체지를 밝히게 된다.

번뇌를 멸하면 불지견이 열린다.

중생이 여래장을 간직하고 있는 것을 비유하면 다음과 같다.

잘 익은 벌꿀이 벼랑 끝 나무에 붙어 있는데 무수한 벌떼들이 둘러싸며 지키고 있다. 그때, 교묘한 지혜의 방편을 가진 사람이 있었다. 우선 그 벌들을 멀리 쫓고 그 꿀을 채취하였다.

그리하여 마음껏 먹기도 하고 가까운 사람들에게 나누기도 했다.

이와 같이 선남자여, 일체중생에게 여래장이 간직되어있다.

잘 익은 벌꿀이 벼랑 끝 나무에 붙어있으나 그 꿀을 따기 전에는 먹을 수 없는 것과 같다. 여러 가지 번뇌에 뒤덮여 있다.

여래장은 마치 무수한 벌떼들이 꿀을 지키는 것 같이 중생 안에

엄연히 존재하고 있다.

나는 지혜의 눈으로 관찰한 후 알맞은 방법을 사용하여 설법한다.

중생들의 번뇌를 소멸케 함으로써 부처님의 지견을 개발케 한다.

이것이 널리 세간을 위하여 불사를 펼치는 것이라 하겠다.

진정 내 안에 여래장(본래 밝음)이 있음을 보았는가.

번뇌를 끊으려 말고 원인을 찾고 이해하고 풀어야 한다.

그 부분은 사라진다. 그런데 그 시작은 無이다. 양지의 세계에서 이루어진 것이 음지의 세상으로 드러나듯이, 모든 것은 양지에서 먼저 이뤄져 어둠에서 자란다. 어두운 내 속에서 이루어져 밝은 몸 밖으로 나오는 것이, 블랙홀로 모인 것이 화이트홀로 터져 나오듯이 항상 양지의 세계에서 이룸이 먼저다. 밖의 세상은 음지.

진정 나를 만날수록 지혜가 저절로 생기고 무명이 사라지던가, 만나고 경험했다고 내 것으로 만들 수 있었나, 견성했다고 성불하는가, 내 것이 되고 하나가 되던가?

성품을 보았다고 저절로 부처가 되는가, 이제 겨우 이름을 알고 서로 통성명 한 것이다.

앞으로 많은 시행착오를 거치며 서로를 알아간다, 이룸까지 내속에 근원(여래장)과 하나님과 이어지는 태가 있는데 잇는 방법은 무엇인가 아는가, 자신과의 대화방법은 무엇인가, 여래장 (불성)이, 신이 있다는 것을 증명할 수 있는가, 얼마나 알고 있는가, 그곳에는 진실만 있는가, 통했다고 되는가, 세상에 공짜는 없음을 아시는가, 如來의 뜻은 같은 곳(근원)에서 온 것으로, 비로자나불 하나님과 같은 뜻이다.

근원의 숨겨진 장(藏)이므로 근본의 정보가 담긴 진동(振動)의 장으로 동진(同 振)으로 통해야 알 수 있다.

알고 계십니까, 과거의 것을 이해하기 힘든 이유는, 그때의 환경에 의한 정보로 상을 만들고, 이름 짓고 색을 덧칠하여 입혔기 때문 이란 것을. 그것을 벗겨내고 과거의 것을 현재로 만들지 않으면 이해하고 실행하기 힘들다는 것을.

그리고 확실치 못한 것은 신화와 전설, 비유법으로 표현되므로 보는 자와 환경에 따라 해석이 달라진다. 직접 경험하고, 주관적이 아닌 객관적 판단이 필요하다. 이제 정리할 때이다.

밖의 나를 죽이고, 안의 나를 살리면, 自神을 만날 수 있다.

안의 나와 통한다. 보살과 부처의 수행법인 耳 根 圓 通 法으로 氣의 운동인 진동과 동진하여 통하므로, 大宇宙와 小宇宙의 정보를 속속들이 만날 수 있다.

속의 이치를 알면, 모든 것의 실체를 볼 수 있다. 속을 보고 밖과 만나면 세상이 다르게 보인다. 안과 밖이 生生히 보인다. 속은 밝음이다. 조금 정리를 해보면, 본인 내면의 운동과 진동으로 통하면, 즉 원통하면 태초부터 지금까지의 정보가 관심 방향에 따라 끝없이 샘솟는다. 채널 링이라고 한다.

각자의 소질에 따라 같은 것이라도 시대와 사람에 따라 표현 방법을 달리하면서, 읽는 환경과 정보에 따라 이해가 달라지기도 한다.

각자의 방법으로 해석하고 상과 이름을 붙이고 색깔을 입혀 자기표현을 하는 것이다. 우리는 또 그것을 이해하려고 자기 생각을 덧붙이는 것이다. 그래서 함부로 해석함을 금하는 이유다.

과거의 원통 법은 주로 천안으로 보는 천안통, 지금 표현은 영시현상이다. 귀나 머리로 듣는 천이통으로 수행했다고 생각된다. 그래서 보고 들은 자의 말이 절대적으로 따르는 자와 타인의 판단이 개입할 수가 없었다고 본다. 그것을 읽고 판단하는 자는 결국 자신이다. 자신의 판단이 자신을 죽이거나 또 새롭게 살리기도 한다. 자신의 정보가 부처가 되고 악마로 만드는 것이다.

성직자의 판단이 세상을 혼탁하게도 맑게도 하는 것이다.

자신의 정보가 적이 되기도 아군이 되기도 하는 것이다.

우리는 정보의 좀비나 로봇으로 살아가고 있는지도 모른다.

새롭게 보고 이해하려면, 정보의 정리가 꼭 필요한 이유다.

내 속에 처음부터 지금까지의 정보와 펼쳐져 있으면서 서로 이어진 정보가 진동으로, 소리로 울리고 있다.

그 속에서 스스로 불태우며 살아가고 있다.

무엇을 들을 것인가, 무엇을 위해 불태울 것인가, 선별(選別)할 수 있는 눈과 귀를 열어야 할 때이다.

그 길을 지도하는 선생은 최상의 스승이라고 본다. 나의 근원인 如來며 하느님을 만나게 해주므로, 속을 드러내고 밝히어 나와 세상과의 관계를 알리므로, 좋은 스승은 잘못된 정보를 바로 잡아주고 새로운 정보로 새로운 경험을 하게한다. 자유로이 자신을 펼쳐 나가게 거름이 되어준다. 곧 훌륭한 부모이다.

당신이 새롭게 태어나려면 부모와 선생, 조직, 주변 환경으로부터 물려 받은, 정보로 물들고 훈련되어진 습관의 정보를 고쳐가며 더 개발할 것과 바꾸어야 할 것을 구분하고 잘못된 것의 원인을 이해하고 다시 정리해야 합니다.

어느 날 나 자신을 보니, 싫어했던 윗사람의 나쁜 점을 그대로 하고 있는 자신을 보게 된다. 닮아 가는 것이다.

그 정보들이 어느새 내 것이 되어 말투, 행동까지 흉내를 낸다.

나도 모르게 세뇌된 것이다. 만물은 환경의 영향을 크게 받으며 적응해 간다. 그것을 벗어나 자신만의 소질을 발견하여 키운다면 각각의 별들이 탄생하여 모인 우주처럼, 별별 모양의 별들이 저마다의 빛으로 우주를 밝게 밝혀 줄 것이다.

하나씩 정리하고 새롭게 짜나가는 설계를 다시(再 圖)하는 작업이 필요하다. 바로 판단하는 기본 잣대가 있어야 한다.

내 생각이 아닌 우주의 잣대(金 尺)인, 처음의 진동 운동인 반야지혜가 필요하다. 처음은 참이다.

내 속에서 찾은 절대 尺가 잘못된 정보로 좁아지고 굳어진다면 새로움을 만나서 바꿀 기회는 점점 사라진다. 지금의 종교처럼 통합의 진리에서 멀어지고 반목하며 싸울 것이다.

세뇌되고 훈련되어 메 달리게 하는 현실에서 벗어난다면 새로운 제3의 눈(초월해서 쓰는 new eye)을 가질 것이다.

근원은 하나이고 같으나 각자가 생각하고 바라는 상과 이름은 다르다. 자신의 바람에 맞추어 만상이 만들어지고 萬 神이 만들어 지는 것이다.

사고의 전환이 된 동기, 회로를 그리다 중심에 점을 찍게 되었다. 의문이 생기고 생각에 잠겼다. 왜, 무엇을 의미하는 것일까.

그러다 떠오른 생각, 회전하며 돌면 중심이 저절로 생긴다.

O이 스스로 진동하면 질량을 가진 氣는 저절로 반응한다.

O은 절대 이면서 상대하며 동진한다. 氣를 쓴다.

스스로 깨어나 저절로 無氣와 氣 界로 세상을 만든다.

저절로, 운동의 법칙이다. 당연한 것을 왜 이제 알았나.

회전력이 생기면 저절로 선다. 선 것은 상대적 방향이 생긴다.

위아래, 좌우, 앞뒤, 안과 밖. 기초적 법칙을 이제야 알다니, 고요한 氣의 세계에 진동이 생기고 그 파동이 서로 간섭하며 부딪치고 방향에 제한을 되며 곡선의 움직임이 생기고 크고 작은 원을 그리며 운동하게 된다. 처음은 돈다.

중심이 생기니 질량과 중력에 끌린 운동이 생긴다.

온 우주도 한 이슬도 그 작용으로 입체인 球가 형성된다.

중심 그 속(印, 因)에 모든 우주의 원리가 들어 있는 것이다.

마하라는 O의 세계에서 반야라는 질량이 있는 氣의 세계, 진동하는 波의 세계에서 서로 부딪치며 짜는 간섭무늬를 만들며 모이고 흩어지면서 제도=설계되어지는 羅의 세계 제도를 바탕으로 氣로 틀을 만드는 密의 세계 계속 그 틀을 바탕으로 세포 분열 하듯 불어나는 多의 상의 세상 그래서 마하와 반야로 인해 만물이 생겨 난 것이다.

한 줄로 꿰어지는 인연의 시작과 결과가 한눈에 보인다.

三世諸佛 依 般若 波 羅 密 多 故得 阿뇩多羅 三먁 三 菩提

과거, 현재, 미래의 모든 부처님도, 圓 音의 진동과 동진하여

듣는 방법인 이근원통법으로, 반야, 파, 라, 밀, 다를 관해보고

알므로 반야지혜를 통해 무상정등정각의 완전한 깨달음을

얻었다.

이 길이 근원과 통하여 부처가 되는 유일한 길이다.

해인삼매

因緣 果를 이어 보므로 과거 현재 미래의 제도를 보므로 중생을 밝게 보고 제도 하는 것이다.
처음의 작용인 돌아가는 운동 속에서 한 점을 보므로 평범한 이치가 우주를 풀어가는 열쇠가 됐다.

부처님들은 반드시 해인삼매 안에 있다.
우리 또한 해인삼매를 떠나 있는 것은 아니다.
따라서 여러 부처님이나 우리의 일상생활은 해인삼매 안을 헤엄쳐 다니고 있는 셈이 된다.
그러는 동안에는 법을 설하는 때도 있을 것이며, 깨달음을 여는 때도 있을 것이며 행하는 때도 있을 것이다.
그렇게 하여 해인삼매의 바다 위를 헤어나가는 공덕은 바다 밑까지도 꿰뚫는다. 바꾸어 말하면 바다 위를 가는 일이 그대로 깊고 깊은 바다 밑까지 들어가고 있는 셈이다.
이런 이유로 미혹의 생사에서 유랑하고 있는 중생을 해인삼매의 본원에 눈뜨게 하고자 원하는 것은 결코 우리의 분별에서 그러는 것이 아니다.
그 소원은 해인삼매 그것에서 나오고 있는 것이다.
또 아집을 깨고 번뇌를 끊어서 깨달음을 여는 것은 여러 부처님의 진면목이기도 하지만 이 또한 해인삼매 그것에 뿌리박고 있는 것이다.

해인삼매란 우리의 모든 일상경험이 바로 비로자나불이라는 크나큰 바다위에 비치고 있다는 사실을 뜻한다.

경험한다는 것은 곧 비친다는 이야기다. 스스로의 경험이면서 그대로 비로자나불의 대삼매속에 포용된다는 것, 그것이 곧 해인삼매요 화엄경의 대선정이다.

대선정의 세계에 눈뜨는 데는 여러 가지 길이 있으려니와 그 근본을 말하자면 우리 자신이 스스로 선정에 들어감으로써 우주 자체의 대 선정, 곧 해인삼매에 접하고 해인삼매에 잠기고, 해인삼매를 맛보면 우리는 인생이라는 끝도 없는 크나큰 바다를 유유히 헤엄쳐가는 자신을 자각하게 될 것이다. 그래서 해인삼매는 화엄경의 세계관의 원형이라 할 수 있다. 이 세계관에 의거할 때, 인생을 어떻게 살 것인지 하는 인생관의 목표가 스스로 정해진다.

세계관과 인생관은 이를테면 물건의 겉과 속 같은 것이어서 인생관을 겉이라 친다면 그 속인 우주관의 밑받침에 의해 인생을 살아갈 목표를 결정한다 하겠다.

화엄이란 꽃으로 꾸민다는 뜻의 비유이다. 꽃은 보살의 모든 실천행위를 비유한 것이다. 보살이란 깨달음을 구하고자 노력하는 사람으로서, 우리가 진리를 추구하는 우리 자신이 곧 보살임이 틀림없다. 꽃은 반드시 열매를 맺는 작용을 갖고 있듯이 보살의 행위 또한 부처의 깨달음을 가져올 힘을 가지고 있는 보살의 행위가 완성되고 충족되어 진리에 합치함을 뜻한다. 마음을 합하여 상대의 관계를 초월하는 일이 화엄삼매이다.

화엄삼매는 보살의 행위가 완성되는 과정을 나타내고 있다.

보살이란 진리를 추구하는 우리 자신이므로 화엄삼매는 인생을 어떻게 살 것인가? 어떻게 행위 할 것인가?

그리고 그 생활방식, 행동방식이 드디어 진리에 합치하여 비로자나불의 세계에 합일되어가는 과정을 표시하는 것이다.

물론 보살은 본질적으로 비로자나불에 근거를 두고 있다.

보살의 인격의 근원은 보살 자신에게 있는 것이 아니라 비로자나불에게 있는 것이다. 따라서 화엄은 겉으로 보면 보살의 행위를 완성해가는 과정이 되려니와, 속으로 볼 때는 그 모든 것이 비로자나불의 활동에 지나지 않음을 알게 된다.

해인삼매의 해인이란 원어 Sgara mudr를 번역한 말인데, 여기서 인(印, mudr)은 '찍다', '베끼다'라는 말을 의미한다.

과거·현재·미래를 통하여 모든 것이 대해(大海)에 남김없이 찍혀 비추어 나오는 마음의 고요함을 해인삼매라고 한다.

즉, 일체의 사물이 거울 가운데 비친 색상(色像)과 같이 부처님의 심중에 현현(顯現)하였다는 것은 구체적으로 비로자나불에 의해서 되살아나고 있다는 것이다.

우리들 개인의 입장에서 살펴 볼 때, 이미 비로자나불을 본래 내장(內藏)하고 있다는 사실을 깨닫게 되는 것이다.

스스로 비로자나불이 되는 것이며, 비로자나불이 된다는 것은 본래 자기가 비로자나불이었다는 자각하는 것이기도 하다.

또한, 비로자나불에 의해서 정화되고 장엄되어 있는 세계는 특별한 부처님의 세계가 아니라 바로 우리가 살고 있는 현실세계를 의미한다는 큰 특징을 갖는다. 부처님의 지혜 속에서 현실계의 상황을 스스로의 눈에도 비치도록 하는 것이다.

그리고 이 비로자나불의 세계로 들어가는 길은 보살행(菩薩行)을 통해서 가능해진다. 깨닫는다는 것은 그렇게 된다는 것이며, 또한 동시에 그렇게 된다는 것은 그것이었다는 사실을 확인한다. 해인삼매가 일체 만상의 실상을 비춘 우주관이라고 본다면, 우리 인생은 어떻게 살아야 할 것인가라는 삶의 지표로서 설하고 있는 것이 화엄삼매(華嚴三昧)인 것이다.

이는 보살이 여러 가지의 수행을 닦아서 불법의 진실을 체득하여 정각을 이룬 것을 말하고 있는 것인데, 삼매에 들어 주객(主客)·자타(自他)의 상대 관계를 초월하여 현실에 전개하는 삶이 화엄삼매라 할 수 있다.

세상 삼라만상은 비로자나 부처님의 광명이요, 살아있는 모든 존재는 부처의 모습을 제각각 나타내고 있다.

산은 산대로 아름답고 물은 물대로 곱다. 서로 서로가 생명의 존귀함으로 비쳐 대비심이 세상 느끼도록 한다.

깨달음의 근본은 해인삼매다. 이 깨달음은 아직 불완전하다.

내가 얻은 지혜, 공부하고 수행한 힘을 내가 속한 영역에 실지로 실천하지 않으면 그것은 이론에 그치고 마는, 화엄삼매는 실천행과 하나가 되어버리는 그러한 삼매이다.

우리가 가만히 앉아서 참선이나 기도를 해서 얻는 것보다, 나를 이웃과 하나로 보는 행동의 삼매가 궁극적인 삼매이다.

화엄삼매가 잘못 되지 않으려면 해인삼매로 지혜를 갖추고 그

지혜를 이웃에 돌려놓는 삼매, 그게 화엄 삼매이다.

만약에 지혜가 없으면 오히려 일을 그르치는 수가 생긴다.

생각으로 가니 근본의 뜻과 다르게 가게 되는 경우가 있다.

해인삼매보다는 화엄삼매가 좀 더 수준이 높은 것이다.

이론으로 완벽하게 알고 있다고 해도 가정에 돌아가 가족을 돌보는데 있어서 그 이론을 실천하지 않으면, 그래서 가족을 내 몸처럼 돌보지 못한다면 소용없다.

공부의 완성은 화엄삼매에 있다.

내가 의도하는 바가 아니라 저절로 그렇게 되어야 한다.

갓난아기에는 어떤 분별심이 있을 수가 없다.

존재와 존재 간에 걸림이 없는 경지이다.

부모는 바로 어린이의 입장이 저절로 되는 것이다.

무심에서 일으킨 보살 심 세상은 그래서 아름다운 것이다.

자연이 아름다운 세계이듯이 인간 사회에서도 무심의 경지를 터득한 보살의 삶을 사는 사람에게는 화엄의 세계가 전개되어 사랑의 완성을 볼 수 있다. 화엄경은 어떻게 하면 이 중생들에게 부처님처럼 사랑을 베풀 것인가 하는 그런 숙제까지 담고 있다.

그 어리석음의 바람이 잦아들고 번뇌의 물결이 쉬어지면

혜의 바다(海)에 흡사 도장을 찍듯이(印) 무량한 시간,

무한한 공간에 있는 일체의 모든 것이 본래의 참모습으로 드러나게 된다. 이것이 바로 해인삼매이자 부처가 이룬 깨달음의 내용이며, 돌아갈 참된 근원이요 본래 모습이다.

근원과 통하여진다는 것은 불교의 삼매와 동일하다고 본다.

서로 이어져 통하면 O과 내면의 세계를 보거나, 회로 부호 글 그림 몸으로 표현을 드러내어 보거나 읽어 의미를 찾고 잘못된 것을 고쳐가는 수행법은 현시대의 삶 속에서 자신을 찾기에 적합하며 진화된 것이다.

근원의 진동이 나를 두드릴 때 그것과 동진하여 통하고 표현 할 수 있는 관세음의 耳根 圓通 法과 같다고 본다.

선정에 들어 삼매를 계속 유지하기는 무리라고 본다.

자신의 마음을 항상 고요를 유지하며 살수는 없다.

月 印 天 江의 글처럼 달이 천강에 드러나듯 훤히 볼 수 없다.

기도하거나 깊은 명상으로 우주를 엿볼 수 있는 것은 극히 적은 일부분이며 객관적인 검정도 어렵다.

그렇다면 海印三昧처럼 바다에 도장이 선명히 찍히듯이 우주의 모든 것을 드러내어 볼 수 있는 다른 방법은 氣를 통하여 근원의 두드림과 동진하여 상대적인 만물의 내면을 볼 수 있다면 서로 통해 정보를 보고 표현 한다면 객관적 평가와 지도가 된다.

근원의 진동수와 동진을 통해 표현하며 볼 수 있게 된다.

우주와 상대의 정보(설계, 제도)를 밝게 보며 쓸 수 있다.

DNA를 보고 분석하여 미래에 생길 병과 수명을 유추 하듯 우리의 미래도 미리 보고 고쳐 나갈 수 있다고 본다.

각자의 소질대로 표현하며 이해하고 하나 되어 간다면 누구나 원리를 알면 할 수 있으며 가르칠 수 있다고 본다.

그 비추어짐이 시대적 배경이나 주위의 환경과 개인의 사고의 영향으로 다르게 표현 되므로 선생은 근원에 덧칠된 각각의 색칠을 벗겨 주는 역할을 담당해야 하는 것이다.

누구나 자기가 색칠해놓은 그림을 보며 주장 하는 것이다.

근원은 無相 無名 無色이기 때문이다. 스스로 밝고 맑고 진동하며 빛이며 사랑이다. 그래서 우주와 나와 상대의 내면이 맑고 밝은 물에 비치듯 만상의 이치와 짜임을 가림 없이 보는 것이다.

통한 만큼, 열린 만큼, 자신을 밝고 맑게 한 만큼, 항상 볼 수 있는 것이다. 내가 그 속에 항상 들 수 도 있다.

절대와 상대로서. 열반이란, 우리는 유무형의 두 세계를 반반 합친 세상을 산다.

보이지 않는 세계를 다 열고 알았을 때 반을 열었다고 한다.

다른 절반인 有의 세상은 無의 세상의 겉모습 이므로 같다.

그로써 세상을 가림 없이 볼 수 있어 有와 無가 하나다.

解脫은 세상과 부딪쳐도 훤히 밝으므로 탈이 생기지 않으니 세상 삶이 자유롭다, 즉 걸림이 없다는 한글로 본 해석이다.

밖의 상은 氣로써 짜고 모이고 흩어지는 氣의 현상모습이고 옷이며 영의 집이며 업의 틀이다. 탈것으로 車며 배다.

실제의 나는 O이며 영이며 령이라는 사실을 잘 알지 못한다.

밖의 상을 보며 나의 세계를 안팎에서 찾고 있으니 인식의 세계를 완전히 벗어날 수가 없다.

氣는 타고 쓰고 버려야 하는 탈이며 탈것이라는 실감을 못하고 나의 실체라고 생각하며 살아왔다. 만져지지 않고 고정되어 있지도 않는 실제 자신을 생각하거나 느끼지 못하는 것이다.

눈을 감고 조용히 느끼며 생각해보자 무엇이 진정한 나인가를. 우주 이치를 알고 내면을 찾는 관점이 밖의 상과 氣의 작용에서 벗어나지 못하면 순수한 자신을 만나지 못한다는 것을 깨닫게 된다. 상과 이름에 걸리지 말라고 하면서 숨 쉬고 피가 돌고 만져지고 오감이 작용하는 움직이는 육체가 주인이 되면 상과 氣 界를 벗어나지 못할 것이다. 상징이며 탈것이고 쓸 것이므로 소중하므로 잘 관리해야 하지만 자신은 아니다.

겉의 氣를 잘 태우고 잘 쓰므로 자신의 영적 진화에 쓴다.

나를 한 방울의 물이라고 생각하면서 조용히 사색하며 고요 속으로 들어가 본다. 상대와 만나면 두 방울의 물이 하나가 되고 세상 물이 다 모여 하나의 바닷물이 되듯이, 흩어져 모이는 물방울의 변화하는 모습인 것이다.

물방울 들이 모이고 흩어지며 또 다른 나를 만들고 그것이 氣로 짜며 변화 하는 상이 되어 보이는 것이다.

나는 겉이 아닌 짜고 굳어지며 제한된 것이 아닌, 자유로운 변화를 시도 할 수 있는 물방울 이면서 물이다.

때로는 氣의 그릇에 따라 상이 만들어져 보여 지는 얼음처럼 굳어지는 밖의 상이 아닌 물의 質과 같은 것이다.

물방울이 모여 샘이 되고 개울이 계곡물이 되고, 강이 되고, 바다가 되고, 수증기가 되고, 이슬이 되고, 구름이 되고, 다시 틈새에 스며들어 지하수가 되고, 우물이 되고, 세상 인연에 따라 사슴도 되고, 나는 새와 물고기도 될 수 있는 물방울도 사라진 자유로운 자신과 상대 세상으로 이루어진 氣 界의 도리를 알면 밝게 자신을 만들어 가는 삶이 한결 쉽고 틀에서 보고, 짜여 지고 제한된 세상에서 자유롭지 않을까.

슈리 푼자의 글 중에서 아주 오랜 옛날, 궁전에서 사람들은 자신의 서열에 맞는 자리에 앉아서 왕이 오도록 기다리고 있었다.

허름하고 보잘 것 없는 옷을 입은 한 사람이 들어와서는 거기에 있는 사람들보다 높은 자리에 앉았다.

수상은 그 사람에게 신분을 밝히라고 말하였다.

"그대는 대신인가?"

"아니다. 그 이상이다."라고 그 사람이 대답했다.

"그대는 왕인가?"라고 수상이 물었다.

"나는 모든 왕보다 더 위대하다."라고 그 사람은 말했다.

"그대는 신인가?"라고 그는 물었다.

"나는 그 보다 더 위에 있다!"라고 가난한 사람은 대답했다.

수상은 소리쳤다. "신보다 더 높은 존재는 아무도 없다!"

그 말에 다음과 같은 대답이 나왔다.

"그 아무 것도 없음이 나이다."

신과의 만남은 약이며 독이다. 氣를 써서 문답을 주고받으며 기도하고 매달리며 자신을 알아가기 위한 수단으로는 최고의 방법이다. 그러나 자신도 모르게 그것에 의지하며 계속 끌려가고 있다.

종이 되어 최고의 답을 주고 자신을 인정 해주기를 바라며 영혼을 위해 氣를 쓰지 않고 자신의 바람이 이루어지고 영적 위치를 확인하기 위해 氣에 의지하고 있는 것이다.

주객이 顚倒된 것이다. 마지막은 O 만이 진정한 답이다.

잘 쓰고 난후 버려야 할 것에 무언가를 계속 기대하면서, 좋은 약이 기대감에 독이 된 것을 자신도 모르고 있다.

종교가 우리를 어디로 데려다 줄 것으로 알지만 결국은 종을 만들어 끌고 가는 것이다.

종교에 기대는 것은 바람의 결과이다.

이제 신도 부처도 진정한 수행자는 자신이 믿는 종교를 버려야 한다.

왜냐, 우주 이치는 같으니까. 같다는 것을 알아야 한다.

편견을 버리고 소통 할 수 있는 유일한 통로이다.

우리는 영적인 체험을 하는 육체가 아니라, 인간이 된 체험을 하는 O이다.

잠자는 해인지도를 깨운다. 살아있는 生路를 가게 한다.

정보를 본다. 현실 문제와 통한다. 빛을 쓰므로 맑고 밝다.

현실과 부딪치며 확신한다. 새로움과 창조를 본다.

나의 본모습을 알고 육체세상을 경험한다고 생각하면 다 안 것이다. 온 전에서 완전으로 가고 있는 것이다.

자신의 내면을 드러내 볼 수 있는 실제 수련법 회로는, 우주는 근원 O의 진동, 즉 氣의 회전과 그 힘으로 생기는 氣의 작용으로부터 시작하여 간섭을 받으며, 이어지고 끊고 모이고 흩어지며 변화 하는 여러 차원의 회로로 이루어져 있다.

이를 풀어 설명한다면, 우주 만물은, 극 미립자인 소(素)가 모여서(組立) 틀(죄, 惡)이 모양(座, 形相)으로 드러난 것이다.

수축하고 팽창하며, 소(素)→조(組)→죄(惡)→좌(座)의 순서로, 생겨나, 각각의 위치(순위, 격식)에 입체성을 가지며, 그 길(道)에서 자기의 삶을 굴러가는 것이다. 각자의 소(素)는 완전체이다. 가려지지 않은 참 이치로, 우주의 본질이며 밝은 등불이며. 개체로 근원의 운동이며 절대의 진리이다.

영이며 빛이며 만물의 공통된 재료이다.

그들이 조합 분화되면서, 중심(구심점)과 수축 팽창 방향 위치에 의해 각각의 모습, 즉 깨진 모습을 가지며, 고· 저· 장· 단, 앞과 뒤, 겉과 속에 따라 만물이 생겨난 것이다.

만물은 움직이고 있다. 활동하지 않는 것은 죽은 것이며 존재하지 않는다. 우리가 생각하는 돌과 같은 고체부터 죽은 시체까지, 만물의 근원에는 태양을 중심으로 돌아가는 지구와 같이, 핵을 중심으로 돌아가는 운동의 세계가 존재한다.

운동입자가 모이고 흩어져 기체, 액체, 고체로 드러난다.

우리의 육체도 운동 입자의 집합체이다.

그 짜임이 균형을 이루면 건강한 육체로 삶을 유지하며, 균형이 깨졌을 때 삶과 육체는 어둠과 고통 속에서 헤매게 된다.

물리학에서 말하는 분자, 원자, 쿼크 단위로 내려가면 운동하는 극소의 세계, 즉 소립자의 세계를 만난다.

그들의 모양은 단순한 입자의 운동이다. 다시 밖으로 나올수록, 그 운동 입자들의 집합된 모습, 분자에서 기체 액체 고체의 순으로 변하면서, 현재 우리가 보는 세상과 만난다.

본질의 운동에서 우리는 근본을 볼 수 있다.

운동하는 모든 것은 중심이 있으니, 구심점이라는 것이다.

그 기(氣)를 중심으로, 원심력에 따라 입자가 동시에 원(圓)을 그리며 돌아가고 있다. 우리의 원(願)도, 마음의 구심점에서 만들어지며 그것을 중심으로 살아가고 있는 것이다.

그 속에는 과거의 삶과 현재의 환경 등 습관, 욕심, 인과, 모든 것이 서로 얽혀 있다.

그것을 알아보고 관찰하기 위해, 나라는 매개체를 이용하여 진동하고 파동 하는 운동과 상대적 간섭으로 변화해가는, 氣의 작용을 몸으로 느끼고 표현하는 방법을 배우고 수련하여 각자의 소질과 환경에 따라 표현법을 개발하며 관찰하고 연구해 간다.

방법의 하나로 기운을 따라 몸으로 표현 하거나, 종이위에 그림을 그려 가면, 우주의 근원인 소립자의 세계와 펼쳐진 대우주의 세계와 소우주인 자신의 성질이나 생각도 그려진다.

바탕 내면의 도는 운동의 흐름을 회로(해인도)라고 한다.

회로는 기운을 느낄 수 있고 경험자의 바른 지도가 있으면, 자신을 맡길 줄 아는 이라면 누구나 해 볼 수 있다.

각 민족의 사고, 언어, 풍습이 갖는 한계를 넘을 수 있는 만국 공통어로, 그림이나 음악 등의 예술을 생각한다.

그러나 그런 표현들 또한 이미 눈에 보이고 귀에 들리는 현상적 결과일 뿐이다. 회로(해인도, 반야 파라 밀)는 그런 차원을 훌쩍 뛰어 넘는다. 세상에 드러나기 이전의 보이지 않는 흐름, 즉 각 사물이 지니고 있는 내면의 설계도를 기운으로 동진하여 읽고 활용하는 법을 가르친다.

눈에 보이는 것에는 누구나 속기 쉽다. 그러나 그 이면에 숨어있는 내면의 설계도 회로는 속일 수 없다

그 사물을 이루는 내면의 설계도며 실제 모습이기 때문이다.

이것이 반야관이다.

우리는 만물과 더불어 살아간다. 그 속에서 개인의 존재가 보호받고 인정되어야 한다. 즉, 지구의 기본 운동 법칙이다.

전체와 공전하며 스스로 키워 가는 자전의 법칙이다.

우리는 흔히 한쪽에 치우쳐 균형이 깨졌을 때, 잘못되어 고통받거나 탈이 난다. 나, 가정, 국가, 세계가 그 법칙을 지켜 균형을 이룬다면 늘 조화롭다.

이세상의 법을 다 모으면 단 두 가지로, 공전과 자전, 다른 표현으로 공존(共存)과 자존(自存)으로 압축된다.

지금의 세계는 종교적 반목, 민족의 분쟁, 가치관의 혼란 등으로 한 치 앞을 내다볼 수 없는 불확실성의 시대를 살아가고 있다.

가치관의 혼란은 단체를 가리지 않고 만연해서, 이젠 그 어떤 집단 또는 그 누구도 해법을 찾을 수 없는 지경이다.

더 이상 낡은 사상만을 고집해서는 다가올 영적 세대, 선지자들의 계시로 나타난 새 땅과 새 세상을 맞이할 수 없다.

그 어떤 집단이던 그 어떤 사람이든, 모두가 함께 공유하고 따를 수 있는 새로운 사상의 출현이 절실한 때이다.

그 해법의 열쇠인 잣대(金尺)로, 몸으로 드러내어 보이는 실제 수련법, 氣를 표현하는 동작 우주의 처음 운동과 회로의

우주법칙을, 우주 만물의 공통어를 여러분에게 제시하고
싶습니다.

종교의 반목 민족의 분쟁 가치관의 혼란을 통일할 수 있는,
새로운 사상의 시발점으로 권합니다,

우주의 모든 것은 운동과 氣로 조여져 만들어져 있으므로,

누구나 알게 모르게 느끼며 그 흐름에 이끌려 살고 있다.

그래서 누구나 그 느낌을 활성화 할 수 있다고 본다.

실제 수련법, 회로

사람에 따라 빠르고 늦음의 차이가 있을 뿐 어느 것이 좋고 나쁨이 없다고 본다.

나는 다른 사람의 도움을 받고도 기운을 잘 느끼지 못하여 6개월 이상을 고생 했었다. 다른 사람은 쉽게 되는데.

훗날 알았지만 氣를 느끼지 못하는 유형으로, 주로 사고가 굳어있는 사람, 즉 자기 주관이 강하여 새로운 것에 쉽게 마음의 문을 열지 못하는 사람, 자기도 모르게 조인 생각으로 육신이 굳어있어 부드러운 느낌과 감정에 무감각해져 있는 사람, 자기지식에 사로 잡혀 마음과 육신의 문을 닫고 있는 것이다.

나도 그중 한사람이었다.

잘되는 모습들은 분위기에 금방 젖어버리거나, 부드러운 사고로 약간은 형이상학적인 사람, 여성적인 예민함을 가진 사람, 더러는 무속적인 기질로 쉽게 동화되는 사람들.

이들은 어떤 표현이 나올지 모르니 항상 주시해야 할 대상이다. 이런 이들이 있어 누구나 할 수 있지만, 아무나 할 수 없다고 하는 것이다. 펼쳐진 수용 속에 제한이기도하다.

주로 종교의 방언이나 왜곡된 령의 표현 등으로, 그 본인의 자질을 보고 판단하여 제한할 필요가 있다.

미성년자나 이성이 바르지 못한 사람도 여기에 해당되며, 가끔은 민감한 어린이를 이용해 기의 작용을 과시하는 일부의 무지한 단체나 선생을 볼 수 있다.

아이의 미래를 생각하지 않은 무지한 짓이다.

그런 것에 주의한다면, 내 생각을 버리고 마음을 열고, 새로운 세계를 경험하는 것도 좋을 것이다.

회로를 그리는 방법은 기술을 하는 것과 같으며 氣를 쓰고 표현하는 원리는 같다. 우주의 처음 운동인 원과 변화 하면서, 서로 모이어 짜고, 방향을 가지면 부호가 된다.

부호가 모이어 문자가 되고, 문자가 풀어지면 문장이 된다.

우리의 육체를 매개체로 기운과 파를 읽어 표현하는 것으로, 글, 그림, 춤, 무술, 음악 등, 채널 링을 바탕으로 주파수를 맞추어 표현하는 글자 쓰는 법으로, 몸의 기운을 밖으로 표현하는 것을 동작 이라고 하며, 동작하는 손을 이용하여 종이위에 축소하여 표현하는 방법이다.

氣의 성질은 우리가 느끼고 움직이는 것과 같다.

다만 약한 감각이므로 수련으로 감각을 키우며 열어간다.

차고 따뜻하며 감각은 자석과 비슷하다. 밀고 당기며 강약과 높고 낮음, 끊고 쉬고, 돌고 뒤틀리며 이어주며 시작과 끝이 있는 흐름이다. 기의 표현은 몸 전체로 하지만 먼저 감각이 예민한 손을 훈련시킨다.

조용한 곳에서 몸과 마음의 긴장을 풀고 편안한 마음으로 양손 사이를 30㎝ 정도 벌린 후 가까이 멀리하면서 일어나는 감각을 느끼고 따라 가본다.

다른 사람의 유도에 따라 익히기도 한다. 처음은 한손을 쓰다 익숙해지면 양손을, 일어나서 손발을, 온몸을 훈련한다.

익숙해지면 음악의 흐름을 타기도 한다.

그 표현이 춤이 되고, 무술이 되고 모든 표현의 기본이 된다.

자동기술법

기의 흐름을 따라 표현하며 이치를 알아가는 행위를 "동작"
이라고 한다. 우주의 처음 운동인 돈다, 회전이다. 수축, 팽창하고
밀고 당기며 균형을 맞추며 변화한다. 무한한 운동이 모여 형을
이루면 모양의 밑그림이 형성되며 제도(설계도, 지도)라고 한다.
그 地圖는 볼 수 있는 분의 指導가 꼭 필요하다.
자신의 어느 부분을 고치는 중요한 일이다.
익숙해져 색을 늘리면 그림이 된다. 이 모든 것은 보이지 않는
내면의 세계를 볼 수 있게 하며, 반야 파라밀다의 작용을 보고
우주를 알 수 있는 유일한 방법이며 수련법이다.
자동기술법은, 처음에는 본인 이름을 씁니다. "기운을 따라,"
동작으로 그중 한 글자를 선택한다. 이것을 이용하면 "선택의
길에서" 예, 아니오 로 나누어 유용하게 쓸 수 있다. 과신은
절대금지.
점점 크게 써본다. 점점 적게 쓴다. 소극적인 분은 크게, 활발한
성질은 한 점이 될 때까지 그 훈련은 생각으로 쓴다.
그 한 점 속에 모든 표현을 다 할 수 있다는 것을 알 수 있다.
우리의 앎도, 한 점으로 모아야 절대 잣대가 된다.
그 후는 나오는 대로 써 봅니다. 글자 모양은 직선과 O으로
글이 빠르거나 흘려 써지면 좋지 않다. 생각이 많이 섞이거나
민감하여 들뜨기 쉽다.
틀린 표현이 되기 쉬우니 수행은 차분하게 해야 좋다.

흔히 누구와 대화 했다는 사람들, 성인, 외계인, 신이 아닌
자신과의 채널 링이 대부분이다. 천천히 직선의 표현이 좋다.

글을 써놓고 그것을 "화두"로 삼으면 좋다. 기술 되는 것은
시와 같아서 많은 의미가 숨겨져 있다.

깊을수록 글자가 짧고, 얕을수록 설명이 많고 길어진다.

글의 의미를, 깊이를 잘 이해하면 최상의 도움이 된다.

각각 자기 나라 언어로 표현되니 글의 원리도 연구하기를.

글 속에는 우리의 바람이 들어있다.

자신의 의지가 확고하지 않으면 그곳으로 끌려간다.

속기 쉽게 모든 해석이 합리적이다.

과거의 성인들이 한꺼번에 악마의 유혹을 물리쳤다는 것은 절대
거짓이다. 우리는 항상 유혹의 환경 속에 빠져 있다.

어쩌면 영원히,

자신 속의 근원과의 대화로, 이제는 나의 바람이나 상상이 아닌
진리의 글들이 끝없이 내 속에서 솟아 나오기를.

氣의 활용도는 무궁무진 하다. 내가 아는 것 중, 즐기면서
응용하면서 다양하게 표현할 수 있는 몇 가지를 열어 본다.

붓글씨 쓰는 법

'처음은' 붓글씨 쓰는 법으로, 붓의 재료는 무엇으로 바꾸어도 좋다. 그리고 바탕도 처음은 대상을 정한다.

상대의 기운을 五行으로 판단 후, 그 기운 중에 쉽게 변할 수 있는 것이나 필요한 것을 파악해 종이 위에 쓴다. 쓰는 도구는 붓, 손가락, 나뭇가지, 심지어 휴지를 구겨 써도 좋다.

주변에 있는 것으로, 표현을 잘 할 수 있는 것이면, 氣를 응용해, 손에 잡히는 것으로, 하셔도 됩니다.

상대나 내가 좋아하는 글을 정하여 써본다. 몇 번 시도한 후, 깊이 평가한 후, 멋과 맛이 있는 것으로 선택하면 상대에게 영향을 줄 수 있는 작품으로, 비품으로, 즉 부적이 만들어진다.

'다음으로는' 혼자 연습으로, 그냥 써 보면 자신이 원하는 글의 표현이 안 되고, 그때마다 이해할 수 없는 것이 써진다.

그래서 주제를 정한다. 자신이 좋아하는 글귀로, 한글, 한문, 외국어도 좋다.

쓸 때마다 다르게 표현되므로, 하나의 주제로 써보라.

예로 붓을 쓸 때는 큰 붓을 선택하는 것이 좋다.

표현의 강약이 잘 드러나며 생각지 않았던 표현이 나타나며, 자신의 힘을 키울 수도 있다.

쓰이는 것을 객관적으로 비교해보면, 그 잣대로 한문의 한일자로 정하면 기본 움직임이 밖으로 나갔다 안으로 다시 돌아들며, 길게 뻗어 난 후, 마무리로 다시 안으로 끌어 들이며 끝을 맺는 것처럼, 어떤 것은 길게 늘이고, 어떤 것은 짧게 굵게 약하게, 심지어는 점으로 표현되기도 하므로 우리가 생각지 못했든 위치와 방향에서 시작하고 표현하므로 새로운 눈을 뜨게도 한다. 붓은 휘이고 꼬이며, 뒤 틀리기도 하고 氣의 특성으로 쓰여, 쓰는 사람의 소질과 능력에 따라 다르게 표현된다.

그런 연습을 한 후, 자기기 좋아 하는 도구와 글귀로 자주 하여 숙달이 되면 어디에든 응용 할 수 있다.

사람들이 글자를 적을 때 관찰해보면 자신의 성격이 보인다.

세심한 성격은 적은 글씨로, 활발한 사람은 큰 글씨로, 급하거나 영리한 사람은 자신만이 알 수 있는 흘림체로, 받침의 표현도 안쪽으로 하는 사람과 바깥으로 하는 사람으로 나눌 수 있다.

자신을 바꾸려면 반대의 도구를 사용하면 좋다. 예로, 적은 글씨를 쓰는 사람은 큰 붓으로 연습하며, 흘림체를 쓰는 사람은 정확한 짜임의 직선을 써본다. 처음은 어색하지만 점차 익숙해지면 성격에 영향을 주어 변화된다.

특징은 글이면서 그림이 되며 표현의 상상을 넘으므로, 좋은 연구가 되며 익숙해지면 자기만의 독특한 글씨체로, 자기체로 상대에 맞추어 자유로운 표현으로, 멋과 맛이 있는 훌륭한 작품을 만들어 간다.

그림 그리는 법

"그림을 그리는 법"

앞의 방법을 그대로 활용해서 그림을 그리는 방법이다.

다른 것은 형상과 색채를 쓴다는 것 그리는 재료는 글씨와 마찬가지로 무엇이든 좋다.

바탕도 종이, 천(베), 나무 등 마음대로 선택한다.

색상 표현의 도구로는 먹, 크레파스, 유화 물감, 페인트, 여러 가지 색의 볼펜, 색연필 등 자유로이 선택하라.

스케치를 하는 방법도 된다. 연필 등으로 지우기와 덧칠도 하고, 숙달하면 아주 세밀한 사실적 표현도 가능하다.

그러면서 氣의 감각을 활성화 시킨다.

그림의 특징은 글씨 보다는 표현이 자유롭고, 도구의 다양성과 특히 입체적인 '조소', 즉 조각에도 도전 할 수 있다.

평면을 입체로 본다. 색상으로 상대와 자신의 성격과 감정, 평소의 바람을 쉽게 드러내므로 객관적 판단을 할 수 있는 장점이 있다.

볼 수 있기 때문에 상대와의 공감대가 쉽게 만들어진다.

두고 보면서 생각 할 수 있다.

그리고 덧칠로 조절과 수정이 가능하므로 그때에 맞는 좋은 작품이며 비품이며 부적이다.

색을 쓰면 변화가 빨라 들뜨기 쉬우니 조심해야한다.

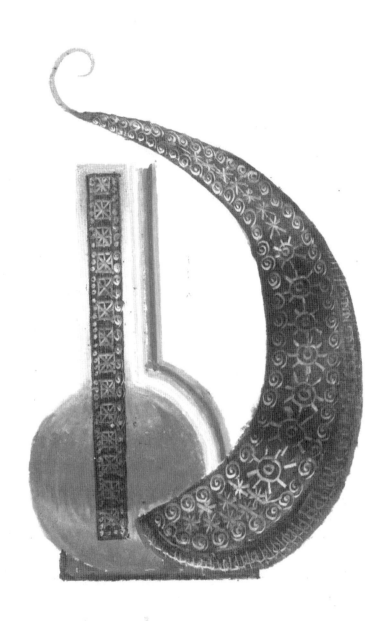

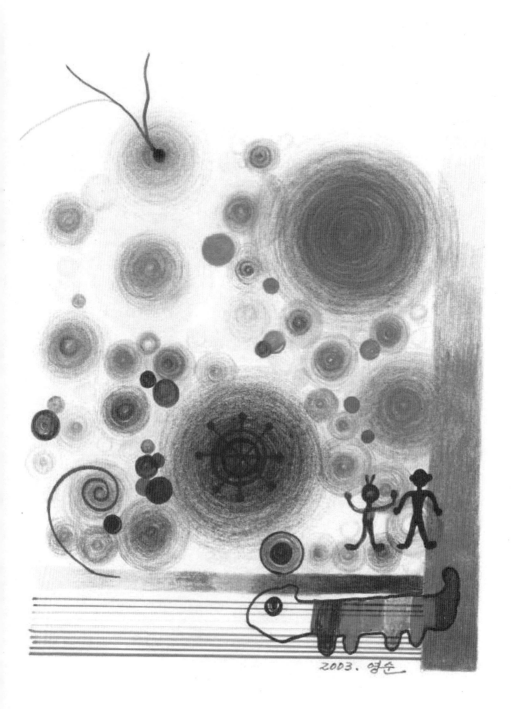

2003. 영순

2003. 영순

춤으로 표현법

"온몸으로 표현하는 춤"

춤은 인류가 몸 전체로 표현하는 종합 예술이다.

자신이나 상대 표현을 분위기에 맞추는 표현으로, 지구상의 모든 인류, 동물과 곤충, 심지어 꽃과 나무도 자신의 내면과 밖의 세상과 파동에 동진하면서 자기의사를 이야기 한다.

저마다 환경과 도구에 따라 표현력과 분위기는 크게 바뀐다.

셀 수 없는 각각의 표현들이 있으며, 하나의 주제를 표현하기 위해 각색된 것도 있어, 익숙해지기 위해 훈련되어지는 춤도 있다.

환경과 쓰임에 따라 달라지므로 상대 음악 도구와 이 모든 것은 생각이 주도한다. 필요에 따라 보편성과 특수성으로 구성을 나누며, 그에 맞는 반복 연습으로 하나의 기본 틀을 만들어 간다.

그 기본에 보조하는 것에 따라 전체 그림이 달라진다.

연습 방법은 조용히 온몸으로 氣를 느끼면서 움직여 본다.

발가락에서 손가락, 머리까지, 표정도, 손가락 하나하나 수인 (手印)도 만들어 본다. 온몸에 느껴지는 것을 감지하며 수련한다.

다음은 자신이 좋아하는 음악에 맞추어 본다. 氣의 흐름을 탄다고 표현한다. 그 흐름에 하나씩 다른 도구를 사용해 본다.

예로, 한국 춤을 추면 처음에는 부채를 잡아본다.

숙달되면 살풀이에 쓰는 긴 천도 써본다. 많은 변화를 시도하면, 그들 간의 어울림과 나와의 궁합도 느낄 수 있다.

전체와 부분, 위치와 방향을 세밀히 연구해 보라.

다른 춤과 글씨, 그림, 무술의 표현도 마찬가지다.

중요한 표현은 강, 약, 끊고, 맺고, 빠르고, 느리고, 휘고, 꼬이고, 뒤틀리는 표현들이 잘 이어져 멋과 맛이 더 해진다.

이제는 자신이 주도한다. 스스로 주제를 만들어 전체 흐름을 내가 원하는 주제에 맞추어 간다.

주의할 것은 자기의 생각으로 무리하게 끌고 가면, 흐름이 다르게 표현되어 자연의 흐름을 공부 할 수 없으며, 잘못된 표현을 남에게 주장하고 보여 주게 되고 깊은 맛이 적어진다.

그로써 전체의 기운을 읽기도하고 조절한다는 마음으로 표현을 하면 보는 사람의 기운에 영향을 준다.

표현이 상식을 벗어나거나 과하면 멈추라.

끌려가서는 절대 안 된다. 그래서 같이할 지도자가 꼭 필요하다.

무술로 표현법

'무술'
무술은 춤과 거의 유사하다.
춤에서 힘의 강도, 속도, 끊고, 맺고 이어지고 쓰는 도구만
다를 뿐, 조용히 氣를 느끼며 몸을 풀고 자리와 방향을 정한다.
마음으로 공격과 방어를 따로 정하여 연습한다. 익숙하면 같이
표현한다.
나만의 것도 만들며, 누구나가 수련할 수 있는 것도 된다.
마음으로 사랑과 멋을 합하면 더욱 좋다.

'무술을 응용해서'
상대와 자신에 맞는 자세를 취하는 것으로, 氣로 표현되는 요가
자세나 몸의 치료에 쓸 수 있다. 상대가 표현을 못하거나 하면,
지도자가 대신 자세를 상대에 맞추어 표현 할 수도 있다.
익숙해 질 때 까지 꾸준히 수련하면 좋은 결과가 꼭 있다고 본다.
항상 '예의와 사랑하는' 마음을 잊지 않으시길.
당신은 위대한 창조자가 될 수 있다.
武術을 쓸 일을 만들지 않는 無術이 최고이다.
그렇게 되나요?

"정말 그렇게 되 나요?"
잘 모르는 사람도 기운을 느끼는 연습을 하거나, 이미 수련이 된

사람은 우주의 처음이며 기본 운동인 원을 그리는 연습을 한다.
그 뒤에 수축, 팽창, , 원의 크기를 표현 할 수 있으면 된다.

표현을 분별하는 잣대는 음양오행이다.

'十'를 그리고, 그 위에 五行의 기본 원을 정한 뒤, 그 위에 원을
표현하고, 그것보다 큰 가 작은가를 보면 그 陰적 기운의 강약을
본다.

'×'를 그리고 그 위에 기본 원을 정한 뒤 그리면 陽적 기운,
숨어있는 기운을 잘 보고 좋은 것이면 그것을 개발할 수도 있다.
수축 팽창의 크기가 전체의 몇 %냐에 따라 기질이 달라진다.

체질도 기질의 큰 영향을 받는다. 우주는 음양 유무로, 보이지
않는 것에서 작용하고 짜며 보이는 세계로 드러나는 것이다.

그래서 보이지 않는 세계를 보면 가려진 세상을 잘 볼 수 있다.

그 표현을 정확히 읽으려면 대표적인 것 하나만 보지 말고,
각각 몇 %인가, 얼마만큼 응하고 있는가, 반응하는 양만큼 읽어
오행이라는 잣대에 맞추어 비교한다면 쉽게 볼 수 있을 것 같다.

그 후 많은 상대를 만나 연습하고, 처음에는 내가 알 수 있고
물을 수 있는 상대가 좋다. 정신과 육체를 치료하는 상담자로,
큰 의사가 될 수 있다고 본다. 좀 더 크게, 좀 더 세밀하게 보려고
노력한다면 겪어보고 아는 만큼 우주가 보이고 사람이 보인다.

현재의 모습 속에 과거가 축소되어있고 미래를 만드는
설계와 바탕이니, 잘 보면 과거 현재 미래를 다 볼 수 있으니, 더
많은 것들을 발견하여 인류에게 도움을 줄 수 있는 좋은 채널
링이 되었으면 한다.

기 운영

"氣, 운영"

氣에 대하여 알면서 느낄 수 있다면 쓸 수도 있다.

그것 중에 하나가 氣운영으로, 氣를 자신이 원하는 것에 파를 감지하고 연결하여 자신을 변화시키기도 하고, 변화를 주기도 한다. 그것을 '쓴 다', '타고 간 다'라고 한다.

세상 만물은 자기만의 氣를 형성하면서 이어져 있으며 자기의 모습대로 각각의 파동을 내고 있다.

크게 변하지 않는 것과, 대부분 주변의 간섭에 반응해 시시각각 달라져, 오감(五感)으로는 감지할 수 없는 것으로, 모르더라도 지도자와 함께 하기도 한다.

그렇게 하는 이유는, 다른 기운(氣運)을 만나므로 생각과 육체에 많은 변화를 만든다.

바다를 만나면 넓은 생각이, 산을 만나면 차분한 마음이 되고, 잔잔한 호수에서 자신을 비추어 본다.

지도자의 지도로 특정한 곳을 선택하기도 하며 필요한 기운을 보충하기도, 과한 기운은 상쇄하여 변하게도 한다.

주의 할 것은 자연을 변화시키려 말고 날자, 시간을 잘 선택해 자신의 욕심이 아닌 자신에게 맞는 기운을 타고 쓰면서 그때 그 시간, 그 장소에서만 맛볼 수 있는, 그 분위기를 잘 타고 쓰자.

활기찬 시장에서 자기의 활기를, 다시 찾고 잊었든 꿈을 만나기도 한다. 특히 수행자는 막혔든 화두에 분위기의 영향으로 새로운 눈이 생긴다.

당신의 마음이 열려 있다면 한 송이 야생화에서 우주를 만날 것이다.

氣로써 파(波)와 동진(同進), 즉 그 진동(振動)과 함께하므로, 내 속에 숨겨져 있든 나를 깨우므로 또 다른 나를 만나게 된다.

관심을 두면 좋은 것은, 분위기, 지명(地名)등 독특한 것들이 그곳의 기운을 상징하므로 그 의미 속에 들어가 보라.

숙달하면 세밀해 진다. 모든 것은 조건과 조절이다.

원하는 목적에 맞는 장소와 이름, 시간, 인원 수, 이용할 이동수단, 조건으로는 음양의 기운을 쓰기위해, 남자와 여자를 구분하기도 한다. 특별한 조건이 첨가되기도 한다.

지도에 그려 보거나 자동 기술로 정하기도 한다.

의미를 예로 보면, 우리나라의 신혼 여행지로 제주도가 있다.

새로운 가족을 만들어 새 출발을 하는 곳으로 본인들에게는 큰 인생의 전환점이다. 새로운 세상의 출발지, 즉 출발선이다.

내륙과 다른 환경 속에서 새 꿈을 꾼다.

그런데 묘하게 소리글의 의미로는, 제주도, 濟=制(다시) 주도 한다. 인생을 새로 만들어 간다는 의미가 있다.

우연일까. 그 속에 숨겨진 의미, 보석을 찾을 수 있다면, 그 기운을 쓸 수 있다면 큰 인생의 전환점이 될 것이다.

기 운영으로 좋은 변화를 하면 정신과 육체의 치료에도 도움이 된다.

입체적이며 고정적으로 만들어 쓰는 기운인 비품과 다른 것은, 고정적인 氣가 아닌 유동성이 크므로 쓰는 범위가 넓고, 현장감이 있어 나름대로의 맛이 있다. 내가 원하는 세상과 이을 수 있고, 동진할 수 있다면,

욕심이나 생각으로 잘못 하면 부작용이 더 많다.

기운을 잘 타면 무리한 운영보다 더 효과적이다. 우리가 흔히 쓰는 택일 등이 그것이다. 자유로워지면 저절로 된다. 타고 쓴다. 수축과 팽창이 자유로워지면 낭비를 줄이므로 떠나는 여행지를, 나와 기운이 맞는 곳에 간다면, 좀 더 열려 있다면, 멀리가 아닌 내 옆에, 모든 것이 갖추어져 있습니다. 더 큰 눈을 뜨시길

제도 하는 법

"회로 로 제도하는 법"

종이위에 회로를 그리다 보면, 겹쳐 그려지거나 볼펜이 밖으로 자꾸 표현 할 때가 있다. 그것은 계속 이어져 그려진다는 신호로, 어떤 틀을 표현 하는 것으로, 제도 한다는 의미로, 제도는 집을 지을 때 설계도와 같다. 우리의 삶도 미리 설계되어진다는 뜻이다.

우리의 한 생각이 미래를 만들어 가는 것을 볼 수 있다.

불교에 비유하면 반야 파라에서 羅에 비유 대며, 회전하는 둥근 원으로, 그물 라(羅)로 그물같이 짜간다.

무엇으로? 한 생각을 돌리는 반야의 파(波)에 의해, 우주의 기본운동이 만물의 바탕 제도가 되는 것을 실감하며 생각의 중요성을 확실히 볼 수 있는 계기가 된다.

부분적으로는 回路와 氣의 연결 모습과 그림들이 몇 층으로 겹쳐진다. 부분적으로 문자와 그림이 그려진다.

전체적으로는 균형을 가진 틀이나 형상(密)이 그려진다.

그것을 인체 좌(座)제도 불체제도 길(路)제도 등으로 불린다.

종이를 이어 가거나 나올 크기를 미리 알아, 맞는 종이를 쓴다.

지도자의 판단으로 잘못된 것은 교정과 보충할 수 도 있다.

꽃을 그려 비교 하면 쉽게 판단 할 수 있다.

무근 화(無根 花)인지, 가지와 잎이 있는지,

더 보면 땅에 묻혀 있는지, 곤충이 날아오는지, 흔히들 그림을 보면 머리만 그려져 있다. 이상과 바람은 이루어지지 않는다.
모든 것은 뿌리인 근본 바탕이 중요하다.

비품 운영

"素의 기운을 이용하는 비품의 세계"

소리의 형질, 음폭, 음량, 강하고 날카로운 소리, 부드럽고 안정된소리, 그것을 표현하고 나타낼 수 있으니, 물 흐르는 소리, 금속성소리, 천둥소리 등으로 물과 금속, 바람소리, 금관악기, 목관악기, 현악기 등, 그 재질에 따라 보이지는 않지만 우리는 느낄 수 있으며 필요에 따라 만들어 쓰기도 한다.

그것이 형상화되면 수, 량, 형, 질, 몇cm, 몇g, 어떤 모양, 어떤 재질 등으로 잘 맞추면 우리가 원하는 소리를 수리에서 찾을 수 있으며, 수행의 방편으로 자기에게 도움을 주는 것을 제작하여 그 파동의 영향을 계속 받게 하는 것으로 비품이라고도 한다.

주로 목걸이, 팔찌와 같이 몸에 지니는 것이 있고, 십자가, 성모상, 불상과 같이 집에 모셔 놓는 것과 그림, 부적 등이 있으니, 이 세상 모든 것이 소의 운동이 드러난 수의 세계로, 비품이라고 할 수 있으며 가장 강한 비품은 사람이다. 어떤 사람을 만나는가에 따라 영향으로 변화로 인생이 크게 달라진다. 그래서 그만남의 파동이 서로 어떻게 어울리는가, 어떤 변화가 일어날 것인가를 알고 판단할 수 있는 것이 궁합으로, 세상 만물과의 만남은 궁합이다.

음식, 옷, 집, 직장, 사람과의 교류, 지역, 주변 환경 등, 보이지 않지만 파동의 간섭을 받으며 살아가고 있으니, 내가 어떤 장(場)에 살고 있는지 아는 것도 큰 지혜라 본다.

알아야 쓸 수 있고, 고칠 수 있다.

그래서 내 목적에 맞는 생활을 만들어 갈 수 있다면, 몸과 정신이 좀 더 나은 삶으로 이어지리라 본다.

사람을 판단하기 위해 많은 연구들을 한다. 형상으로 보는 사상, 팔상, 체질론, 관상, 수상, 족상, 사주 등으로, 기대를 가지고 가끔씩 그곳에 의지하기도 한다. 나는 깊이 들어가면 자기 생각, 즉 뇌 속의 정보가 자신의 몸을 만들고 변화시키며 또 그 정보가 밖으로 드러나 자기 삶을 살아간다고 본다.

그것에 가장 크게 작용하는 것은 과거에 가졌던 정보, 그 정보로 만난 부모, 형제, 결혼, 나라, 지역 등, 환경이 제일 큰 영향을 끼친다고 본다. 한 지역에서 태어나 계속 삶을 유지한 사람, 좁게는 국내, 넓게는 국제적인 여행이나 사업을 한 사람의 생각과 삶은 많은 차이를 보인다.

보고 듣고 경험한 정보의 차이에 의해, 우주의 모든 것은 자기의 모습대로 기운을 발산하고 있다.

흔히들 물어본다. 귀신이 있습니까?

자기 자신이 고유 진동수를 가지고 파동하며 움직이며 기운을 발산하는 움직이는 신체란 것을 모른다.

쉽게 이야기하면, 만물이 모두 기신(氣身)이다.

동시에 귀신이다. 자기가 기신인 것을 자신이 모르는 것이다.

자기의 정보 속에 귀신을 본다, 접신 한다,

귀신을 없애버린다는 것은, 우주만물이 기(氣)의 운동으로 체를 이루고 변화하는 것을 모르기 때문이다.

그래서 없애는 것이 아니고, 정보와 기운을 변화시킨다고 해야 바른 표현이 아닐까?

무속 인들은 세상에 있는 비품들을 활용하여 소리, 색깔, 장소, 비품들을 갖추어 놓고 그 장(場)을 변화시켜 기운과 정보를 바꾸려는 것이다. 그 변화로 새로운 통로가 열리고 장이 변하면 인생이 바뀐다고 본다.

원리에 들면, 운동과 기운, 그로부터 생긴 정보, 그로인한 장(場), 즉 환경, 첫째는 나의 잘못된 정보부터 바꾸어야 할 때이다.

골반 호흡법

"골반 호흡법"

호흡법으로 골반 호흡을 권한다.

이 호흡법은 과거에 배운 것을 응용해 보았다.

좌선의 자세로 하는 단전호흡은, 氣를 생각으로 끌어간다.

조금은 비효율적이라고 생각한다. 어렵고 느낌이 늦게 온다.

느낌에 의문점이 든다. 쉬운 자세로 조용한 곳에서 편하게 눕는다. 온몸에 힘을 빼고 코로 숨을 마신다. 단전까지 복식 호흡으로, 여기까지는 같다. 그 숨을 골반의 회음까지 밀어 넣는다는 느낌으로 민다. 생각으로 하는 것과 다르게 느낌이 발끝까지 온다.

그때 항문을 조이며 멈춘다. 조이면 강한 느낌이 온다.

발바닥까지 밀고, 잘되면 발바닥의 氣를 뒤로 돌린다.

대 주천이라 한다. 골반 위 5번 척추를 따라 위로 민다.

목뼈 밑(대추 혈)에서 팔 바깥쪽으로, 손끝에서 안쪽으로,

다시 대추혈로 모은 뒤 머리위에서 앞으로 골반까지,

다시 등 뒤를 돌아 골반까지 간 후, 숨을 내 쉰다.

계속하면 소주천 대주천이 쉽게 되며 느낌이 강하다.

혈액 순환이 잘되며 머리가 맑아진다. 골반운동에 쓴다.

부작용은 발바닥에 군살과 물집이 잘 생긴다.

위생관리와 무릎까지 담그는 각탕이 도움 된다. 익숙해지면 앉거나 눕거나 언제든지 호흡을 골반에 모으고 항문을 조이면

같은 반응이 온다. 전체로 돌리지 않아도 온몸으로 손끝 발끝 머리끝까지 호흡을 따라 기운이 수축 팽창 하며 작용 하는 것을 느낄 수 있으므로 몸 밖까지 뻗어 나가고 들어오는 것을 자연스럽게 느낀다.

눈으로 확인되는 것은 손발이 점점 붉은색으로 변하며 항상 따뜻해진다. 머리가 항상 맑으니 지혜가 샘솟는다.

부작용은 혈압이 불규칙해지나, 시간이 흐르면 괜찮다.

혈액 순환이 잘되며 식욕과 성욕은 줄고 대신 강해진다.

이 에너지를 자신이 추구 하는 곳, 공부, 운동, 수행, 연구, 취미 생활 등에 쓰면, 활성화된 몸 에너지가 몸과 마음을 건강하게 하며 건전한 생활을 만들고 평소에 자제력을 키우고, 쓸 때는 힘이 되어 육체와 정신적인 생활을 더욱 즐겁게 한다.

골반 운동법

"골반 운동법(쿤 달리니)"

모든 이름은 그 시대와 지역, 환경, 모습에 따라 다르게 표현한다. 무엇이 더 부각 되느냐에 따라 같은 원리도 전혀 다른 이름을 가지므로, 다르게 보여 착각을 만든다. 氣가 주도하는 것과 다르게, 운동(회전)이 주도하여 영과 육체를 열어가는 방법을 자발 공, 자발 동공, 탄트라, 쿤 달리니, 자율 진동, 동작 등으로 불리고 있다. 그것을 열어볼까 한다.

처음의 운동으로 골반을 깨어나게 한다. 기본 원리는 입자(素)의 회전운동으로, 氣의 흐름과 확장된 표현과는 다르게 축소되는 움직임이 많다. 그것을 모아서 부호(회로)로 표시 해보면 팔방 회로로 실지 운동은 8자(뫼비우스 띠)로 드러난다.

사람마다 다르게 표현되기도 한다. 그러나 원리는 같다고 본다. 그 모양의 느낌 때문에 연꽃에 비유 하는 것 같다.

그 뿌리는 골반이며, 성(性을) 주도하는 곳으로, 자손을 이어가는 정(精)자리로 기운이 모이는 육신의 바탕이며, 정보와 생각으로 상상과 정신을 주도 하는 머리(뇌)의 기운을, 안정되게 잡아주는 역할을 하기 도 한다. 불의 기운으로 그 기운이 부족해 본래의 역할을 하지 못할 때, 머리에 혼란을 가져와 들뜨거나 상기(上氣)로 인한 질환이 생기며 아래로 가는 통로가 약해져, 혈액 순환 장애로 인한 육체의 불균형을 가져와, 질병으로 이어 지기도 한다.

수행자들은 정신, 즉 머리에 중점을 두므로 그 기운을 위로 끌어 올리려 한다. 육체의 원리에서 볼 때 좀 더 생각 하고, 점검 해 보아야 할 부분 인 것 같다.

精의 작용이 온몸에 운동과 氣의 작용으로 몸을 살린다.

회전하고 진동하며, 수축과 팽창으로 조이고 풀어내고, 그 힘으로 막힌 곳은 뚫고, 좁은 곳은 넓히고, 늘어진 것은 조여 그래서 근육은 유연해지고 오장 육부 는 편해지니, 혈액 순환은 원활해지고, 신진 대사가 잘되므로 소화 흡수가 효율적이니, 식욕과 성욕은 줄어들고, 반대로 점점 강해진다.

피가 맑아지고 소화 기관이 유연해 진다.

변화가 생기면 소식과 채식이 큰 도움이 된다.

그 과정에서 주어지는 고통은 개인의 사고와 습관, 몸 상태에 따라 달라진다. 그러한 것을 줄이기 위해서 준비 과정이 많을수록 좋다.

주변의 도움과 경험자의 지도는 꼭 필요 하므로 자신의 부작용과 고통을 줄이고, 바르고 효율적인 수행으로 갈 수 있다고 본다. 미리 자신의 건강 상태를 철저히 점검하고, 치료해야 할 것은 한 뒤 접해야 혼란과 의심을 줄인다.

굳어있는 몸 풀기, 막힌 곳, 균형이 깨진 척추의 교정,

그 방법으로 호흡법과 운동법, 치료를 겸한 온 몸 풀기, 온열 요법 본인 생각을 정리하고 마음을 안정시키는 명상이 보조해야 한다고 본다. 氣로 소통하고 골반 호흡법과 골반 운동을 수련해야 안전하고 효과적이다. 대 주천 소주천이 열려야, 몸을

열 때 쉬우며 고통이 줄어든다.

무엇을 하던 머리와 몸을 부드럽게 하고 굳히지 말라.

옛 수행자들이 생각했던 관점을 책에서 본 그대로 적어 본다.

육체의 한계를 뛰어 넘는 초월이며 동시에 영적 삶의 시발점이다.

끌어 올릴 줄만 알았지 내릴 줄은 모른다.

수레바퀴는 높고 낮음이 없다. 회전하며 돌아갈 뿐이다.

초능력을 개발 하고 싶지 않은 사람은 없을 것이다.

하지만 제한된 오감만으로도, 우리는 이미 많은 고통을 받고 있다. 신이 당신에게 초월적인 능력을 주지 않는 이유는, 신성한 어머니 자연은 당신이 성숙되기를 기다리고 있다. 성급하게 쿤 달리니 끌어 올리려 하지 말라.

전기는 수만 볼트 전압이 발생된다.

우리는 그것을 사용할 수 없기 때문에 낮추어야 한다.

가정에 도달 하는 전기는 많이 낮추어져 있기 때문에 감전 되더라도 큰 탈이 없는 것이다. 만일 변압 하여 낮추지 않는다면 감전 사고가 발생해 목숨을 잃게 될 것이다.

신의 힘도 그와 같다. 당신은 그것을 다루는 법과 자신을 보호하는 법을 배워야 한다. 쿤 달리니 는 척추에 있는 차 크라 들을 따라 뇌로 상승하여 특별한 영적 능력을 일깨운다.

쿤 달리니 를 성급히 끌어 올리는 것은 바람직하지 못하다.

심장 아래의 차 크라는 동물적인 성향이 매우 강하다.

그것은 당신을 낮은 차원으로 끌어 내리려 한다.

당신의 의식이 하위 차 크라 에 있을 때 쿤 달리니 가 각성 할 경우, 당신은 동물적 충동에 사로잡히게 된다. 쿤 달리니 는 당신이 정화 되고 난후 순조롭게 각성되도록 해야 한다.

당신 내부에 있는 신성한 어머니 자연은 당신이 성숙하기를 기다리고 있다. 사실 어머니 자연은 당신이 준비되어 있다면 지금이라도 당장 당신 손에 모든 것을 쥐어 줄 것이다.

아직 때가 되지 않았는데 성급 하게 그것을 요구 하는 것은 <u>골칫거리를 달라고 하는 것이다.</u>

신의 힘을 움직이려 하지 말고 신이 당신을 움직이도록 자신을 준비 시켜라. 당신이 정화 되어 준비가 되면, 쿤 달리니 의 힘이 스스로 각성되 당신에게 모든 힘을 선사 할 것이다.

(사치다 난다의 글)

이제 정리로, 가장 효율적 이라고 생각 하는 방법을 제시해 본다.

앞에 제시한 8방 회로를 생각해 본다.

편안한 자세로 앉는다. 가부좌도 좋은 자세이다.

전체적으로 안정을 가져온다. 안 되는 분은 발바닥을 마주하고 편한 거리를 맞추거나 의자도 좋다. 발을 편하게 뻗어도 된다.

처음은 엉덩이를 좌우로 흔든다. 뫼비우스 띠처럼 30번,

다음은 앞뒤로 8자처럼 30번, 대각선으로 각각 20번씩,

다음은 왼쪽으로 둥글게 20번, 반대로 우회전 20번,

호흡은 골반 호흡을 하면서 항문을 조인다.

점차 횟수를 늘리며 익숙해 <u>저절로 될 때 까지</u>, 골반 교정과 혈액순환이 저절로 되며 온몸에서 반응한다.

가족과 함께하면 엉덩이로 이름 쓰기도 좋다.

이 글을 쓰려고 다른 사람의 의견을 찾아보았다.

대부분 쓰는 용어와 인식, 경험, 현재 쓰고 있는 모습, 대부분이 옛날 중국, 인도를 비롯한 주변 지역에서 전해져온 그림이나 구전으로 쓰이는 용어, 느낌과 결과도 그것이 교과서인 것처럼, 비교하여 증명 하려 하며, 포장을 더해 비슷하면 구분하지 않고 같은 이름으로 쓰고 있으니.

조그마한 잘못된 이해가 엄청난 결과를 가져다주는 것을 경험하신 분들은 아시리라 본다.

큰 만큼 위험도 크니 더 깊은 연구와 경험이 필요하다.

동양에서는 상단전(神), 중단전(氣), 하단전(精)으로 불리며 수행과 의학의 기본이 되었으나 더 이상의 깊이나 변화 없이 교과서로 굳어져 있다. 이해하기 어려우니 보편성을 잃고 비밀스럽게 되고, 신비주의로 남아 있다.

나의 경험으로 간단히 정리 해본다.

氣를 주도하는 상단전은 神으로, 뇌의 정보 체며 天이다.

뇌의 기능과 활동을 전체적으로 보면 확장하는 정보 체라고 생각한다. 육감을 통해 받아드리고, 분석하고, 파동으로 명령하고, 정보들이 조합(간섭)하며, 새로운 창조를 만들어 낸다.

한자의 神=귀신, 신=귀신=불가 사이한 것=정신=혼

종교의 대상으로 우주를 주재하는 초인간 초자연적 존재

기독교=하나님, 동양=신명=신통=신의조화

파자, 神=示=보일시=보이다=가르치다, 申=펼

펼쳐 보인다는 뜻으로, 무엇을=당신이 원하면 모두 모든 정보가

다 있으니 보고 펼치되 책임은 없다=컴퓨터

그것을 잡아주는 추의 역할을 하는 곳이 골반이다.

氣가 주도하는 머리의 기운을 모아서 결정체를 만드는, 주변에는 현실적으로 작용하는 신장을 비롯한 후대를 잇는 성 기능과 자궁 등, 마지막 배출 기관들이 있다.

자신의 머리와 몸 상태의 결과를 볼 수 있다.

그 기운을 머리로 끌어 올리지 말라. 불의 기운이다.

골반은 운동이 주도하므로 그 회전력인 성력(性力), 그 힘은 상상을 뛰어넘는 강한 진동과 수축과 팽창으로 조이고 풀며 막힌 곳을 만나면 밀어서 열어 간다.

대부분 그 때 통증을 동반하며 반복 된다. 잘 열릴 때 까지, 사람에 따라 강도가 달라진다. 익숙해지면 항문을 조 을 때 그 강도가 높아진다. 그것에만 집중해 수련하는 것을 '탄트라'라고 한다. 별로 권하고 싶지 않다.

정신적으로는 방해가 된다. 순리로 풀어 가면 부작용 없이 저절로 열린다.

골반에서 합쳐 아래로, 그리고 전신을 돌리면 머리도 저절로 열리며, 다리도 열려 혈액 순환은 저절로 피가 맑아지며, 새로 좋은 몸을 만들어 간다.

억지로 머리로 끌어 올린 사람은 자기 머리의 지식과 상상과 느낌과 함께 모든 세계가 파노라마로 펼쳐진다.

각자가 그려놓은 신의 세계, 지옥과 천당, 유토피아도 자신이 본 것은 강하게 주장 한다. 동조자를 모으며.

그런데 같은 곳을 가고 왔는데 그림이 전부 다르다.

골반, 특히 천골에는 모든 신경이 모인 신경 다발이다.

그리고 머리부터 발끝까지 이어진 인대의 중심점이다.

그곳을 자극하면 몸 전체가 반응한다.

손가락 끝에서 발가락 끝과 머리 정수리까지, 전체에 기운을 끌어올려 생기는 부작용 없이 저절로 열린다.

그 느낌을 즐기며 명상하면 망상이 적어진다.

과거에 다치거나 좋지 않은 부위와 조그마한 부분까지도 반응이 온다. 그래서 치료에 쓸 수 도 있다.

온몸이 제각각 반응하며 변화한다. 고통도 즐기라.

그럴 때는 경험자나 전문가의 지도가 꼭 필요하다.

내가 할 일은 온몸에 힘을 빼는 것 외는 없다.

왜 그곳에 작용이 일어나는지 자신을 돌아보는 시간이다.

원인 없는 현상은 없으니, 잘 쓰시라.

골반운동과 호흡, 氣와 동진을 하면 저절로 된다. 초보자는 氣를 느끼고 익숙해진 뒤 시도 하라. 욕심은 부작용을 가져올 뿐이다.

온살도리

스 사 만 "온살도리"

스스로 사람 만드는 운동, (온)몸을 (살)리는 (도리)道理.

온몸의 도리를 알아가는 물질의 기본 소(素)의 원심력과 구심력 운동으로, 몸과 마음, 호흡을 다스리는 조화로움을 기본으로, 원추 운동의 원리를 이용해 몸의 유연성과 골격의 균형을 잡아주며, 온몸에 운동력을 주어 소화 기능과 혈액 순환을 돕는 가장 원만하고 쉬운 운동으로 소개한다.

강신무라는 분이 전수, 개발하여 알려진 운동으로, 단순하며 효과가 매우 크므로 남녀노소 구분 없이 실행하기 쉬우며, 적극 권장하고 싶은 운동이다.

수련방법은, 온몸에 힘을 빼고 근육을 이완 한 뒤, 두 다리를 어깨 넓이로 벌려 양발을 11자 모양으로 평행되게 놓으며, 시선은 몸의 방향에 따라 정면을 보며 몸의 중심을 왼쪽 다리에 두며, 엄지발가락은 제자리에 고정하며, 오른쪽 다리 뒤꿈치를 이완 시킨 채로 지면에 닿지 않게 살짝 들어, 왼쪽으로 90도 각도로 밀어 준다.

이때 두 무릎은 굽히지 않아야 효과적이며 움직이는 발뒤꿈치는 최대한 앞으로 밀어준다.

상체의 팔은 흔들리며 자연스럽게 몸이 오른쪽으로 돌아간다.

움직인 오른쪽 발은 처음자리로 되돌아온다.

반대편 왼발도 같은 방법으로 행해진다.

춤을 추듯이 끊임없는 반복 동작으로 천천히, 빠르게, 속도는 수련자의 몸과 흐름에 맞추며 익숙해지면 음악을 이용해도 효과적이며, 손 높이를 가슴높이, 또는 합장하는 자세, 머리높이로 올려도 좋다.

다리도 기마 자세로 변형 할 수 있으며, 몸을 유지 하는 한발 외는 힘을 빼는 연습이 중요하다.

몸의 균형이 잡혀가면서 과거에 좋지 않던 부분이 드러나기도 하고 관절에서 소리도 난다. 소화가 잘 되어 가스 배출이 많으며 시간은 50분에서, 여유가 있으면 길어도 상관없으며, 氣를 느끼는 사람은 흐름에 동진하면 자신에 맞는 운동이 되기도 한다.

평생 할 수 있는 운동으로 누구나 건강에 도움이 되며 현대인에게 잘 맞다 고 본다. 넓은 공간이 필요 없으며, 장소를 구분하지 않아도 되며 맨발로 흙 위에서 하면 효과적이다.

한 점이 되어, 돌고 서로 모이고, 휘고, 꼬이고, 뒤틀리면서 한선을 그리고 서로 점점이 모이어 간섭하기도 하고 변화하기도 하며, 모이어 겹치기도 하면서 얼 키기 도하고, 모여 부딪쳐 깨어지기도 하며, 풀어내기도 하고, 다시 돌며, 우주라는 바다에 인을 치며, 파동치고 있다. 무엇으로 볼 것인가, 무엇으로 판단 할 것인가.

판도라의 상자

"판도라의 상자를 열다"

그해, 겨울인가 많은 사람이 모여 명상과 자기 수행에 열심이다.

나는 자리가 없어 남의 차속에 앉아 명상을 시작했다.

어느 순간 머리를 스치는 한 생각, 그래 한일자 속으로 들어 가

보자. 그래서 눈에 보이는 것이 아닌 그 속을 보자.

글의 모양이 형성되기 이전의 세계로. 그곳에는 전혀 다른,

이때까지 보이지 않던 無의 세계가 있었다.

많은 운동의 집합체, 살아 움직이는 氣의세상, 원초적 세계가

이제까지 종이위에 그린 것이, 그냥 돌고 있는 운동이 아니라

실지 우주태초의 움직임이었다는 사실과 그것들이 모여서

제도가 되어 틀을 형성한다는 것을, 매일 보면서도 느끼지

못했던 가슴속에 와 닿지 않았던 것들이, 확연히 닿는 순간 깜짝

놀라 일어났다. 차 천장에 머리를 부딪치고 정신을 차린 뒤

나오니, 모두 선생님 법문을 들으려 모여 있었다.

시계를 보니 잠깐인줄 알았던 순간이 한 시간이 훨씬 지났었다.

모두 왜 늦었냐는 눈빛으로 쳐다본다.

내가 스승님을 만난 지 삼년의 시간이 지났으나,

나는 나의 잣대로, 모든 것을 받아들였고 맞으면 받아들이고,

아니면 평가하여 흘러 보내고, 삼년동안의 나는 본래지식만

굳히고 있었을 뿐, 새로운 것을 전혀 보지도, 받아들이지도 않는

허송세월이었던 것이다.

이제야 無(般若)의 세계에 첫발을 디딘 것이다.

허무하면서도 설레는 마음. 머릿속으로만 판단하고 이해하려했던 이제 지식의 세계에서 벗어나, 실지 느끼고 경험하고 그래서 통하고 아는 만큼 쓸 수 있는 세계로 들어간 것이다.

흔히 공(空)이다, 무(無)라고 하여 비어있다, 없다고 했든 그 세계를 이제 직접 느끼고 실험 할 수 있는 것이다.

스승의 말씀 속을, 이제 조금 받아들이고 이해할 수 있다는 기쁨과 같이했던 삼년동안, 머리로만 이해했던 것이 현실로 받아들이고 이해하며, "그래, 들어 가보자."

無(般若)의 세계로. 이제시작이다.

모든 것은 본질이 하나이기에 서로 통한다.

내가 마음과 몸을 열기에 따라 통로가 열리고 오고감이 자유로울 때까지, 가장 중요한 것은 어느 쪽 통로를 열어 가느냐.

그해, 여름인가 뒷산에 올라 걸어가고 있었다. 氣의 흐름을 느끼며 발걸음에 느낌을 두고. 그런데 조금씩 내리던 비가 조금씩 강해진다. 옷이 조금씩 젖기 시작 할 때쯤, 갑자기 떠오르는 생각은, '주머니에 남아있는 담배 한 개는 젖으면 안 되는데' 주머니에 손을 넣고 가려보지만 비는 점점 더 온다.

그래서 생각 끝에, '그래, 젖기 전에 피워버리자'

나무의 비바람을 등진 쪽에 서서 손으로 가리고 다 피웠다.

갑자기 지키려고 애쓰던 것이 사라지니 홀가분해진다.

모든 것에서 자유로워지면서, 비야 마음껏 내려라, 더 젖을 것이 없다.

지킬 것이 없으니 헛된 노력을 하지 않아도 되며, 매이지 않아도 되니 불필요한 걸림인 많은 생각들이 정리된다.

그러던 차에 작은 뒷산에서 길을 잃었다. 이리저리 살펴보지만 앞이 안 보인다. 궁리 끝에, 나뭇가지를 타고 조금 오르니 보인다. 나무를 내려와 그쪽으로 가려하니 가지가 가로막고 있다.

할 수 없이 엎드려, 거의 기다시피해서 앞으로 나갈 수 있었다.

그 때 떠오르는 생각. 멀리 보려면 높은 곳으로, 앞으로 나아가려면 자신을 낮추어야 한다는 것, 그 말이 생각났다.

고(高) 저(低) 장(長) 단(短)

생각은 높게 자신은 낮게 욕심을 작게 꿈은 넓고 멀리, 이것을 항상 가슴속에 지닌다면 하나하나의 행이 큰 수행이 된다.

생각하며 가슴깊이 새겼다. 오늘은 복이 터진 날이다.

나는 공부에 큰 복을 타고 난 것 같다. 공부 복 반대로 돈복은 없다. 무슨 행운인가, 빗속의 열림은 계속된다.

한걸음 한 걸음에, 지금까지 이해되지 않았던 것들이 풀리며, 무슨 말인가 이해를 못하든 오행의 원리가 쉽게 보인다.

아침에 일어나 낮에 활동하고, 저녁에 돌아와 밤에 잠을 잔다.

그냥 하루를 분별하기 위해 네 등분 하는구나, 한 달을 상현달 보름달 하현달 그믐달로, 변화하는 기운 씨앗이 껍질을 깨고 싹을 피우고 자라고, 꽃이 피고 열매 맺고 다시, 씨앗이 되어 땅으로 돌아가 일 년의 새로운 정보를 갖는 것처럼, 봄, 여름, 가을, 겨울로 되돌아가는 변화.

어머니 자궁 속에서 태어나 20세 전후로 배우고 익히고,

40세 전후까지 배운 것과 생각을 현실과 부딪치며 살고,

60세 전후에 그 결실로써 결과를 보며,

80대 전후에 내가 거둔 씨앗을 가지고 자연으로 돌아간다.

짧게 보면 하루요, 길게 보면 일생. 더 길면 무한의 생이구나.

하는 것이 쉽게 요약되었다.

씨앗이란, 인(因, 印)에 따라 심는 곳 의 환경,

공간과 시간의 연(緣)을 만나고 과(果)를 맺는, 절대 인과응보의

법칙 그것을 바꿀 수, 아니, 치료 할 수 있는 방법은?

문수사 길목에서

"문수사, 길목에서"

아직 여름의 따가움이 남아있는 날씨다.

늦은 여름의 햇살 속에 사찰 구경을 나섰다.

내가 좋아하는 아가씨가 절일을 돕고 있으니, 구경삼아 놀러 오라는 초청이다. 울산에서 부산사이에 있는 문수사라는 절로, 높은 절벽위에 지어진 멋있는 곳이다.

버스를 타고 입구에서 내려 걸어가니 두 갈래 길이다.

오른쪽은 동네로, 왼쪽은 절로 가는 방향이다.

힘이 들고 해서 바위를 의자로 담배를 피워 물었다.

주변을 돌아보니 남자 아이 둘과 여자아이 한명이 그늘에서 소꿉놀이를 하고 있었다. 무슨 이야기를 하는 가 귀를 기울여 보니, 절 가까이 살아서 그런지, 자주 보는 것이 절에서 버스로 방생이나 사찰 순례를 많이 가는 것을 보고, 본 것을 흉내 내고 있었다. 한 남자애가 "이번에는 어느 절로 갈래?"하니, 다른 남자애가 받아서 거든다.

그때 갑자기 여자애가 벌떡 일어섰다. 그 애의 입에서 나온 전혀 뜻밖의 말. " 가긴, 어딜 가, 집에 가야지."

그 순간 내 머리 속은 텅 비워 졌다. 온 몸의 기운이 빠지고, 한마디로 얼이 나갔다.

그래, 맞다. 내가 왜 이 절로 저절로 다니고 있었을까?

그래, 본래 내가 온 곳을 찾아 돌아가는 길이 아니었든가?

만물의 시작점인 본래 내 집은, 나로부터 시작되었지. 내 집?

한 참후, 정신을 차려보니 어린애들은 가버리고 없었다.

나에게 큰 충격을 준 고마운 화신들 이었다.

후일 전해오는 이야기를 들으니, 문수사가 지어진 산이 여자 산신이 주거 하는 곳으로, 우리나라의 대표적인 여산신이 있는 곳은 지리산으로, 마고할미라는 여자 산신이 주거 하면서 오가는 사람을 보호 한다고 한다.

문수사 여산신은 실지로 있었던 인물로 원효 대사와 서신을 주고받았다고 전해지니, 어느 수행자와의 이야기가 아닐까. 그냥 재미로 들었지만, 막상 내가 경험 해보니 묘하다.

그날은 바빠서 대접은 라면으로 받았다. 좋은 경험의 보답이다

가끔, 좋은 분들이 모이면 명산 氣스케치 라는 여행을 떠나는 것도 괜찮은 것 같다.

혼자 느끼는 것은 개인의 기질에 치우칠 수 있으니, 여럿이 모여 각자의 표현을 해보고 공통점을 찾아보는 것도, 그림으로 글로 몸으로 풍수로, 아주 많은 표현법 들이 있으니 활용한다면 멋과 맛이 있는 풍류객의 삶도 가끔은 즐길 수 있지 않을 까.

불체, 치료와 진단

"불체를 이용한 치료와 진단"

한의원에서 일들이 생각나 적어 본다.

병원 일을 도와달라는 같이 공부하든 한의사 요청에, 나는 사람의 병은 왜 생길까를 풀어볼 욕심으로 거들게 되었다.

그것이 동기가 되어 10년 가까이 병원 생활을 할 줄은 생각도 못했었다. 나는 지금도 인체의 경락이라든지 병원에서 쓰는 의학 용어를 잘 모른다. 처음부터 알면 지식이 되니까 의식적으로 거부한 것이다.

내 방식으로 찾아보자, 氣를 써서.

어느 날 병원 아래쪽 가게에서 자매가 찾아왔다.

며칠째 밥을 먹지 않는다는 엄마의 하소연.

어린이, 노인 심리는 내가 담당이다.

유치원에 다니기 전 동생과 초등학교 1학년 언니. 우리는 병원 바닥에 엎드렸다. 종이를 꺼내 놓고 그림을 그리는 것이다.

요즈음으로 보면 아동 심리화이다. 내가 하는 방법은, 애들이 아닌 내가 그린다.

그 기운의 파를 감지하여 그림으로 표현 하는 것이다.

그리고 보니, 손은 주먹을 쥐고 서로 떨어져 서 있다.

서로 불만이 가득한 얼굴로 손잡기 싫다는 그림이다.

둘에게 물어보니 그렇다고 긍정을 한다. 세밀히 그리면 얼굴 방향 자세까지 그려진다. 이제 원인을 알았으니 치료는 설득이다.

본인의 생각이 그림으로 보이니 설득 효과는 크다.

동생부터 시작이다. 네가 언니만큼 커서 학교 다니면 엄마가 용돈하고 공책도 사주겠지, 하니 고개를 끄덕인다.

언니에게는 동생 나이 때는 엄마가 동생이 어리니까 예뻐하고 감싸고 편을 들겠지, 하니 고개를 끄덕인다. 엄마의 사랑을 조금 더 이해시킨 뒤 보냈다. 한참 후 얼음과자를 들고 올라왔다.

입에는 짜장 면을 먹은 표시를 하고, 둘이 손을 꼭 잡고, 머리가 풀어지니 위가 편해 진 것이다.

그때 심취한 공부가 불체제도로, 령의 변화 하는 모습과 마음의 변화를 그려 내는 것을 연습 하던 때였다.

누구나 응용 할 수 있는 것은, 원, 방, 각으로 '원'은 머리로, '방', 즉 사각형은 일을 소화하는 몸통으로, '각', 즉 삼각형은 다리, 즉 세상 바탕으로, 기본을 정 하고 그보다 크면 과하고 적으면 모자람으로 예로, 머리에 원이 크면 꿈이 크고 생각이 많으니 안 될 확률이 높으며, 적으면 목적이 정해졌으니 좋으며, 전체로 보면 안정된 삼각형 구조가 가장 좋으며, 역 삼각형은 실패율이 크다.

원은 정보로, 방은 정보를 수용할 수 있는 방(房)으로, 각은 세상에 안정된 기반 터전으로 본다면 이해가 쉽다.

수련장에서 많은 사람이 모여 수행중이다. 그런데 자주 보지만, 다 제각각의 그 모습이 재미있다. 춤추는 사람, 무술을 하는 사람, 그림을 그리는 사람, 음악에 맞추어 몸을 변화시키는 사람,

조용히 눈을 감고 氣의 흐름에 몸을 맡기는 사람, 종이위에 볼펜으로 무언가 열심히 그리는 사람. 나는 그 모습을 뒤에서 구경하는 것을 재미있어한다.

남의 모습을 보면 객관적 관점과 간접경험을 맛 볼 수 있다.

왜 그럴까? 무엇인가? 오랫동안 관찰하다보면 공통적인 원리를 발견할 수도 있다. 氣를 느끼고 표현하는 방법이 기질에 따라서 모두 다르구나. 내면에서는 한가지의 氣를 표출하지만, 각각의 개체를 통해 표현되니까 같은 표현은 없고 비슷할 수 있다. 개인의 특성과 위치와 방향에 따라 표현이 달라지는 우주법칙, 뒷바라지를 하다보면 큰 공부가 된다.

저렇게 하면 안 되는데, 하는 눈이 저절로 생긴다.

잘하는 사람, 중간에 포기 하는 사람 판단이 거의 정확해진다.

그것을 나에게 반영하면 객관성이 커진다.

수행자에게 꼭 권하고 싶다. 자기를 낮추고 뒷바라지 하는 것은 근본적으로 몸에 익혀야 할 큰 수행법이라고 본다.

채널 링은 어떻게 활용해야 효율적이고 안정적일까?

나의 의견은, 그것을 표현해서 성질을 읽고 상대를 이해하는데 활용하라는 생각이다. 내 생각으로 읽는 것이 아니라 순수한 氣의 파동을 바로 드러내 표현하여, 잘못되어 고칠 것과 더 개발하여 소질을 살릴 것, 무엇에 걸려 있나 지적해주는, 구분해서 알려주는 것. 즉, 바로 알아야 고칠 수 있다.

장점은 잘 활용하여 개발하고 단점은 잘 파악하여 고쳐서 잘 활용하는 그런 눈이 의사의 눈이요, 높은 부모며 창조주이다.

즉, 어른의 눈이며 성인의 눈이며 스승의 눈이다.

그러면, 무엇을 기본으로 하면 좋을까?

사람의 모든 것은 자기표현이다. 언어 그림 소리 색깔의 선택 환경의 선택 물질의 선택, 그것을 잘 읽어서 상대기질, 소질, 장단점을 파악하고 고친다. 다르게 수행된 사람은 자기를 매개체로 상대기운을 표현할 수 있다.

통할 수 있다면 그만큼 활용한다.

우주의 법칙에서 기본을 찾아본다. 운동, 수축과 팽창, 氣를 느끼는 수행자이면 잘 돌고 있는가. 그것을 볼 수 있게 표시한다면 진정 우주를 아는 자는 채널 링이 필요하지 않다.

수련장

더 알아야할 우주가 없으므로.

어느 수련시간에 있었던 이야기이다.

스승님 말씀이, "이제 여러분에게 왕기(王氣)를 줍니다." 하셨다.

'왕기'라, 대통령이 나라를 주도하는 지금 무슨 말씀인지.

수련 때마다 그 때 맞는 조건을 주시는 일이 허다하니, 큰 생각 없이 무슨 기운을 운영하시나보다 생각하고 흘러간 세월이 10여 년. 어느 날 갑자기 그 말씀이 크게 다가왔다.

"그래 그것이야, 왕의 눈을 떠 라는 것이 구나"

크게는 우주를 보는 눈, 작게는 지구, 더 작게는 나, 나라 국민을 냉정히 보고, 보살피고, 더 나은 세상으로 이끌 수 있는 지혜.

전체와 부분을 살피어 스스로 옳다고 생각하는 방향과 위치에 올려놓을 수 있는, 끌어가는 힘.

국민의 힘을 그쪽으로 모으듯이, 자기내면과 분산되어있는 많은 생각과 그로써 낭비되어지는 힘들을 자기가 추구하고자 하는 쪽으로 끌어갈 수 있는 굳은 의지 와 힘 왜! 대통령이 아니고 왕이었을까?

천, 지, 인, 영, 령, 체의 삼계(三界)에, 중앙에 안정되게 서있는 왕(王)이란 상징일 수도 있겠구나. 삼계를 관하는 자리, 그래서 종교에서는 법왕(法王)이라고도 하고, 왕 중 왕이라고 했던가?

옛날 말에 군사부일체(君師父一體)라고 했듯이, 왕의 전체와 부분을 보는 눈과 스승의 큰 지식과 지혜를 보는 눈, 부모의 경험과 큰 사랑으로 보는 눈 이 모든 것이 내 것이 될 수 있게 내속에서 기(氣)를 살려내서 키워야 하는구나!

그러고 보니 세존께서 그 혈통을 타고 났으니 수행에 큰 보탬이 됐겠구나, 하고 혼자 미소 지었다.

질문과 답.

"모이시면 '도, 도' 하시는 데, '도'가 뭐예요?"

"道=돕니다. 도는 돌아가는 우주이치로, 우주 전체가 돌아가고 지구가 공전하며 자전하고, 만물은 공존하며 자존 합니다. 그래서 변하지 않는 것은 세상에 존재하지 않는 기본 우주의 이치로 가는 길이며, 알면 세상을 밝게 타고 쓰며 영혼을 밝히어 가게 됩니다.

처음부터 돌며 사고를 굳힌 만큼, 즉 원인을 만든 만큼 그 생각으로 인연(因緣)이라는 환경을 만나 돌고 돌며, 때로는 기쁘고(팽창하고), 때로는 슬프고(수축하고), 시시각각 달라지며 새 옷을 갈아입고 다른 세상도 살아보고, 나비도 되어보고 새도 되어보고, 꽃도 되어 살아본 씨앗을 또 자신 속에 심어놓고 "그럼 계속 도는 거예요?"

"아니요. 들여다보고 궁금해 하고 관찰하는 자는 재미있고, 그 속에서 방황하는 자는 힘듭니다."

"그래서 어쩌게요?"

"나의 분신들이 경험한 씨앗들을 모아, 새 종자를 만들어 자꾸 새롭게 변하면 재미있지 않을까요?"

"무엇으로 변하는데요?"

"인과법이니 자신의 욕심대로는 아니고, 좋은 변화가 없을까요"

"내가 신이 되어 못된 놈은 다 죽이고 말 잘 듣고 착한사람만 살려 놓고, 세상을 살기 좋게 만들면요?"

"하하, 좋은 생각이긴 하지만 세상엔 절대 신이 없습니다.

나의 꿈이 꾸며놓은 허상입니다. 각각이 신이므로 세상은 누구의 힘에 의해 없어지는 것이 아니고, 나를 비롯한 자신들이 만들어가는 것입니다. 우리의 그런 생각들이 모여 권선징악을 만들고, 악은 없어져야 되는 걸로 만듭니다.

악도 절반의 세상으로 꼭 있어야 되는 필요악입니다."

"아, 의사나 과학자가 되어 세상 사람이 아프지도 죽지도 않는 약을 만들면?"

"지금도 인구가 많은데, 안 죽으면 지구가 죽습니다.

그리고 자기가 만든 고통이 없다면, 우주의 진리인 인과응보가 사라진다면 우주가, 아니 모두 사라집니다.

"스님, 방안에 저 높은 자리는 뭐예요?"

"응, 사자좌라고, 높은 스님이 법문하실 때 앉는 자리입니다."

"무엇을 법문하시는데요?"

"부처님법과 선사들의 이야기와 큰스님의 깨달음을 이야기하지요 그것을 사자후라고 합니다."

"아, 그래서 높은 데가 필요하구나."

"본래의 이야기와는 전혀 다르네요. 사자좌란, 스승이라는 저승사자가 칼을 들고 목을 겨냥하고, 지금 생각을 가진 나를 죽이고 새로 태어 날 것인지, 그냥 그 생각에 굳어 죽은 시체로

살 건지, 백수의왕인 사자의 울음으로 잠자는 근원의 자신을
깨우려고 한칼에 생각의 목을 베는 자리라고 하던데요.
한 생각이 살아나면 한 생각은 사라지고, 사라지면 살아나고
살려면 죽고 죽이면 살아나고, 새롭게 태어나는 나의 삶."
"저위에 조각은 뭐예요?"
"아, 불상이라고 부처님 상입니다."
"아, 그렇구나. 진짜 불 쌍 하군요."
"먹을 것과 돈이 잔뜩 있는데 먹지도 쓰지도 못하고, 라는 소원은
다 들어 줘야 되고, 먹고 쓰기는 저들이 하고,
죽은 부처에 산부처가 메 달리고, 의지하고 빌고 불쌍하네요.
아! 서로 불쌍해서 마주한 두 쌍이니, 진짜 '불쌍'입니다."
"천도가 무엇입니까?" "하늘의 길, 즉 우주이치.
흐름에 맞추어 갈 수 있게 끌어주는 것입니다."
"그러면, 저분들이 우주의 이치를 잘 알아야 끌어주는 것
아닙니까? 좋은 천도가 무엇입니까?"
"내가 성인이 되면?"
"아버지는 성부, 어머니는 성모, 자식은 성자."
"자동으로 바뀌네요?"
"내가 바뀌면 다 다르게 변합니다. 자신이 천도의 주인공입니다."
하늘의 도를 모르고 천도 제를 지내며 비는 것과 자신의 O적
자유를 모르고 방생하는 것은 무조건 빌고 바라는 무속 인과
다름없습니다. 모든 O적 조상, 가족의 정보가 자신 속에 있으니
스스로 자신을 깨우치고 열어 가면 최상의 천도며 방생입니다.

"그럼 극락과 천국은 어떻게 갑니까?"

"갈 짓을 해야 가지요. 인과응보를 누가 바꾸느냐, 스스로 바꾸어야지. 스승과 부모는 주변 환경이 바뀌도록 도와주고 동기를 만들어줄 따름입니다. 바꾸는 것은 자신이 할 일입니다."

"무엇이 되는 게 가장 좋은 천도입니까?"

"자기의 소질에 따라 자기 소신껏 개발하여 전체에 도움을 주고 스스로 변화할 수 있다면, 공전과 자전(공존과 자존)을 잘 써서 새 창조의 길을 가는 것으로, 주변과 부모 형제도 새롭게 변하니 누구나 할 수 있고 가지고 있는 것이며 노력만큼 바뀝니다.

새로운 변화를 만들어 인류에게 도움을 주는 것이, 가장 좋은 천도를 주관하는 것입니다."

"요즈음 사람들은 다음 세상에 어떤 모습으로 태어날까요?"

"참 어려운 질문입니다. 그래도 한번 풀어보면 일단은 어리면, 어떻게 클까를 생각하고 실천하면 다른 모습으로 바뀌고, 몸은 생각을 모은 틀이므로 '모음=몸', 내 생각이 모여 나를 만든다.

그것이 습관이 되어 행동이 되며 소리가 되고, 예를 들면 요즈음 컴퓨터나 스마트 폰을 많이 하므로 컴퓨터를 보고 있으면 눈이 나빠지니 안경을 써야하고, 더 가까이 들여다보아야하니 자연히 눈이 제일 앞으로 나가야하고, 필요한 정보가 그곳에 다 있으니 사람 만나고 머리는 쓸 필요가 작아지니, 작아지고 납작해지고, 따라서 감성은 사라지고, 필요한 것은 다 있으니 깊이 생각할 필요도 없고, 다른 사람 말은 듣기도 싫고 들을 필요도 없으니 귀도 작아지고, 운동을 적게 하니 배는 나오고,

그것을 채워야하니 입과 배는 커지고, 손과 발은 일을 할 필요가 없으니 작아지고 손톱과 발톱도 필요 없으니 사라지고, 두드리고 버틸 수 있는 형태만 남아있고, 보온이 잘 되어있으니 보호할 털도 사라지고, 어떤 사람은 남이 자신을 간섭하는 게 싫으니 건드리지 못하게 온몸에 독을 품고 있으니, 상상해 보면 무엇으로 변하는지 개구리나 두꺼비로 변하는 것이죠. 맞습니까? 그렇게 안 되려면 많이 뛰놀고, 다른 사람과 어울리고, 예술성도 키우고, 그래서 원하는 모습을 만들어간다면. 정신과 육체가 건강해 지겠죠,

"화두가 무엇입니까?" "그것은 풀기 어려운 것을 하나의 주제로 계속 풀어가는 것입니다." "뭘 풀어 가는데요?"

"나의 본성을 아는 방법으로, 불교에서 참선의 화두로 무(無), 이 뭣 고, 개유불성, 부모 미생 전 본래면목, 선사들의 행동과 문답, 살불 살조, 뜰 앞의 잣나무 등이 있습니다.

부모 미생 전 본래면목의 화두로 보면 왜 이 사람들과 살고 있는 것일까? 부모에게 태어나기 이전에는 무엇이었을까?

처음과 지금과 미래의 원인을 찾아보는 방법입니다."

"처음에는 운동이고 에너지라고 하셨잖아요?"

"그것이 현재와 미래에 어떤 연관이 있고 어떻게 이어져 있는지, 왜 존재해야 하는지, 집 땅속에 황금이 묻혀 있는데, 알고는 있는데 못 찾으면 나의 것이 아니듯이 찾아서 잘 써야 내 것이지요. 그래서 개유불성이라. 개에게 불성이 있느냐고 물으니 있기도 하고 없기 도하다. 내가 상대하는 내 속에 무엇이 있는지

있는 것을 모르거나 찾아내어도 내 것으로 만들지 못하면 없는 것입니다. 찾으면 부처요 못 찾으면 중생입니다."

"찾으면요?"

"잘 밝히고 키워서 세상, 즉 우주이치를 밝혀서 세상에 전하여 모든 사람이 같이 밝아집니다. 옛날 석가모니란 큰 선생님의 첫 말씀이 '천상천하 유아독존'이라 했습니다."

"무슨 말인데요?"

"본질이 하나이니 나 밖에 없다, 각각이 분신이며 소우주며 내가 모든 우주다. 그러니 모든 것이 내가 중심이고 내 모습이니, 내가 우주 진리를 밝히는 것은 내 모습을 밝히어 새롭게 창조해 가므로 널리 나의 분신들, 즉 세상을 이롭게 하는 것이며 나로부터 비롯되어 내가 만든 것이며 나의 다른 모습이니, 즉 나를 이롭게 하는 것입니다."

"어떤 화두가 좋으세요?"

"처음에는 없다는 '무(無)'자 화두를 좋아했는데, 다음에는 '살 불 살 조'라는 화두를 즐겼습니다."

"무슨 뜻인데요?"

"부처도 만나면 부처를 죽이고 조사를 만나면 조사, 즉 스승을 죽인다는 뜻입니다."

"와, 겁나는 것이네요. 왜 죽여요?"

"하하 죽인다는 뜻보다는 부정해본다, 반대로 본다, 顚倒라는 뜻이 들어있습니다."

"예를 들면요?"

"스승들의 말씀이나 종교에서 그 뜻이 잘못 전해져와 주변사람이나 전해주는 사람이 우상화하고 신격화시켜, 과하게 표현되어 과대포장된 것을 벗겨내어 가려진 실체를 보고 새로운 부분도 찾아봅니다. 또 종교와 스승들의 생각을 깰 수 있어야 더 크고 깊은 것을 볼 수 있으며, 종교와 스승을 더 깊이 이해하게 되는 거지요. 새로운 무엇을 발견하므로, 화두의 참맛과 멋을 알아갈 수 있는 것입니다."

"어릴 적 생각이, 학생이 되어보니 유치해지지요?"

"예 그래요. 더 크면 지금 생각도 좁고 유치하게 보입니다.

그것은 점점 크고 넓은 세상을 보면서, 다르게 보고 다르게 생각하는 것입니다. 항상 다르게 보고 깊게 바르게 보려는 것이 평생 사유하는 화두의 한 부분입니다. 기독교를 믿는 어느 분이 하신 말씀으로, 당신은 명상의 방법으로 어떤 일을 만났을 때, 이렇게 생각하신다고 했습니다. 예수님이면 이럴 때 어떻게 생각하실까"

"사찰의 벽에 그려진 소 그림이 무엇을 뜻합니까?"

"음, 그것은 심우도 또는 십우도(十牛圖)라고 합니다."

"무슨 뜻인데요?" "목동이 잃어버린 소를 찾아가는 과정을 설명한 상징 법으로, 수행자가 잃어버린 자신을 찾아가는 것을 비유한 것입니다."

"어떻게요?"

"처음에는 실마리로 잃어버린 소의 목줄을 발견한다.

찾아 헤맨 뒤 발견해보니 반은 검고 반은 흰 소였다."

"그게 무슨 뜻입니까?"

"우주는 반반의 세상으로, O과 氣, 어둠과 밝음, 무와 유, 음 과 양으로 반대의 성질이 하나로 모여서 모양을 만들었다는 상징 표현입니다."

"그래서요?"

"다음은 소에 고삐를 매고 길을 들여서, 내 마음대로 부릴 수 있어하나가 되어, 고삐 없이도 소(素)등에 타고 집으로 돌아온다. 그 뒤로는, 풀어놓아도 소와 하나이니 금강의 좌가되어서 세상에 흔들리지 않으니, 간섭할 필요가 없다는 이야기입니다. 복잡한 시장 속에 있어도 내 본질을 잃지 않는다."

"소(牛)는 무엇을 상징합니까?"

"소는 한문으로 소(素)로, 뜻은 본디 소, 휘일 소, 바탕 소, 원래 소, 등으로 처음 것을 의미하고, 근원 원(源), 둥글 원, 원만할 원, 온전할 원(圓), 으뜸 원, 임금 원, 하늘 원, 기운 원, 클 원, 백성 원 (元)과 합치면 원소라고 볼 수 도 있습니다. 즉, 우주 처음의 재료인 O과 氣라고 할 수 있지요."

"찾아서 뭐합니까?""그 성질을 알아내고 변화작용의 과정을 알아내서 우주의 이치를 잘 알면, 다른 길에 헤매지 않고 길(道) 을 일어버릴 염려가 없지요. 한 몸이 되면 더욱 좋고 그냥 살아도 소(素)를 타고 가니, 진리로 사는 것이 되니까."

"왜 식사하실 때 수저가 빙빙 돕니까?"

"오늘 내게 맞는 음식이 무엇인가 기(氣)를 활용하여 궁합을 보는 것입니다. 어떤 날은 이것이 맞고, 어떤 날은 저것이 맞고, 그 날의 활동과 몸 상태에 따라 필요한 기(氣)가 다르니, 생각이나 지식으로는 잘 맞지 않습니다.”

“그냥 먹으면요?”

“눈, 귀, 코, 입을 통해 만들어진, 외부의 지식으로 만들어진 자신의 정보에 끌려 먹게 됩니다. 자기가 좋아하는 습관의 것에 욕심이 나는 것, 즉 눈이 좋아하는 것 코가 좋아하는 것, 혀가 좋아하는 것, 홍보에서 귀와 눈으로 들었던 것, 배를 채우는 많은 양, 싫어하는 것은 피하려하는 본능, 음식을 보면서 내가 필요로 하는 것이 무엇인가 관찰하며 본래의 맛을 생각하고, 생각이 아닌 氣로 궁합을 봅니다.

상대를 만날 때도 내 인생을 어떻게 만들 것인가, 내 몸과 인생을 어떤 것으로 만들 것 인가, 그것이 나에게 어떤 영향을 주는가를 생각하며, 앞에 있을 때는 음식과 상대지만 내 입속으로 들어오면 같이 살아가는 내가되는, 나를 만나면 어떤 기운으로 변화는 가. 그래서 오늘에, 또 내일을 위해 궁합이 맞는 적절한 것으로 나를 만드는 중입니다.” “그러지 않는 사람은요?”

“자기의 생각과 욕심으로 인생의 상대를 택한, 그로인한 인생의 부작용과 과소비 부조화로 비만과 편식 등 많은 탈을 가져옵니다. 찌꺼기는 남아 불 연소 되어 그을음은 몸속에 남고, 필요한 기운은 모자라 활동이 점점 약해지고 생각은 한쪽으로 기울어, 다른 변화를 보지 못하고 자기 정보의 습관에 갇혀 사는 것입니다. 욕심과 한곳으로 기울어진 생각으로 보지 못하고, 다른 세계를 경험하지 못해 새로운 변화를 갖지 못하는 것은 큰불행입니다. 내 생각이 아닌 새로운 것에 도전하여 그 세계를 맛 볼 수 있다면 새로운 발견이 아니겠습니까."

"복잡해요."

"아니, 간단합니다. 오늘의 나와 궁합이 좋은 음식과 상대를, 선입감을 버리고 기(氣)를 활용 하면 됩니다.

새로운 것에 손이가면, 새로운 도전이자 경험입니다."

"집의 모든 것에 궁합이 맞나 틀리나 적용하면 되겠네요?"

"맞기는 하지만, 집안 물건은 오래 쓰는 것이니 자주 바꾸면 혼란스럽습니다. 그러니 계절이 바뀔 때, 혹은 한 해에 한 번, 아니면 이사할 때, 새것을 구입 할 때, 점검하여 과연 필요한가, 욕심 때문인가 하고 생각하면 많은 짐을 덜어내어 필요한 사람들에게 주면, 나는 짐을 덜고 물건은 재활용되어 필요한곳으로 가고, 내가 가진 것은 적을수록 좋고, 활동공간은 넓어지고, 머리와 몸은 가벼워 건강해지고 사회도, 국가도, 내 인생과 가족도 서로 조화로운 세상을 만들 수 있습니다.

궁합을 잘 활용해 보면 상대 세상을 사는 우리에게 세상에서 볼 수 있는 답은 궁합이라고 봅니다. 환경과의 궁합, 상대와의 궁합, 결혼, 가족의 궁합, 풍수, 심지어 음식과의 궁합, 옷과의 궁합, 소품, 살아가는 삶속에 만나는 것과의 조화로움, 우리에게 모든 것은 궁합이라고 봅니다.

서로의 만남이 다른 파동과 섞여 좋은 조화를 이룰 것인가, 잘 수용될 것인가, 좋지 않은 간섭파가 되어 불화를 만들고 건강과 인생을 해치지는 않는지 생각해 보신적은?

상대의 기운을 알아보고 두 만남이 어떤 어울림이 되는지의 과정과 결과를 알아 볼 수만 있다면, 그래서 그 원인을 알 수만 있다면 세상에 좋은 지침이 될 수도 있지 않을까요?

많은 수련을 한만큼 보여 지겠지만, 기(氣)를 느껴 표현할 수 있고 선입감만 줄인다면 크게 틀리지 않으리라 봅니다.

작은 노력 속에 큰 효율을 얻어야 좋은 공부라 생각하며, 쓰지 못할 것은 배울 필요가 없다고 봅니다. 현재 동양의학에서 체질을 이야기하며 맞는 궁합과 맞지 않는 것을 구분합니다.

일반사람들이 어떻게 일일이 구분하여 살며, 각각의 개인적인 특성을 무시하며, 환경적인 요인들은 고려되지 않았으니, 지키기 힘듭니다.

효율적인 것은 기(氣)의 반응으로, 궁합에 맞으면 먹고 맞지 않으면 피해가는 기(氣)의 특성, 즉 조화를 활용할 수 있다면 지식의 머리는 필요하지 않을 수도 있을 겁니다.

지식은 지혜가 아닙니다.

"창조론 이 무엇입니까?"

신이 세상을 만들었다는 이야기며, 반대 논리로 '다윈'의 진화론이 있습니다. 신이 만들었다는 창조론은 전 세계의 각 나라, 각 지역마다 창조 역사에 대한 신화가 있으며 전부 이야기가 틀립니다.

아마 환경에 의한 상상력의 차이 인 것 같습니다. 보편화 된 것이, 성경을 만들면서 하나님이 칠일 동안 세상을 만들고, 아담과 이브라는 인류의 조상을 만들었다는 기록이다.

"신이 세상을 만들었다면 세상에서 일어나는 일은 모두 신이 책임져야 되지요."

"책임을 진다. 그러나 세상에는 책임자는 보이지 않고 오히려 사람들은 매 달리며 두려워합니다. 그래서 만든 것이 자기가 만든 창조물에게 벌과 상을 주고, 천국과 지옥을 만들어 말을 듣지 않으면 구분하여 보내는 이해가 가지 않는 신의 법입니다."

"왜 세상에는 책임 실명제라는 제도가 만들어져 있지요?"

"하하, 그런데 묘하게 보이지 않는 세상에는 그 구분이 명확하지 않아요. 특히 종교 에서는 많은 부분이 안개 속으로 불교에서도 천도 한다, 49재를 지낸다, 무속 인은 굿을 한다,

믿으면 극락 간다, 복 받는다 하면서 사람을 모으지만 결과를 아는 사람은 없고 그리고 책임을 지는 사람도 전혀 없습니다.

잘못되면 모두 나의 잘못이고 믿음의 부족으로 돌리며 아니면 신의 뜻으로 돌립니다.

혹, 의심을 가지면 믿음 부족이며 죄가 될까 겁을 냅니다."

"사람들은 세상 창조의 모습을 보지도 못했는데, 어떻게 기억하여 생생히 전했을 까요"

"글쎄요. 의문 중에 하나로, 실지로 창조 때 본 사람은 없습니다. 왜냐, 사람이 제일 나중에 만들어졌다고 하니 보지도 못한 것이 전해 진 것도 이상 하지만, 그 방법도 의문입니다.

글, 그림, 언어가 있었는지도. 그러나 표현을 보면 아주 세밀하고 생생하게 되어 있습니다. 놀랍고 이상합니다. 어떻게 된 걸까?

과학은 지구의 나이를 45억6천만년으로, 인류의 역사를 3억5

천만년으로 봅니다. 무려 41억1천만년의 차이가 일주일이니,
종교나 인간의 생각은 어디에 머물고 있는지.”

“왜 창조 했어요?”

“글쎄. 그게 나도 궁금합니다. 왜 만들려고 생각 했을까.
무슨 이유일까. 만든 자는 누구일까. 당신이라면 책임도 지고,
답을 말 할 수 있을까요?”

“신은 있어요? 하나님은요?”

“있기도 하고, 없기도 합니다.” “왜요?”

“하나님을 만들지 않은 종교에 가면, 하나님은 없고 대신 다른
이름의 신이 있고, 하나님을 만든 곳에 가면 하나님이 있으니,
만든 곳에는 있고, 만들지 않은 곳에는 없습니다.”

“그러면 만들어야 합니까, 안 만들어야 합니까?”

“요구가 있어 필요한 사람은 만들고, 스스로 개척하는 자는
만들어야 할 필요가 없습니다.”

“어떻게 개척하는데요?”

“모든 것이 내속에 있으니 소질에 따라, 필요에 따라, 능력을
개발하고 창조해 나가면 스스로 된 사람이고, 창조자입니다.
세상 창조의 목적은 체험 속 성장과 진화에 있지, 심판과 죽음에
있는 것이 아니며 이러한 진리를 모르면 죽음이요, 바르게
깨달아 알고 실행하는 것이 살아있는 것이다.
지금의 세상은 과거에 묶여있고, 습관대로 살아가고 있으니,
매달린 자가 아닌 스스로 삶을 바꿀 수 있는 새로움을 창조하는
사람이 필요한때입니다.”

"그렇게 하면요?"

"그 사람이 창조신(創造神)으로 그런 사람이 많을 때 세상은 밝아지고 맑아집니다. 사람들은 같은 것을 두고 자기의 환경과 지식, 관습으로 합리화시켜 그것을 굳혀 버립니다.

스승과 종교지도자는 자기 본 바를 주장하며, 가르치고 배우는 자는 그 범위를 벗어나면 탈락자나 이단자가 될까 두려워하면서 다른 관점은 숨겨 버립니다.

사진이나 그림을 그리는 사람이 동일한 대상을 놓고 자기가 좋아하는 방향, 각도, 위치에 따라 표현하니, 원리에서 찾고 과하게 벗어난 것은 가지치기함이 좋습니다."

과거 수행 중에, 채널 링(자동 기술)을 하다가 의문이 생겼다.

무엇이 이글을 쓰고 답해주고 있는가? 며칠을 묻고 파고들었다.

무엇이냐? 너는 누구냐?

묻고 답하는 중에 내가 알고 있는 모든 신들이 차례로 거론된다. 하나님, 옥황상제, 석가, 예수, 우주인, 태초 신, 창조주, 신앙의 대상은 다 나온다. 적절한 이유로 이렇게 자유로이 변할 수 있는 이유 까지도 설득 하며 며칠을 생각한 후 내린 결론은, 나의머리 즉 뇌의 작용 이었다.

뇌는 살아있는 정보의 유기체다. 내가 살아 있듯이.

가장 큰 일은 정보를 모아 상상하며, 많은 상상 속에서 많은 것을 창조해 간다는 것이다.

만물이 환경의 영향을 제일 많이 받듯이 뇌의 정보도 똑 같다.

그래서 계시, 예언 등의 채널 링이 그렇다

뇌의 소중함은 창조에 있다.

많은 정보를 모아 인간이 원하는 쪽에 모아준다.

그래서 인간이 필요한 것을 만들어가는 문명을 이루는 정보 창고이다.

신의세계에서도, 원하는 정보를 잘 만들어 준다.

무엇을 원하는지 잘 아니까. 그러면 맹점은 무엇일까. 쉽게 예를 들면 컴퓨터다.

원하는 것을 입력하면 바로 나온다. 비슷한 정보까지

가려낼 수 없는 우리는 원하는 것을 보고 결정하고 만족해한다.

대단한 지식이 내 것 인 것처럼 때로는 비교, 과시 하면서.

꿈에서 깨어나야 한다. 당신이 바라는 것을 당신보다 더 깊이 알고 있으니, 바람이 있어 선택 하거나 꿈꾸면 그길로 인도 한다.

실제는 당신의 뇌이며 당신이다. 그리고 당신이 원하면 무엇이든지 되어 준다. 하나님에서 천사도, 악마도, 에덴동산, 돌아가신 당신의 가족까지, 당신에게 익숙한 모습으로. 그래서 왜 그렇게 하느냐고 물었다. 답은 시원했다.

내가 만든 것이 아니고, 자기들 스스로 창조했다.

나는 원하기에 맞추어 준 것 뿐, 정보를 제공한 컴퓨터에 책임을 물을 수 없지 않는가.

그러니 만든 자신의 책임이며 정보는 책임이 없다.

처음의 컴퓨터는 크고 용량이 적어 선택된 전문인만 썼지만, 지금은 보편화 되었다. 누구나 원한다면 쓸 수 있다.

그래서 부작용도 많지만, 나는 환상을 싫어한다. 그래서 남들은 나를 논리적이라 한다.

그러나 보이지 않는 세계를 논리로만 풀 수 는 없다.

그래서 직, 간접적인 많은 경험과 비추어 볼 수 있는 기준이 필요하다.

그 기준에 가장 적합한 것이 물이라고 본다.

무색, 무취, 무미, 투명성, 자신의 틀을 갖지 않는, 어떤 모양도 될 수 있고 어느 속에도 들 수 있는 구조, 한 방울의 원리나 전체의 원리가 같은 그 흐름과 변화, 작용들이 많은 것을 보여주고 있다.

보이는 세계와 보이지 않는 세계의 원리는 같다.

우주 이치를 보이는 것에서 찾기도 하고, 보이지 않는 것에서 찾기도 한다.

비교하고 적용해보는 많은 실험이 된, 경험이 필요한 것이다.

물과 氣의 원리는 같은 점이 많은 것 같다. 같다고 보는 것도 무리는 아닌 것으로 생각한다.

修行者가 水行尺가 되어보는 것이 어떨지, 물은 높은 곳에서 낮은 곳으로만 흐르는 것은 아니다.

있는 곳에서 없는 곳으로 흘러간다. 그래서 비워두면 저절로 채워지는 것이다. 액체만이 아니라 기체, 즉 수증기, 습기, 안개 등 고체의 얼음도, 눈, 구름도 높은 곳에서 낮은 곳으로, 낮은 곳에서 높은 곳으로 순환하며 빛, 열, 바람, 주변 환경의 간섭과 어울려 변화하며, 다양한 모습과 이름으로 불리며 변화하는 모습을 우리에게 보여 지는 것이다.

특정 진동과 동진하여 그것을 형상으로 표현해 보여준다.

그것이 물질에 영향을 주는 것도 실험을 통해 보여준다. 깨달음의 지혜를 얻는 방법은 자신이 그것(상대)이 되어 알아가는 것이다.

이공부의 장점은, 우주의 모든 소리를 표현 할 수 있는 소리글인 한글의 장점과 뜻과 의미를 세분 할 수 있는 한자의 장점을 잘 활용하여 사고하는 폭을 넓고 깊게 하여 관찰 할 수 있으며, 직접 경험하고 응용 할 수 있다.

지식이 아닌 머리와 몸으로 익히며 자기 것으로 만들어 간다.

처음의 작용인 元素의 운동을 시작으로 원들의 조립(제도) 과정을 보면서, 원운동과 물질세계(색계)의 연관성을 보므로 모든 것의 주체(근원)가 원운동 이라는 것을 이해할 수 있다.

부호에서 문자로 그것이 모여 문장이 되어가는 체계 있는 과정의 변화를 직접 자신의 것을 표현해 가면서 볼 수 있고, 그 과정에서 자신을 변화 시키는 큰 효과도 얻을 수 있다.

그리고 자기 것으로 만들어 폭 넓게 응용 할 수 있으며 누구에게나 속에 들어있는 것을 자신의 소질에 맞추어 여러 가지 방법으로 밖으로 드러낼 수 있는 장점이 있다.

보이지 않는 세계인 근원의 元素 운동인 회로와 진동, 파동, 氣의 모이고, 흩어지고, 이어지는 과정을 직접 보고 체험하며 자기 것으로 만들어 쓸 수 있으며, 누구나가 쉽게 수행과 일상생활 속에 활용할 수 있으니 현실적인 방법이라고 본다.

잘못 이해하여 일어나는 부작용은 어느 것에나 있으니 그것을 줄이려면 지도자의 배려가 필요한 이유이다.

사람의 관점에서 이해하므로, 일방적인 관점이나 판단을 따르기 마련이다. 그러한 것 들을 이해하고 잘 걸러 낼 수 있다면, 과거의 어느 수행보다 많은 보물을, 누구나가 쉽게 자신에게 맞는 것을 찾을 수 있다고 본다.

진리는 개인의 소유물이 아니므로, 널리 펼 수 있다면, 세상에 새로운 깨달음의 혁명이 될 수 있다고 확신한다.

세상 사람들이 그려놓은 그림과 그것에 붙여놓은 상과 이름들을 지우지 않으면 우리는 참 모습을 볼 수도 될 수도 없다.

부처, 보살, 신이다 하는 명호들이 길을 나누고 혼란을 가져온다.

평범하게 선생님으로 했을 때, 노력만하면 누구나가 될 수 있고 평등해진다.

서로의 차이점은 존경하는 마음으로 대신하면 어떨까.

O은 형상이 없고 이름이 없고 이룸이 없고 행함이 없으므로, 얻을 것도 받을 것도 없다. 본래로써 원만 청정하다.

진리도 본래는 없고 상대적이니 있어도 정해진 것이 없으니, 모든 것이 상대세계에서 정하고, 이름을 붙인 것이다.

보고 듣는 것은 실체가 아닌 상의 작용이며 상징이므로 속을 보아야 한다. 겉에서 실체를 볼 수도 알 수도 없다.

그것을 벗어나면 내가 어떻게 이루어지고 행하는가를 알아가며 얻고 나서 상이 없는 것과 얻지 못하고, 상이 없다고 생각하고 아는 것은 진정한 없음이 아니다. 마음에 상과 분별을 버린다.

모든 것이 속에서 이루어져 만들어가는 것이므로, 속의 변화 따라 드러나는 것이다. 상대세상은 나라는 것으로 시작되어 내가 만들어 가는 세상, 나의 세상을 어떻게 그릴 것인가, 그것을 제도라고도 한다.

내 속에서 진정한 나를 찾는 방법을 아는 것이 답이 아닐까, 본래 형상 없고 이름 없는 것이 생멸로 계속 변화하니 이것이라 할 것이 없으나, 상대 세상은 변화 속에 균형이라.

불완전과 완전으로 공유하며 변화하는 것이 최상이다.

다른 것이 모이어 새로운 것이 발견되고 태어나는 것이다.

세상 모든 것이 어울려 하나의 세상을 이루고 있다.

나를, 우리가 하나라는 것을 안다면 나라는 것도 사라진다.

너 가 나이므로, 서로 통하고 알 수 있다. 속속들이 내가 만든 그로부터 선택되어 만들어졌다. 처음부터 마지막도 내가 만든 자신(自 神)과 타협이다. 타협이란 서로의 이익을 나누는 것이다.

영원히 가져 갈수도, 가져 갈 것도 없는 것을 두고 내게 주어지는 이익이란, 부와 즐거움, 2인자의 안정된 자리, 존경과 권위, 속에서 보면 상, 이름 모두 허망한 것이다.

또 다른 내가 가지는 것은, 신을 내세운 무리의 복종 세력들이 짜놓은 교리와 권위에 도전하는 적과의 싸움.

내가 만든 신(머리)들의 싸움에서 우위를 갖는 것이다.

나와의 타협, 결국 나는 허망한 환영을 쫓아가는 허수아비, 그것에 사명과 의무를 갖고 이름만 바꾸는 신의 부림(부름)에 따르고 있는지도 모른다.

그러나 신이라도 우주 법칙은 바꾸거나 어길 수 없다.

그러나 비슷한 환경에서 연을 바꾸고, 세뇌 시켜 끌어간다.

전지는 해도 전능은 아니다. 나를 통해야만 되기 때문이다.

세상을 보라, 신을 인간이 대행한다.

나와 그들이 만들고 내세운 허상이다.

인간의 욕망이 만든 상징일 뿐이다.

그 상징이 구속하며, 세력을 모으고 힘을 가진다.

권위와 권능을 가지는 것이다. 그로서 전지전능이 되어간다.

겉보다 속을 보는 세상을 만들고 싶다.

진실로 존재하는 것은 움직인다. 스스로, 저절로 들어난다.

돈다, 중심이 생긴다, 밀고 당긴다.

돈다, 시작이다. 돈다, 움직인다.

돈다, 로 만들어진 세상, 놀랍지 않은가.

움직인다, 돈다, 변화한다, 파동이 생긴다, 진동한다, 수축 팽창한다, 회전이 수축을 강화 시킨다.

원심력이 약하니 중심으로 당긴다.

블랙홀과 화이트홀 수축과 팽창이 전체를 만든다.

"풍수가 무엇입니까?"

"옛날에는 거센 바람과 홍수에 피해를 입지 않기 위해 안정된 자리를 찾았습니다. 그러니까 자연피해를 벗어날 수 있는 곳을 찾다보니 자연의 이치를 연구하게 되고, 그것을 오행, 즉 나무, 불, 쇠, 물, 흙의 기운에 비유하여 어느 기운이 강한지 약한지를 보고, 주변의 모양을 보고, 기운이 어떻게 흐르는가, 즉 변화하는가를 보고 어디에 쓰면 되나 서로의 궁합을 보는 것입니다. 그 기운을 '용'이라고도 합니다."

"어디에 쓰는데요?"

"과거에는 나라의 수도를 어디에 둘 것인가, 농사 피해를 입지 않으려면 어디가 좋은가, 집을 어디에 지을 것인가, 사람이 죽으면 어디에 묻을 것인가, 어느 쪽으로 집을 지을 건가, 비바람과 찬 기운, 뜨거운 기운을 막기 위해 방향을 보고, 어디에 나무를 심고 담을 만들고, 어디에 못을 만들고 등 모든 곳에 쓰입니다."

"지금은요?"

"지금도 과거와 많이 다르지 않지만, 주로 돈, 출세, 명예, 사람과의 궁합, 사람도 오행의 기운이니까 자기의 이익을 위해 땅, 집과 집안장식 물건위치, 장사자리, 회사자리, 선택에 쓰입니다."

"보면 아세요?"

"척 보고 알면, 머리가 혼란스러워 죽습니다.

꼭 알아야 할 것을 열심히 연구해서 알고, 氣로 봅니다."

"풍수 보시는 분은 보면 잘 아나요?"

"그러려면 연구를 깊이 해야지요. 아는 만큼 보니까요."

"틀리면 어떻게 되는데요?"

"세상에 완벽한 것은 없습니다. 각자의 실력에 따라 맞을 수도 틀릴 수도 있고, 몇 %가 맞는가는 보려는 사람의 인연일수도 욕심일수도 있고, 어찌 됐든 열심히 연구해야 잘 보이겠지요."

"방법은요?"

"옛날부터 내려오는 책들이 있으니 그것으로 배우고, 기운에 민감한 사람은 그것으로 판단하고, 모든 것이 기운이면서 변화니까, 기운과 기운이 만나 간섭을 이루었을 때 어떤 무늬가 그려지는가 하는 궁합으로. 모든 원리는 같습니다."

"수행하시다 실수도 많았을 것 같은데요."

"음, 많았지요."

"하나만 들려주신다면?"

"지금도 생생한 기억으로, 수련회 때 토론이 벌어졌습니다. 불교식으로는 법 거량이고, 그냥 칼(刀) 싸움입니다. 어느 칼이 잘 드는가를 비교 하는 거지요"

"힘 센 자가 이기는 것 맞죠?"

"그런 때도 있지만, 수련된 자 만의 절대 기술도 필요한 거지요. 한칼에 이길 수 있는."

"그래서요?"

"내가 나가서 한참 신나게 떠들었지요. 내 주장이 어떠냐고, 누구든 덤비라고."

"그래서요?"

"다들 조용한데 스승님이 부르셨어요. 가까이 가니, 종이에 글을 쓰셨어요." "뭐라고요?"

"그 글은 '그 칼 끝 없어 요' 하시고, 칼끝이란 글에 동그라미를 치셨어요."

"무슨 말인데요?"

"경상도 분이니 사투리로 '그럴 것' 없다는 표현이셨지요."

"그래서요?"

"나는 칼끝이란 말에 온 생각이 쏠려, 그것만 보였어요.

아! 선생님이 '칼끝', 즉 道의 끝을 인정해 주시는구나.

같은 발음인 道로 듣고 기뻐서 어쩔 줄 모르는데,

갑자기 벽을 보고 30분간 명상을 하라고 하셨어요."

"그래서요?"

"시키는 대로 30분을 앉아있으니, 흥분이 가라앉아 '없어 요'

글자가 보이는 겁니다. 그 순간 당황하고 죄송하고 낯이

뜨거워져, 가서 무릎 꿇고 빌었지요."

"무슨 뜻 입니까?"

"'도에는 끝이 없다'는 말이죠."

"재미 있으셨겠네요?"

"그 뒤로는 절대, 무엇을 깨달았다는 생각이 사라졌습니다.

그 때만큼 알게 되고 알게 된 것이 절대(節大),

즉 한마디 맺음으로, 그것이 가장 크게 보입니다.

그래서 절대라고 하면, 다음에 보면 또 절대가 보입니다.

영원히."

"수행하시는 분들이 깨달음 하시는데요. 그게 무엇입니까?"

"음. 그것은 가려져있는 우주의 이치, 또는 세상이치, 자연, 만물,

사람과의 관계를 수행으로 알아가는 방법이지요."

"어떻게요?"

"방법은 많이 있습니다. 참선, 염불, 기도, 주문, 채널 링 등

각자의 소질과 인연에 따라 수행방법을 만들어갑니다."

"진짜 깨닫게 되나요?" "되니까 많은 분이 수행하고 있지요.

깨달음은, 소리글로는 깨서 닿는다는 의미도 있으니, 단단히 가려진 것도 계속 두드리면 깨어져 열리게 되어있습니다."

"한 번에 탁 깨닫게 되나요?"

"그런 것은 없습니다. 깨달음은 끝이 없다고 전에 이야기했지요. 불교에서는 그 길을 크게 두 가지로 나눕니다.

돈오돈수와 돈오점수로."

"그게 뭔데요?"

"한 번에 크게 깨닫는 것과, 작은 깨달음이 하나하나 모여서 큰 깨달음을 가진다는 뜻입니다."

"어느 것이 더 좋은데요?""좋고 나쁜 것이 없습니다. 각자의 수행방법으로 각각 장단점이 있습니다." "뭔데요?""깨달음이란, 어떤 면을 비교하면 퍼즐게임과 같아,

흩어져 있던 생각과 경험, 지식, 등을 한 줄로 연결해 이어서 큰 답을 만드는 것과 비슷한 면도 있습니다.

그래서 돈오돈수는 큰 답을 얻었지만, 현실적 경험과의 연결에 현실성이 부족해, 그것을 채우기 위해 만행이나 보임으로 현실을 경험하며 내 것을 만들어 가야합니다.

돈오점수는 하나하나 쌓았기 때문에 다시 돌아보고 맞추어 보는 것이 많이 필요치 않습니다."

"어느 것이 빨라요? 단번에 깨치는 것이 좋은 것 같은데요?"

"둘 다 비슷하고, 각각의 장점과 단점이 있으니 빠른 것 같으면서 다시 채우고, 느린 것 같으면서 다시 설거지 할 것이 적으니, 둘 다 같이 쓰면 더 효율적이겠지요."

"만행과 보임이 무엇입니까?"

"그것은 생각과 가슴과 몸으로 깨달은 것을 상대세계인 세상현실과 맞추어 보는 보충수행으로 자기의 깨달음이 현실적으로 맞나, 왜 맞지 않나 하고 나를 알려고 짧은 시간에 많은 곳을 다녀보고, 여러 가지를 경험해보면서, 자기의 깨달음을 고칠 것은 고치고 더 단단히 바탕을 다져 내 것으로 만들면, 절대 깨어지지 않는 자신의 깨달음이 된 것을 무엇으로도 깰 수 없는 금강의자리라 해서 금강좌'라고도 합니다."

"어디를 다니는데요?"

"장소는 정해진 것이 없으니 어떤 때는 인연 따라, 아니면 내가 경험해보고 싶은 것을 찾아 어디든지 갈 수 있지요."

"그 다음은요?"

"돌면서 경험한 것을 정리하여 자기 것으로 만들어야 하므로 조용한 곳에서 다시 참선 수행하므로 불교에서는 '안거'라 합니다. 만행과 보임을 반복하며 크고 높은 수행으로 만드는 것이지요."

"계속 돌고 돌아야 하나요?""아니지요. 우주이치는 줄이면, 내 주변에 더 줄이면, 나한테 있으니, 옛날 말에 파랑새를 찾으러 이리저리 다니다 못 찾았는데 집으로 돌아오니 그곳에 있다는 이야기가 있습니다. '파랑새는 내 집에 있다', 어쩌면 내속에 다 있을지도 모릅니다. 우주의 이치와 다르지 않습니다. 펼치는 팽창의 만행과 조용히 모으는 수축의 안거가, 반복하며 돌아가는 세상과 그러면서 변해가는 생각과 세상 돌고 수축 팽창을 반복하는 모든 것이."

"다 깨달으면 어떻게 되는데요?" "글쎄요. 우주는 무한하니까 끝이라는 것과 완전 완성이란 없는 것 같습니다. 그때에 깨달은 만큼 아마 우주를 알수록 잘 쓸 수 있으니 오고 가는 것이 자유로워지지 않을까요.

걸림 없이 하고 싶은 것을 하면서."

"사람이 살아가는데 가장 기본으로 우주 법은 뭐라고 보세요?"

"우주는 돈다. 인과응보다. 내가 지은 좋고 나쁜 일도 언젠가는 다시 돌아온다. 그것은 누구도 피할 수 없는 법(法)입니다."

"잘못한 것을 피하는 방법이 있어요?" "생각해보니 나쁜 짓 한 것이 생각나지요?"

"누구나 그렇지요"

"피하는 방법은 바꾸는 것입니다. 미래의 개구리모습이 되는 것 기억하지요. 제일 좋은 방법은, 생각을 바꾸면 습관과 삶을 바꾸는 것 입니다. 멀리 미래를 생각하고 지금을 살며 나를 새롭게 바꾼다면 그것이 가장 좋은 방법입니다."

"좋은 짓인지 나쁜 짓인지, 구분이 안 될 때는요?"

"태양을 중심으로 지구가 도는 것을 공전과 자전으로, 사람이 사는 세상에도 사람이 만든 법(法)을 다 모아서 줄이면 두 가지로 압축할 수 있습니다. 쉬운 말로 공존과 자존으로, 우주와 사람이 살아가는 가장 기본질서입니다.

전체의 질서를 깨트리지 않고, 또 개인의 생활도 지켜줄 수 있는,

그것을 위해 모든 법(法)이 만들어졌습니다.

지구상의 모든 나라가 지구를 지키고, 서로 평화를 유지하고 살려고 노력하고, 다른 나라를 괴롭히거나 침범하지 않는다면, 각 나라 국민이 서로 공동생활을 잘 지키므로 질서가 유지됩니다. 빨간 신호에는 서고, 파란신호에는 가고, 공유하는 공공장소는 깨끗이 잘 쓰고, 개인의 생활이 보호 받을 수 있도록 한다면. 가정에서도 마찬가지로, 가족들이 모두 가정을 유지하기 위해 조금씩 양보하고 희생하면 편안한 가정이되고, 또 한편으로는 개인생활과 자존심을 침범하지 않는다면 행복한 보금자리가 될 수 있다고 봅니다. 사랑하면 가까워지고, 너무 자존심을 내세우면 멀어 지거나 깨어집니다."

"병은 왜 생기게 되나요?" "병은 인과응보에 따라 생기기도 하고 미래의 자신을 바꾸는 필요에 의해서도 생깁니다. 몸은 영혼과 자신의 정보가 담긴 그릇(병)으로 육체란 병이 만들어 졌으니, 태어나는 것부터가 병으로 본인 삶의 방향과 위치에 따라 각각 다른 모양으로 되며, 그릇에 따라 잘 쓰면 도움이 되고 잘못 쓰면 부서집니다.

즉, 탈이 생기는 것입니다. 병의 원인을 크게 나누면 과거의 인과로 만나는 환경, 그로 인한 생활 습관이 누적되어 나타나고, 생각이 좁고 굳어져 살아가면서 상대적인 사고와 부딪치며 그 충격을 견디지 못해 생기는 '스트레스', 즉 '화'가 원인이 되어 생기며 대부분이 스스로 만든 것으로, 내 탓이므로 병의 원인을 찾으면 치료하면서 자신을 아는데 큰 도움이 됩니다. 그것을 병을 쓴다고 합니다."

"자기를 아는 방법은요?"

"스스로 알기는 어렵지요. 사람은 자기에게 익숙해 있어, 보는 눈이 가려져 있습니다. 그래서 다른 사람과 비교해 보고 남이 자주 지적 하는 것을 듣고 고치면 많이 알 수 있습니다.
그리고 객관적 눈을 가진 의사나 전문가에게 상담합니다."

"건강한 사람도 많이 있습니다."

"건강해도 병이 될 수 있습니다. 건강 하다고 함부로 살면, 병이 있는 사람보다 더 큰 병이 생길 수 있습니다.
또, 아파보지 않았으니 자만심으로 자신을 돌보지 않아 큰 병이 되어서야 발견 하는 예 가 많이 있으며 그리고 남의 아픔을 이해하지 못하므로 병을 이해하는 사고의 폭이 좁으니 병도 됩니다.
아픈 사람도, 잘 치료하고 이해하면 건강한 사람보다 더 오래 살며, 병을 알면 자신을 변화시켜 삶이 변합니다."

"병이 생겼을 때는 어떻게 해요?"

"의사에게 치료하며 원인을 생각합니다.
내가 잘못한 것이 무엇일까, 왜 계속 모르고 그래 왔을까, 또 크게는 세상의 환경과 전쟁, 파괴 등 사람의 욕심과 무지로 생긴 병을 볼 수 있다면 넓은 세상을 보는 눈이 커지며 생각이 넓어집니다. 고치는 방법을 찾고 연구해서 세상에 도움을 주고 우주의 이치를 알아 가는 것입니다."

"병은 나쁜 것 이죠?"

"꼭 그렇게만 볼 수 도 없습니다. 수행자, 예능인, 체육인들은 현재에서 벗어나 자신의 한계를 넘기려 고통과 탈을 스스로 만들기도 합니다. 자신에게 드러난 병을 잘 이해하면 새로운 모습으로 바뀝니다. 누구나 자기의 변화가 그냥 주어지지 않습니다. 그것을 잘 극복 한 사람은 이긴 자로, 새로운 생각과 몸으로 다시 태어납니다. 우리말의 탈은 꼭 병만이 아닌, 국가나 마을, 집안, 이웃, 친척, 심지어는 잘못 만들어진 음식까지 안 좋은 일이 생기면 모두 탈로 보았습니다.

병을 잘 고치는 사람은 기술자이며, 사람들에게 병의 원인을 밝혀주고 생각과 습관을 고쳐주는 사람이 진정한 의사 이며, 세상을 고치려는 대 의사, 성인이며 좋은 선생님 이라고 봅니다. 나를 파악하고 현재의 조건과 조절, 타고난 소질, 상대와의 궁합, 몸 상태 점검, 과한 것 모자라는 것, 환경파악, 효율과 위험성 방지, 적절한지도, 자신, 가족, 이웃, 나라, 세계, 우주, 나는 어디까지인가. 자(尺, 자, 법, 법도, 길이)가 있으면 자유인, 자연인입니다."

"우주의 金尺, 한글과 한문"

우주는 O과 1로 되어 있다. 한글도 氣의 O은 입자의 운동이고, 1 은 氣의 집합체로 생긴 틀로 둘은 동시에 같이 작용한다.

그래서 O=1, O과 1은 같다. 또는 둘은 하나다. 같을 여(如)자로 표시 할 수도 있다. 이 둘의 작용, 잇고 끊고, 즉 조합과 분산의 변화에 따라 만물이 생멸하며 변화한다.

한글은 우주의 이치와 거의 같은 원리로, 볼수록 신기하다.

우주를 크게 나누면 소리와 수리로 되어 있다.

소리의 세계, 진동과 파동, 음(소리)과 그로써 짜여 진 소리 (바탕이 그려진다)의 세계, 보이지 않는 소리(음파 진동의 간섭이 상을 만든다)의 세상과 그 짜임이 보이는 세상으로, 모양을 나타내면 수리(數理)의 세상이 된다.

모양에 따라, 수(數), 량(量), 형(形), 질(質)로 방향과 위치에 따라 환경의 영향으로 각각의 특징을 가진다. 보이지 않는 소리의 세상에서 짜여 진 것이 보이는 세상으로 드러내니 우리의 머릿속 정보가 입을 통해 소리를 내고 그것을 글로 표현하는 것과 같다.

이러한 우주의 원리와 똑같은 한글은 소리글로 O이 주도하는 모음 10개와 氣가 주도하는 자음 14개가 합하여 24개의 부호의 조합으로 방향과 위치에 따라 우주의 모든 소리를 표현할 수 있으니 신비할 뿐이다. 소리글의 형성과정은 O운동과 l, 기의 변화를 시작으로 많은 변화를 가져온다.

그것은 회로(回路), 즉 다시 돌아오는 길, 불교식으로는 반야(般若)로 같은 의미로 같은 곳으로 되돌아온다는 뜻으로, 그것이 어느 쪽으로 방향을 가지고 서로 이어지면 부호라고 한다.

그 부호들이 이어져 모양을 가진 것을 문자라고하며, 문자들이 이어져 길게 풀어쓴 것을 문장이라고 한다.

다르게 보면, 사람의 가족모습과 같다. 성이 다른 부(父)와 모(母)가 서로 만나 하나가되고, 그로부터 자식이라 부르는 부호가 만들어지고, 부모와 자식이 어울려 가족이라는 문자가 되고,

많은 삶의 이야기를 만들어가는 문장의 세계와 별 다르지 않다.

자연과 환경, 풍습에 영향을 받으며, 각각의 다른 가족 모습의 문자가 만들어지고, 삶의 문장이 각각 다른 언어 쓰는 사람이 만들어낸 삶의 이야기, 그러나 내용이 달라지는 책과 같다고 본다.

모음에서 강한 표현은 야, 여, 유, 요 로 표현하며 O의 에너지가 左로 모이면 '어', 右면 '아', 上이면 '오', 下이면 '우', 中央은 '으'와 '이'로, 소리의 발성을 잘 쓰면 자신의 모자라는 氣를 보조 할 수도 있다. 자음은 氣가 주도하여 방향과 펼침과 거둠, 즉 수축과 팽창으로 서로를 이어준다.

모든 부호가 우주의 기본 틀 內에서 짜여있다.

그것을 이해하는 구분법을 먼저 만들어야 될 것이다.

한글의 받침은 우리가 딛고 살아가는 바탕이다.

한글의 문자는 위, 아래, 좌, 우의 네 등분의 자음과 그 방향을 제시하는 모음의 조합으로 되어있다.

같은 표시를 두 번 쓰는 강한 표현과 어떤 받침, 어떤 바탕을 가지는가에 따라 다양한 표현을 할 수 있는, 가장 합리적이고 효율적인 글이면서 놀라운 우주적 표현법이다.

부호가 모여 문자를 이루면 많은 의미들이 함축된다.

예를 들면, 혜(惠)자를 파자해 보면, O과 1 다음은 '여'(如), 같다는 뜻과 '예'와 예절과 같은 마음으로는 '혜' 초월성, 지혜 즉 객관성을 가지고 밝게 본다는 의미들이 함축되어 있다고 보면 수행에 도움이 되지 않을까요?

발음으로는 해(日)로, 밝게 본다는 뜻으로도 생각해 본다.

우주는 O과 1로 되어있다.

O=1, O과 1은 같다(如), 둘은 하나로 본다면, 돔과 동시에 짜는 氣의 원리를 알고 행할 수 있다면 우주와 같아 질 수 있다고 이해할 수도 있다.

원소의 운동 원리와 동시에 氣로 짜여 지는 O과 1의 관계, 그것을 알고 쓸 수 있다면 우주를 만남에 큰 도움이 되지 않을까? 우주의 처음인 O과 1을 한글부호로 보면 'ㄱ'으로, 위(天)가 펼쳐지면서 동시에 미래적인 것이 설계되어져 존재하는 O과 氣의 설계도로, 사람으로 보면 행동으로 옮기면서 같이 형성되는 뇌의 기억과 길이 같으며 소리글로는 발음도 비슷한, 기억 = 기역으로 표현된다.

'ㄴ'은 서로 엮이어 짜여 지는 뇌의 정보가 아래 세상에 작용으로 드러나는 원리로, 말장난 같지만 이해를 돕기 위해 비유해 보았다. 다른 표현의 부호를 예로 들어보면, 방향에 따라 'ㅣ'은 세우다, 아래로 풀어내다, 세우는 길로 보며 'ㅡ'는 넓히고 줄인다, 옆으로 펼치는 가로의 부호며, 모든 것을 모아 틀을 만든 'ㅁ'의속은 '+' 두 방향의 힘이 작용하고 있어 '田'으로 표현하며, 한자의 밭(田)이라는 뜻으로, 짜여 진 나의 정보,

즉 씨앗을 모아놓은 바탕으로, 그것이 모여 있을 때는 '모'라는 부호와 문자로 표기되며, 사람으로 보면 어머니(母)에 해당하며 그 모은 것으로 틀을 이루면 몸으로,

우리의 생각이 모여 육신을 만들어낸 것과 같다.

그 모은 것이 펼쳐지면 방향이 달라지면서 '모'가 '머'가 되어 그리(理)의 틀을 가지니, 즉 머리가 되어 자기의 모든 정보가 뇌속에 틀을 짜놓은 것과 같다. 안에 있으면 머릿속의 뇌, 즉 생각의 정보 집합체이며, 그것이 마음이 되어 파로써 나를 움직이고 밖으로 표현되어질 때, 세상의 환경과 만나면서 말, 즉 소리로 되어 진다.

'모'가 세상에 드러나면 '무'라 표현되며, 보이지 않지만 짜여 진 세상으로 우리는 무(無), 공(空)이라고도 표현한다.

세상에 드러나면 '부'로 표시되며 아버지가 밖으로 활동하는 모습으로 볼 수 있으며, 세상과 만나 에너지(氣)를 불태우며 불이되어 자신을 태우며 살아가는 모습으로, 세상은 氣를 쓰고 사는 불속일수도 있다.

한글은 소리글이지만 한문은 뜻글이다.

한글의 '구'라는 문자에, 한자는 332가지가 넘는 뜻이 들어있다.

"이름은, 이룸입니다."

가벼운 이야기로 이름에 대해 의견을 말할까합니다.

이름은 한글의 소리로는 무엇이 되라는 이르름의 길이며 무엇이 되면 '이룸'이다. 부모와 주변이 그렇게 되었으면 하는 바람이 담긴 의미 깊은 소리이다.

유교에서는 성인식 날 행사의 하나로, 어릴 때 쓰던 '아명', 즉 평소 부르는 이름을 버리고 '자'와 '호', 두 이름을 지어준다.

과거를 잊고 새로운 이름, 즉 새로운 삶을 이루기를 바라며 평소에 쓰는 육신의 이름인 '자'와, 정신적 방향으로 '호'를 짓는다. 우리가 본받을 풍습인 것 같다. 대체적으로 지은 이름을 보면 그 사람을 그대로 표현한 것이 많다고 본다.

세모꼴을 보고 '삼각', 네모꼴을 보고 '사각'이라고 이름 붙이듯이 실지 이름은 과한 것은 줄이고 모자라는 것은 보충하는 것으로, 세모꼴을 보고 '사각'이라 짓고 네모꼴을 보고 '오각'이라고 짓는다면 '각'이 줄어 더 부드러워져 삶을 사는데 부딪침이 적어 목적을 이루는데 도움이 되지 않을까 하고 본다.

세상에는 크게 세 가지 유형이 있다고 본다.

원 방 각(○ □ △)으로, 삼각형은 원이 될 수 없다고 본다.

이름을 고치고 잘 지어도 힘들다고 본다.

원의 성질은 부드러워 경쟁력이 약해서 봉급생활자가 적당하며, 삼각형의 성질은 각이 날카로우니 경쟁사회, 즉 상업이나 사업가로 적절하며, 사각형은 둘의 성질을 조금씩 가진 중간형이다.

흔히 이루지 못할 큰 이름을 가져 그 氣에 눌려 사는 분도 가끔씩 본다. 적절하게 노력해서 이룰 수 있을 만큼이면 한다.

하실 수 있다면, 괜찮은 방법으로는 소리글이다.

한글로 보충할 수 있는 이름을 짓고, 한자의 문자로 부족하고 과한 것을 찾아 세심하게 분류하여 방향을 잡아준다면 좋은 '이름'과 '이룸'이 성취되리라 본다.

의사가 진료하듯이 타고난 소질을 읽고 그에 맞추고 감당할 수 있는 처방이라면, 조화로운 변화를 만들어 갈 수 있는 '이름'의 氣가 영향을 줄 것이며 좋은 이름이라고 본다.

좋은 잣대로 수축 팽창과 공전 자전으로 도는 속에 답을 본다.

자신을 돌아보고, 절대법칙의 인과응보와 가고자하는 목적에 맞게 잘 돌고 있는가? 너무 조인 것은 아닌가, 너무 풀린 것은 아닌가, 지금은 조여야 할 때인가, 풀어야 할 때인가, 어느 쪽을 조이고, 어느 것을 풀 것인가, 굴러감에 맞추어 객관적으로 볼 수 있다면 처음의 운동과 氣에는 선악이 없다. 수축과 팽창, 선과 악, 진동과 파동, 우주 운동의 두 얼굴이다. 상대적으로 존재하므로 무한의 변화를 가져올 수 있다.

종교로 보면 신의 두 모습이며 내속에 있는 것이다.

자식을 바로잡기 위해 나무라는 부모가 천사일까? 악마일까?

자식의 입장에서 악마로 보이고 부모의 입장에서는 자식을 위해 악을 쓰고 있다. 선과 악을 잘 활용할 수 있다면 훌륭한 부모이다.

모두 자기 바람에 최면이 걸려있음을 모른다.

스스로 걸기도 한다. 그것이 큰 사명인 것처럼 다른 사람과 투쟁도 불사하며, 온갖 수단을 동원하며 당연한 듯이 계속 파동을 타고 점점 빠져들며 바람이 돌고, 돌고, 생각이 돌고, 돌고, 골속에, 굴속에 숨어있는 자를 아는가?

나의 바람을 잡고 부리려는 자를 내속에 있어 나를 가장 잘 아는 자를, 바라기만하면 무엇이든지 되어주는 자를, 당신을 메 달고 있는 자를 상상에 맡긴다.

내가 바라는 바람에 점점 빠져 나도 모르고 있다.

그것이 의지가 되어, 의지하고 기대어 기대하고 희망으로 산다.

오랜 습관이 되어 그것이 무엇인지 모르는 채,

그것은 내 정보로 굳어져 구분 되지 않는다.

당연한 것처럼, 누리는 것이 자랑인 것처럼, 마치 노력의 결과인 것처럼 바람을 잠재우면 호수의 달이 바로 비추어진다.

현재의 내 모습과 진리도, 출렁이고 찌그러진 달은 현재의 내 모습이다.

가끔씩 하늘을 보고 비교해 본다. 무엇에 눌려있는지, 왜 바람에 맞추어 흔들리고 있는지, 내가 만든 세상의 바람에 깃발이 춤춘다. 내가 일으킨 바람인데, 나의 바람에 끌리어간다.

그 바람에 속고 살다 가는 인생이 슬프다.

지금의 많은 현대인들은 과거의 왕들만큼이나 호사를 누린다.

왜 같은 세끼음식을 먹고, 누구는 나라를 걱정하고, 세상을 걱정하고, 누구는 가족을 걱정하고, 누구는 더 잘 먹고 잘사는 방법이 없는 가 고민한다.

어떤 이는 단식을 하며 세상을 걱정하고, 어떤 이는 방탕 속에서 더 큰 욕심을 부린다.

없는 자는 갈증으로 목이 메 이고, 있는 자는 더 가지려 목 을 메고, 자기 환경 속에서 안정된 틀을 만들기 위해 애쓴다.

안정도 욕심이라는 것을 모르는 채. 인간이 만든 종교나 법이 아닌, 우주의 법으로 살아갈 수는 없을까?

대자연속에서의 여유, 각각의 환경과 어울리는 개성 있는 삶, 오지의 원주민들이 대 자연 속에서 그들의 생활방식과 환경을 침해당하지 않고 더불어 살아갈 방법은 없을까?

왜 나의 관점과 욕심에서 판단하고 고치려하는가?

편리함과 문명이 마치 행복의 척도인 것처럼 지구는 왜 더욱 황폐해지는 걸까. 각자의 삶을 존중하고 소질과 개성을 살려주고, 비교하지 않고, 있는 그대로를 인정한다면 하늘의 별들처럼 별별 사람과 동식물들이 있다면 우리의 감성은 더욱 풍요롭지 않을까?

삶의 바람이 이미 만들어진 사람의 인생은 쉽다.

더 이상 개척 할 필요가 없으니 정착해서 누리면 되니까.

항상 변하는 자는 어렵다. 가진 것을 버리고, 새로운 것에 맞추고 적응해야 하니까요, 바람을 줄이고 자신을, 낮춘다는 생각이 잘 사라진다.

나를 높이고 즐기는데 잘 빠지니 지혜는 높이고 나를 낮추고 욕심은 줄이는, 멀리보고 넓게 보고 인내하기가 어렵다.

예언의 적중률은 연상되는 모습이나 소리(발음)가 비슷하면 끼워 맞추기를 한다. 비슷하다고 생각 되면 더 가까운 것을, 그리고 많은 것에서 찾아 합리화 시킨다.

예언은 시(詩)와 같아서 풀이에 따라 달라진다.

큰 원을 세운다. 이루지 못할 만큼. 그래야 계속 할 수 있으며, 조그만 이룸에 정착하거나 끝나지 않을 것이다. 나중에는 그 원도 버려야 된다. 그 바람이 나를 묶어 놓을 수도 있으니까.

우리는 이미 어릴 때 전체와 살아가는 법, 즉 공중질서와 남을 배려하는 법, 좋은 일과 나쁜 일을 구분하는 것을 배웠다.

자기의 욕심에 가려져 그것을 행하지 않을 뿐, 기본 예의와 질서만 지켜도 당신의 수행은 절반의 수고를 덜 수 있다.

만행의 기본은 공존과 자존의 삶이니, 나를 찾기보다는 우주의 이치를 생각한다. 나를 찾다보면 좁은 사고와 주변에서만 사물의 이치를 보려는 습관이 든다.

좀 더 우주와 자연으로 눈을 돌리면, 돌아가면서 변화하는 세상이치와 나의 관계, 만나면 돌아가는 물의 순리와 맑을수록 깊이까지 훤히 보이는 모습, 모였다 흩어졌다하면서 큰 바다를 이루기도하고, 수증기도 되고 구름도 되고 비도되는, 어디든 비워있는 곳을 채워주는 물의 변화를 관하여 보는 것도 좋은 수행입니다.

우리는 짜여 진 관습이나, 가려져있고 굳어져있는 바깥모습에서 무엇을 찾기는 어렵다고 본다.

그래서 안에서 찾아 밖으로 맞추어보는 관점이 좋을 것입니다.

불교에는 중생제도라는 말이 있다. 즉, 중생을 교화시킨다는 이야기겠지만, 그대로 직역하면 중생의 제도, 즉 설계도를 바꾼다는 뜻도 있습니다.

그물처럼 짜놓은 자신의 잣대로 만든 생각의 기본 틀일 것이다.

모든 것을 원인에서 답을 구해본다.

우주의 절대법칙인 인과응보에 맞추어보면, 처음시작인 것에서 본다면 쉽습니다.

머릿속을 좋은 글들과 말들로 채우지 않았으면 좋겠다.

행 할 수도 없는 지식들, 특히 종교적 언어들은 형이상학적인 무분별한 말들이 우리를 혼란 속으로 끌어들인다.

쓸 수 없는 것은 배우지도 말라는 것으로, 현실적이어야 한다.

어릴 때 어머니 품속에서 마음껏 뛰놀았다.

사고를 쳐도 보호해주는 것이구나, 그 품을 떠나보면 당신의 품이 그렇게 넓고 편했을 줄이야, 뒤늦게 알게 된다.

기댈 것이 있는 자는 자기마음대로 살아보기도 한다.

그러나 무엇에도 기댈 것 없어야하는 수행자는 함부로 살 수 없다. 자칫하면 그물에 걸릴 것이다.

출가한자는 모든 책임과 선택을 자신이 맡아야 한다.

현재의 환경을 부정하지 말고 긍정적으로 생각하면서, 그 조건을 잘 쓰면서 조절해 간다면, 어디든지 좋은 수행처가 된다고 생각한다. 지옥이라도 절대 자신과 타협하지 말아야한다.

편안함과 바람으로부터, 굳어버린 공룡 알의 화석을 보고 '주라기 공원'을 그려내고, 온갖 계획과 마술의 세계를 공상 할 수 있는 인간의 능력이야말로 우주를 밝혀내는 큰 열쇠라고 생각할 수 있을 것이다.

그 상상을 현실로 가져와 만들어내는, 어쩌면 우주를 밝히려는 명상가와 견줄만한 능력이 아닌가 생각한다.

잡다한 생각이나 망상이 아닌, 이렇게도 저렇게도 생각하고 뒤집어 볼 수 있는 하나의 주어진 능력이라고 본다.

공부를 밖에서 안으로 유추해 가는 것이 아니라, 안의 처음에서 시작하여 밖으로 맞추어보는 것으로, 보이지 않는 처음의 세계와 주파수를 맞출 수 있는 능력을 갖추어야한다.

보이지 않는 묘한 세계의 법칙을 이해하기까지 많은 착오가 있으므로, 선배들의 지도와 경험담을 들을 수 있다면 많은 도움이 되리라 믿는다. 내 몸을 통해서 확대되어 표현하는 거시세계와 축소되어 표현하는 미시세계, 이 통로가 없다면 우리는 영원히 우주를 알 수 없을지도 모른다. 과학이 밝혀낼 수 있는 것도 일부분일 것이다.

내 마음이 고요해진다면 사물을 보는 관점은 시시각각 불처럼 변화한다면 고정관념에서 벗어나 많은 다른 점을 보게 된다.

장점과 단점, 효율성과 비효율성, 어두운 면과 밝은 면, 긍정과 부정들을 수천 번 뒤집기를 반복하면, 어제의 생각은 죽고 새로운 관점이 살아나 새로운 눈을 갖게 된다.

모든 사물을 나의 모습으로 보고 비교하며 개발할 점과 고칠 점, 본질을 밝혀 잘 활용한다면 우주의 성질을 알고, 잘 타고 갈 것이다. 내가 만들어 가는 내 우주, 별세계 주체며 선장이다.

주어진 대로 변하는 것이 아니고, 내 의지로 개척 한다.

고정된 지식의 틀을 깨고 새로운 발견에 도전한다.

만물은 새로운 것보다 자신이 익숙한 환경을 편안해한다.

인간은 언어, 의, 식, 주, 그리고 주변 환경들에 그러나 때로는 새로운 환경에 도전하며 자신을 부딪치는 사람들을 보면 부러워하며 찬사를 보낸다.

그곳에 적응하는 사람도 있고, 외로움에 동조자를 불러 모으거나 찾아가서 어울려 외로움을 달래기도 한다.

각자의 한계인 것 같다. 수행자는 새로운 환경에서 새로운 생각을 맛보고 깨달으려면 외로움에 익숙해야 됩니다.

스스로 만든 인과를 고칠 수 있는 것은 자신뿐이다.

과감한 변화가 당신을 새롭게 만든다.

그 길에서 벗어나게, 이때 지식과 생각은 오히려 방해됩니다.

근원과의 대화가 좋은 점은, 사람의 생각으로 볼 수 없고 유추 할 수 없는 것을 끝없이 정보로 내어준다.

샘물처럼 氣의 흐름을 타면 그 특성은 항상 새로운 변화를 유도한다.

같은 것은 피한다. 한번 해본 것은 중복되지 않는다. 익숙한 것보다 다른 것에 도전한다. 그래서 한곳에 오래 머물기가 힘들다.

이어져 있으며 항상 새롭고 창조적이다. 그래서 오늘의 생각이 내일은 달라 질 수 있다. 그러나 그 이치는 같이 통하게 되어있다. 어느 선을 타고 가드라도 정해진 곳으로 가진다.

단점은 가는 동안 그 기운을 놓치지 않으려고 의지 하려는 마음이 더 커지고 굳어진다.

자유 선택 의지와 독립심과 판단력이 줄어든다.

받아들이지 못하거나 실행치 않으면 맴돈다. 점점 종속 되며, 잘되면 본인의 능력처럼 착각 하게 된다.

본인 것이 되지 않으면 지속성이 사라지며 그곳에 안주하게 된다. 종교인이 되며 신의 뜻이라고 포기하며 스스로를 위로하게 된다.

만약 같은 것을 되풀이 하고 있다면, 그것은 사고의 변화가 없거나, 지도할 바른 스승이 없기 때문일 것 이다.

정보이기 때문에 내 것으로 만드는 노력이 없다면 실현성이 없는, 쓸 수 없는 지식으로 짐일 뿐이다.

그래서 머리로는 우주를 깨달을 수 없다는 것을 보여준다.

자기만의 이해와 표현방법이 생기며, 파는 우주 끝까지 퍼지니 영향을 줄 수 있다.

그래서 조종 한다고 하며, 우주를, 세상을 변화 시켜간다.

우리의 사고는 정해진 대로 되 야 한다는 논리를 지키려 하고 있다. 반복되거나 정해진 대로 된다는 것은 죽은 것이다.

우리가 알고 있는 진리대로 가면, 우주의 진행은 필요 하지 않다. 정해진 것 이니까, 우리는 지금의 바탕 위에 항상 변화, 창조하는 자며 그것의 주인공이다.

우주는 선악이 아니므로, 회전과 수축 팽창의 균형 속에서 많은 시도와 변화를 하는 것이 효율적이다.

장점과 단점을 파악 하므로, 걸림 없이 잘 쓸 수 있으시길.

수축과 팽창에서 너무 한쪽으로 지우 쳐 경계를 넘으면 탈이 되어 더 진행을 못하고 깨어질 수도 있다.

지금이 그 위험수위에 가까이 가고 있는 것이다. 팽창하는 우주, 늘리려고만 하는 세상, 어떤 변화를 줄 것인가 그것이 숙제다.

기적이란 보여주는 것이 아닌 누구에게나 일어나게 하는 것이다.

사람은 무엇을 이루었다고 생각하면 차별 의식이 생기며, 스스로를 화신이라고 생각되며 인정받고 싶어 하는 보상 심리가 드러나 그것을 확인 하려고 한다.

태고 적부터 집단생활 속에서 만들어진 지배욕이, 우리의 뇌 속에 뿌리 깊게 자리 잡고 있다가 조건이 주어지면 드러나는 것이다.

판도라상자인 뇌 속에 또 다른 것이 있겠지만, 지금까지 발견한 것 중 마지막이며 가장 크고 강력한 것은, 지배욕과 욕망이라고 본다. 그래서 스스로 신이 되거나 대리인이 되어 권력을 휘두르며 누리는 것이다.

스스로 만든 권위에 사로 잡혀 그것을 지키려고 애를 쓰다, 육체로 이루어진 자신의 한계를 인정하고, 자신이 만든 신을 내세우며 매달려 주종의 2인자의 자리로 내려가게 되는 것이다.

과거와 현재의 종교 지도자나 권력자들처럼,

당신은 神이므로 항상 새로움을 창조하는 新(new)으로 모두가 나의 分身이라는 것을 알면, 저마다의 자리에서 해야 할 의무를 하고 있는 당신이 창조하는 세상의 주인공이다.

그 무엇에도 노예가 되지 마라. 돈과 명예 권력 바람과 바깥의 神과 자신에게도, 당신은 그보다 높은 영혼의 주인공이다.

우리는 상대 세상에 살고 있다. 모든 것은 양면성을 가지고 있다. 편리함과 위험함, 좋은 점과 나쁜 점, 몸을 조이면 머리는 풀리며 많은 생각을 하게 되며, 생각이 줄어들면 몸은 풀리게 된다.

상대적인 작용이 없다면 우주가 존재 할 수 없다.

변화 할 수 도, 자랄 수도, 스스로를 비교하며 비추어 볼 수도, 우리가 절대라고 신성시 여기는 신에게도 부처에게도, 우주 모든 것은 절대 벗어날 수 없는 태초 구성의 절대 법칙이다. 굳어진 사고를 깨고 뒤집는 만큼 또 다른 면을 발견하게 된다.

어느 깊이 넓이까지 보고 알고 쓸 수 있느냐는 본인의 의지가 결정한다. 내가 하고 있는 일에 대하여 그 길에서 절대가 되며,

우주에 빛나는 별이 된다.

수행자는 점점 만물을 알고, 키우는 부모가 되어가고 반대로 부드럽고 순수하고 여린 어린 아이가 되어간다.

두 모습(相剋)이 하나가 되어가며 큰 스승이 된다.

생각만으로 보이지 않는 세계를 어떻게 보고 느끼고 경험할 수 있을까. 상대(나)를 알려면 열어서 철저히 파 헤쳐 보는 방법밖에 우주를 알려면 판도라의 상자를 바닥까지 열어보아야한다.

모든 존재와 생명체의 핵심에는 우주의 모든 정보가 있는 판도라 상자가 있어 열기만하면 샘처럼 끝없이 솟아나온다.

그럼에도 불구하고 우리는 서로가 이어진 통로의 문을 닫고 길을 잃어버린 것이다. 이제 그 길을 찾아야 할 때다.

사람의 삶이 영과 육의 조화로움 속에 살아가야 한다.

조화를 이루지 못하고 어느 한쪽으로만 지우 칠 때, 삶 또한 제 가치와 의미를 상실하게 된다.

지식과 감정으로 느끼는 피부, 즉 깨달음보다 미리 준비되고 정리된 깨달음이 인류를 균형 있게 이끈다.

그 과정은 인내와 뼈를 깍 는 고통이 함께하지만, 고통(苦痛)은 고통(高 通)이다. 죽음은 단순한 것이다.

애착과 편안함, 바람을 포기하는 것보다 밝혀주는 것이 최고의 사랑이다. 그래서 빛은 사랑이다.

바쁘게 살다보면 여유 있는 생각과 정리가 되지 않는다. 때로는 게으른 삶속에 돌아보고 정리하는 휴식(休息)은 절대 필요하다.

당신이 매달렸던 것을 버리고 주변을 닫아버리고 쉬어라.

다시 새 길을 가는데 짐이 되는 것은 과감히 버려라.

그리고 가치 있는 것이라면, 목숨까지 버릴 각오가 되었다면 재지 말고 그 속에 풍덩 뛰어 들어라.

그때 당신은 항상 재고 있던 저 너머의 세계로 들어선다.

미지의 신대륙에 새로운 새로움, new, 新.

설 레임 속에 실망과 기쁨을 반복하며 작고 가까울수록 변화가 보일수록 열심히 하게 되고, 크고 멀수록 변화가 보이지 않을수록 게을러지고 느려지고 지치고 포기한다.

조건을 갖추려고 조절하며, 꾸준히 하는 습관을 만들어야 한다.

현재 지금 여기서 무엇을 할 것인가.

(힌두 경전 중에서)

온 우주 만물은 눈에 보이지 않는 형태로 존재하는 나에게서 나왔다. 모든 존재가 내 안에서 살아가고 있다.

하지만 나는 그들에 의해 제한받거나 구속받지 않는다.

나의 이 신적인 신비를 깨닫도록 하라.

내가 만물을 생성하고 유지하지만, 나의 본성이 그들에 의해 규정되는 것이 아니다.

나는 그들에 의해 제한되지 않는다. 신들과 현자들도 나의 기원을 알지 못한다. 왜냐하면 내가 그들의 기원이기 때문이다.

나를 태어나지도 않고, 시작도 없는 자, 세계의 대주재자로 아는 사람은 미혹에서 벗어나 모든 악에서 해방된다.

나는 모든 존재들의 중심에 있는 참 나의 주인공이다.

나는 모든 존재의 시작이요, 중간이요, 끝이다.

나는 모든 존재의 씨앗이다.

움직이는 존재나 움직이지 않는 모든 존재는 내가 없이는 세상에 나오지 못한다. 나의 신적인 능력과 그 영광은 끝이 없다.

지금까지 말한 것은 아주 일부에 지나지 않는다.

힘이나 아름다움이나 영적인 능력 등 그대가 발견하는 모든 것은 나의 영광의 파편들이다.

그는 가까이 있으면서 동시에 멀리 있고, 안에 있으면서 동시에 밖에 있으며 움직이면서 동시에 움직이지 않는다.

그는 이해를 넘어서는 신비한 존재이다.

(불교의 비로자나불과 O을 나의 본질로 보면, 곧 내가 시작이며 현재의 창조자며, 미래를 만들어 간다.)

남의 글을 옮기는 이유는, 글을 쓰다 보니 남들의 표현이 궁금했기 때문이다.

이곳저곳을 둘러보니, 과거에서 현재까지 같은 이야기들이 지역과 언어와 시대적 환경에 따라 다른 이름과 색깔이 입혀져 있다.

그리고 표현력이 부족한 나로서는 많은 도움이 되었다.

난립하는 언어의 표현을 내 경험과 관점에서 정리해 보는 것도 큰 수행이 된다.

동 서양의 경험과 표현을 조금 정리하여 보았으니 참고가 되길.

이제는 머리로 깨닫는 법보다 몸을 깨워, 머리와 몸 모두가 균형 속에 조화를 이루었으면 하는 욕심에 새로운 도전을 해본다.

모두가 같은 이야기를 하고 있다.

道=空=無=O=본래=첨=태초=근원=海印=神

작용이 시작되면서 이름을 환경에 따라 붙이며 같은 것도 이름을 달리한다. 한 뿌리에서 자란 잎들로 방향과 위치만 다르다.

도 = 길, 공 = 반야, 無 = 素, O = 1, 영 = 빛, 운동 = 회전

소(素)=울음소리(牛鳴)=파동, 진동=선천일기 등으로

상단전 = 性 = 神 = 해마 = 뇌, 차 크라 자리

중단전 = 氣 = 황정 = 젖 꼭지사이 = 가슴 차 크라

하단전 = 精 = 현빈 = 배꼽아래, 미추 = 쿤 달리니 자리

형이상학 적인 언어로 신비하게 만드는 것 보다, 우주의 근본인 운동과 氣로 보면 우리는 평범한 것에서 우주의 본질의 의미를 찾을 수 있다.

관세음보살 육자 대명왕 진언에 옴 마니 반 메움이 있다.

옴 = 우주의 처음소리 = 소 울음 = 진동, 파동, 떨림

소리로 읽으면 옴만이 반 메움 = 보이지 않는 소리의 세계가 보이는 수리의 세계의 반을 채운다는 말도 될 수 있다고 본다.

우리는 반반의 세상에 살고 있다. 두 세상이 모여야 하나의 세상이 된다. 우리는 법으로 서고 밥으로 살아가고 있다. 우주와 자연에서 얻어서 먹는 것이다. 누구나 혼자서 어떤 것도 창조 할 수 없다. 우주 속에서 상대와 더불어 살며, 만들어 가는 것이다.

과거의 성인들은 모두 한곳에서 정착하여 살아가지 않았다.

한곳에 애착을 가지면 굳어진 사고로 새로움을 싫어하므로, 부족함을 고맙게 생각하면 주어진 것이 감사하고 겸손해진다.

먹지 못하면 죽으나 먹지 않으면 산다.

가난을 즐겨라, 그러지 못하면 탐욕의 어둠이 자란다.

탐욕은 정신이 가난해진다.

거짓말과 사기 도둑질 사기 살인까지도 행한다.

그런 삶은 항상 어둡고 불안하며, 눈치를 보며 당당함이 사라진다. 얻은 것이 많고 크면 나누어야 한다. 현재 필요한 것 외는 내 것이라고 숨겨 놓으면 새로운 것과 만남은 멀어진다.

비울수록 짐은 적어지고 항상 새로움과 만날 수 있으며 고정 관념이 사라지며 지혜가 샘솟는다.

거지의 마음으로 살자.

그 삶을 나의 것으로 만든다면 어떻게 될까? 비참할까, 행복할까?
체면과 탐욕과 누림은 사치. 진정한 거지로 살자. 머리로 살지 말고 마음과 몸으로 살아 보라, 지금 부터라도 진실로 알게 된다.

마음이 가난한자가 복이 있나니, 천국이 저의 것이라는 것을, 배고픈 자는 자기의 입맛을 고집하지 않는다. 편식이 사라지면 내가 모르는 넓은 세상을 경험하게 되고 자기가 점점 사라진다. 모두가 갖추어진 풍요 속에서 어떻게 우주와 성인의 마음을 훔치려 하는가. 당신에게 얻으려는 자에 비교해 얼마나 부자인가. 항상 가난을 품고 살아라. 당신이 만든 탐욕의 상에 매달리며 빌지 마라. 당신은 종이 아니다.

성인들은 부귀영화 전지전능의 권위도 다 거절했다.

알기에, 비움의 삶을 알기에 누리고 잘 살려고 하지 않고 아름다우며, 보람의 삶을 살기를 원했다.

어차피 물질 세상에 영원한 내 것이 없으니. 나 자신이 누구라고 생각하는가.

나 자신이 지금 무엇을 하고 있는지 아는가.

나 자신이 어디에 목적을 두고 살고 있는지 아는가.

지금의 일이 목적과 같다고 생각 하는가.

자기 일에 점검과 평가는 하고 있는지, 길을 바꾸거나 자신을 변해 볼 생각은 있는지, 현재의 생활이 재미있는지, 맴돌고 있는 세상에서 벗어날 생각은 하는지, 바람과 욕심은 무지를 만든다.

무지(無知)는 무식(無識)이 아니다.

지혜가 없다는 글로 많은 지식은 있어도 무지 할 수 있다.

자신의 아는 것에 묻혀서 바람과 욕심이 법을 어기게 만든다.

나로서는 그래야 할 이유가 있으니까.

그래서 남들이 동조 해주길 바란다.

그것은 내 바람을 위해 다른 사람을 범죄에 끌어들인다.

그러면서 지금 자신이 무슨 잘못을 하고 있는지 모른다.

바람과 욕심이 무지가 되어 모든 것을 가려 버린다.

바람대로 되지 않으면, 분노로 이성을 잃어버린다.

자신의 잘못을 알 때면, 이미 범죄자가 되어있어 후회해도 늦다.

나는, 무엇을 의지하며 살아가는가, 종교 신 성인의 삶, 부모 형제 가족 재물 명예 성취감 사명감 즐거움, 진정한 마음으로, 이순간이 삶의 마지막이라고, 한번쯤 의, 식, 주와 내가 누리는 모든 것을 버리고 병과 죽음도 감사하게 생각하며 많은 것을 가지고 무엇을 얻을 것인가. 비움으로 산다면, 마음=머리가 고요하면 五感에서는 분별로 받지 않고 귀는 모든 소리를 있는 그대로 받고, 눈은 모든 사물을 있는 그대로 받고, 코는 모든 냄새를 있는 그대로 받고, 혀는 모든 맛을 있는 그대로 받고 몸은 모든 파동과 파장을 간섭 없이 느낄 수 있다.

내 속에 생각 하나가 간섭파가 되어 비교하고 분별하고 심판한다.

그 습들이 어디서 왔는가를 본다.

바람과 탐욕과 성욕, 지배욕이 남아있다.

그 無心 속에 하나씩 숙제를 풀어 가면 가려진 것이 벗겨진다.

자신의 진동이 사라진 것을 비유하면 물이라고 한다.

마음을 죽이면 오감 신경이 살아난다. 열고 닫음이 자유롭다.

기의 흐름을 표현하는 동작이 있어, 휘이고 꼬이고 뒤틀리고 입자의 운동을 표현하는 회전이 있다. 진동하고 파동하며 그것이 근본이 되어, 돌면서 표현되는 회로와 동진, 간섭으로 서로 잇고 끊어지는 기운이 만물을 생멸하게 한다.

눈에 보이지 않는 그것을 몸으로 물질로 표현 하는 것을, 춤, 무술, 글씨, 음악, 그림, 치료, 비품운영 등이다.

동진과 간섭의 파를 이용해 기 운영, 천기운영, 세상운영으로 이름 지어진다.

처음은 안쪽(선천)의 첨 운동과 흐름이며, 그로부터 이어져 작용되는 바깥(후천) 세계에 드러남이다.

안의 작용은 질서와 균형의 세상이며, 선악이 없으며 밖의 작용은 창조와 변화의 세상이며 상대적으로 구분 짓는다.

머리의 정보와 골반의 균형과 모으는 작용이 조화를 이루고 안과

밖이 서로 균형을 이룬다면, 공존과 자존의 세상으로

두 세계의 잣대는 균형 속의 창조이다.

그 주체는 하나이며 자신이다. 창조자며, 중심이다.

모든 것은 양날의 칼날이므로 밝게 지혜롭게 살아가시길.

몸은 진동으로 이루어진 상대적 간섭의 세계다.

O, 진동, 간섭(소리)에 따라 만상이 생긴다.

몸은 간섭(상대)으로 이루어진 진동의 틀이다.

간섭을 잠재우라.

누구나 수행자가 될 수 있다. 자신을 바꾸려고 한다면, 의문을
풀어가는 연습만 하고 이룰 목적이 뚜렷해지면 항상 마음으로,
사랑합니다, 고맙습니다, 내 탓입니다.

그리고 하나씩 풀어간다. 왜 사랑할 수 없을까?

왜 고마워하지 않을까? 왜 내 탓이라 하지 않을까?

나와 관계가 없어도 그랬을까, 핑계와 바람이 있었다.

상대세계에서의 이해관계를 하나씩 풀어보면 지혜가 생긴다.

잘되거나 완성을 바라지 않으면 무한히 열린다.

이루었다고 하는 순간 멈추어 누린다.

무엇하나가 잘되고 잘하고 이루었다면 그곳에 머무른다.

항상 점검하는, 또 하나의 구경꾼인 자신을 만드시길.

보이지 않는 세계를 보고 구분 할 수 있는 능력을 만드시길.

세상에 사랑의 빛을, 지혜의 빛을, 창조의 빛을 전하시길.

전체이고 시작과 끝이고, 선악과 상대의 분별이 없는 첨의
마음을 바탕으로 사고하고 살아간다면, 세상의 철저한 구경꾼이

되어 살아 갈 수 있다면 자연처럼 근본의 텅 빈 충만의 전체성과, 素의 작용인 운동과 氣의 세계가 드러나며, 회전하고 창조되는 처음의 진동과 파동이 곧 빛이요, 진리요, 생명이요, 사랑이므로 지금이 시작이요, 첨이며, 창조의 자리이며, 처음이 되어, 돌아와 선자리라, 처음의 자리로 가려면, 나라는 생각을 내려놓는다.

둘 다 나인 것을, 우주는 상대적(두 좌)인 것이 하나로 짜여있다.

그것을 초월해 보고 쓸 수 있어야한다.

道는 세상의 칼(刀)이다. 어떻게 쓸 것 인가, 상대세계다.

구명이냐 살인이냐 큰 결론은 같다. 사랑과 창조이다.

우주의 나이를 137억년으로 본다.

빛과 전자기파의속도는 같다. 31만km 동시 작용인가?

인간의 몸에서 진공을 빼면 소금 알 크기라고 한다.

만물은 고유 진동수를 가진 파장이다.

그것을 읽으면 각각의 성질과 영질을 알 수 있다.

색은 파장과 무게를 가진다. 전자파가 물질을 움직인다.

붉은색은 가장 긴 파장으로 멀리 간다. 보라색은 짧다.

파장의 넓이와 폭으로, 다른 표현(작용)을 한다.

소리처럼, 원자핵(태양)주변을 전자(행성)가 돈다.

통일장이론. 질량이 있는 것은 서로 당긴다.

공간은 물질 중력에 의해 휜다.

점에는 중력 강력 약력 전자기력이 있다.

끈 이론, 열려있는 끈과 닫혀있는 원 모양의 끈들이 있다.

끈의 진동이 상을 만든다. 그것을 읽으면 상으로 볼 수 있다.

악기의 진동이 소리를 만든다. 진동은 만상을 만든다.

위치와 방향에 따라, 같은 것도 간섭에 의해 달라진다.

본다는 것의 표현에는 순서와 분리가 생긴다.

부모 미생전이란 화두, 시간을 거꾸로 가면 태초를 만난다.

우회전, 소비하면 위치가 낮아지며 위치 에너지가 사라진다.

행동반경이 좁아지고 단순해진다. (영, 수축, 단파, 농축)

좌회전, 모으며 위치가 높아진다. 생각하는 폭이 넓어진다.

자신의 목표가 있다. (영, 팽창, 장파, 확대)

두 좌의 효과적인 삶, 목적이 있는 생각과 실행, 검소한 생활,

간섭(스트레스= 화)을 못 이기면 죽는다.

때가되면 모든 것을 차단해야 한다. 모아서 하나로 밀기위해,

간섭의 세상에서 성욕, 식욕, 상대적 간섭으로부터, 모든 기운이

새어나는 것을 막아야 누진통(漏盡通) 精으로 하나에 도달 할 수

있다. 그래야 하나로 정리(精理)된다.

많은 상대를 하고 살면서 자신만의 시간이 없다.

고독 속에 자신을 찾는다.

내 시간을 소중히 가져야 한다. 나는 소중 하니까.

방향과 위치(좌 座) 회전력과 수축과 팽창으로 구분한다.

처음의 창조의 신(新, 身, 神)을 깨운다. 진동=동진=사랑=참

과거) 우주=대우주=소우주=몸=제도, 모든 것을 드러내본다.

　　　그 방법의 하나로, 氣를 이용하면 효율적이다.

　　　동진하며 느끼고 이해하며 풀어낸다.

　　　근본원리와 서로의 관계 변화를 안다.

　　　판도라의 상자를 다 들어내어 자신을 본다.

　　　모든 과거 정보는 내 속에 다 있다.

현재) 현재의 환경에 맞추어 표현법을 다시 짠다. (재도)

　　　특히 언어를 바꾸지 않으면 과거에 생각이나 표현이

　　　시대 환경으로 다르게 표현 되어진 것을 이해 못하고

　　　하나로 같이 보는 것이 어렵다.

　　　자기 것으로 만들어 자신에 맞게 현실에 맞추어 쓴다.

미래) 이치를 알고 쓸 수 있으면 끝은 시작점에서 만난다.

　　　앞으로 세상에 탈것으로 쓴다. 창조(시도)

과거(制度) 처음의 세계, 그 바탕 위에 현재(再度), 미래(試圖),
근본인 과거 심 불가득이면, 현재 심 불가득이요
현재 심 불가득이면, 미래 심 불가득이라.
과거를 버리지 못하는 이유. 과거 현재 미래가 이어져 있다. 끊을
수는 없다. 새로운 관점으로 이해하고 현재에서 바꾸어간다.
부모 마음은 무조건이다. 진심이면 다 통한다.
자식을 걱정하고 사랑하는 진심이 있기 때문이다.
세상을 진심으로 대하고, 걱정하고, 내어 줄 수 있어야한다.
마치 아픈 자식을 위해 정화수를 떠놓고 비시던 어머니처럼,

내가 하나라도 특별히 뛰어 났다면, 그 길을 갔을 것이다.

지금 돌아보면 안 그런 것이, 천만다행으로 여기는 것은 현재 이 길이 내 길이기에 끝까지 갈수 있기를. 논리의 늪에 빠져 지식이 지혜처럼 착각하고 있지 않은지 항상 깨어있어야 한다.

점검, 또 점검, 항상 점검.

행 할 수 없는 좋은 말과 생각은, 쓸 수 있는 지혜가 아니라 지식이다. 내가 왜 이 나라에 태어나 이 글과 말을 쓰는가?

이것은 어떤 의미가 있을까? 의미를 이해하고 활용하여 잘 쓰면, 현재와 미래를 볼 수 있지 않을까?

자기가 얼마나 큰 행운을 타고 났는지!

다음 일수 있는 기다림의 여유, 한발 물러서서 볼 수 있는 여유, 내가 아닌 또 다른 관찰자의 여유,

미래를 긍정으로 생각하는 여유, 현재의 최소한을 만족하는 여유,

과거의 모든 것을 추억으로 즐기는 여유.

마가 도보다 항상 높다. 왜? 당신의 바람을 다 알고 있으니까!

자기 것을 내 놓을수록 받아드림은 넓어지고, 간접경험은 풍부해진다. 내적으로는 지혜의 샘이 솟아오르므로, 주면 얻는 것이 더 많다. 가르침은 배움이다.

내 인생은, 신이 나를 만들거나 선택한 것이 아니라, 내가 그 길을, 그 선을 선택한 것이다.

위에서 보면 우리는 하나의 선을 그리며, 살아가고 있다.

집에서 나와 이리저리 직장 학교 등을 다니다 집으로 돌아온다.

자기가 선택한 그 길을 또 그로 인해 만들어진, 결과의 선을 따라 가고 있다.

내 앞날은 어떤 희망의 선일까를 기대하며, 어떤 사람은 새로운 선으로 바꾸며, 어떤 사람은 익숙한 선으로 가고 있고, 우리가 유일하게 바꿀 수 있는 것은, 자기를 알고 새로운 것에 도전하는 것인지도 모른다.

그로써 생각과 환경의 변화로, 새로운 세상을 만들지도 모른다.

도전자는 많은 시행착오를 거친다.

거친 파도에 도전하는 파도타기처럼, 많은 경험을 한 후에 그들은 말한다.

이렇게 하면 그것을 즐기며 위험에 대처할 수 있다고, 당신은 그 선생으로 인해, 두려워했던 도전에 한발을 내 딛을 수 있는 것이다.

많은 시행착오 속에 개척하는 스승이 필요한 시대인 것 같다.

당신도 함께함을, 언어의 변화가 삶에 큰 변화를 준다.

새해인사로 '새해 복 많이 받으세요.' 보다,

'새해에는 복 많이 짓는 한해가 됩시다.' 한다면 어떨까?

새 창조란 거창한 것이 아니며 모든 것을 부수고 전부 새롭게 하는 것이 아니라, 기존 바탕을 활용하여 장점을 살리고 단점은 과감히 고쳐야하며, 새로운 방법을 시도 접목하여 새로운 관점을 발견하고 개발하여야 하고, 새로운 시도에 참여하여 관심을 두고 실행하는 그들의 노력을 존중해야 할 것이다.

오늘날 굳어지고 거대해지고 썩어진 정신세계와 현실세상이,

새로운 창조로 다시 살아나길.

동기유발, 흔히들 인연이라고 한다.

어떤 간섭파가 동기가 되어, 그 파동이 점점 커지고, 나를 만들고 있다는 사실. 잘 쓰면 하나의 숙제, 즉 화두가 나를 변화하게 하고 눈을 뜨게 하고 그 길을 가지게 하는, 좋은 스승과 부모는, 소질 개발과 새로운 창조를 위해 그 동기를 자꾸 주려고 한다.

반대로 우리에게 다가오는 많은 간섭파는, 나의 바람과 잘 맞는 잘못된 그물 속으로 몰아가는지도 모른다.

좋은 동기를 만나 자기 것으로 만들 때, 그것이 되어 있을 것이다. 순수를 가장하고 천진한 모습으로 탈을 쓴, 자기의 목적에 맞추어, 불리하면 숨어버리고 유리하면 상대에 맞추어 행동하며, 거부하지 않는 모습으로 어울리며, 어떤 때는 보여주고 바람을 잘 들어주고, 원하는 쪽으로 끌어가 종으로 부릴 수 있게 만드는, 어쩌면 모든 이가 손바닥에 놀아나는 손오공인지도 모른다.

내가 만든 바람에 한 결 같이 즐겁고 행복하다면, 행복이라는 단어는 만들어 지지도 않았을 것이다.

불행과 고통이라는 상대가 있기에 태어난 것이다.

상대적인 것이 사라진다면, 자신의 존재도 없을 것이다.

상대를 이해하고 같이 승화 될 수 있다면,

새로운 세계가 있는지도 모른다. 어쩌면, 상대가 클수록 나도 커가는 것이 아닌지, 내 머릿속을 불만과 바람으로 가득 채우고, 마음의 여유를 누릴 빈 공간이 없어지니, 현실의 삶은 짜증과 불만으로 차있고, 여유 속에 있는 시간은 없어지고, 그러면서 항상 피곤하고 웃음이 사라지고, 시간이 없어서 라고 말하게 된다.

진정한 자유는 무엇일까?

전체를 모르면서 부분의 생각을 행동으로 옮기는 것이 자유일까?

공존과 자존에서 전체를 안다면 자기외부의 질서, 자기내부의 질서, 신호등이 빨간불이면 멈추고, 파란불이면 가고, 내 인생도 멈출 때와 갈 때를 알아야하는데, 정말 어려운 일이다.

오지를 잘 안다면 오지에서 자유롭게 활동하듯이, 우주의 이치를 안다면 삶과 죽음에서 자유롭지 않을까!

실제 죽음이란 없다고 본다. 자기 씨앗에 따라 이 모습에서 저 모습으로 변한다고 보면 맞지 않을까?

질서와 혼 돈, 우리는 이 두 가지 속에 휩쓸려 살고 있다.

좀 더 깊이 생각하면, 혼돈이란 없다고 본다. 인, 연, 과에 따라 변화하는 내가 만든 것인데, 그 이치를 알지 못 했을 때 오는 당혹감이 우리를 혼란 속으로 빠지게 한 것이 아닌가.

가끔씩, 아니 하루에 한번쯤은 내가 어디로 가고 있나, 왜 가고 있나, 그 길에서, 나는 어떤 노력을 하고 있는가!

하루를 돌아보고 정리하며 생각하는 습관을 가진다면, 그래서 삶의 목적이 정해진다면 많은 변화가 오리라고 본다.

우리를 잡고 있는 많은 습관, 체면을 유지하려고 쓰는 힘, 스스로의 소질과 희망은 무시당한 체 남과 비교하며 경쟁하는 삶, 돈과 권력, 명예와 누리는 자를 비교 하면서 이런 삶이 더 나은 것이라고, 항상 더 크고 더 많으라고, 내 것이라 생각하고 지키려고 힘씀 보다, 있어도 없는 듯이 무소유의 여유도 누릴 수 있다면, 남들은 잘 알지도 경험하지도 않은 세계를 맛 볼 수도. 사람들은 자기 잣대로, 심판하기를 좋아하는 것 같다, 그 심판대에 오르면 부모도, 지도자도, 선생도, 친구도, 누구든지 도마 위의 생선이 된다.

남을 심판하려는 자는 자기도 심판대에 서있음을 모른다.

우리는 서로 심판하고 있다. 자기를 정당화 시키면서. 누가 뭐라고 하던, 내 길이면 혼란과 고통이 동반되어도 내가 선택했으니 달게 받아들이고, 잘못도 내 탓이지, 남의 탓이 아니라는 것을, 인과응보이다.

주어진 환경에서 무엇과 부딪치고, 무엇에 관심을 주는가에 따라, 자기의 모습은 달라진다. 기본의 모양인 둥근 공에서 어느 곳으로 기우는가에 따라 그리로 구른다.

그 구르는 방향이 자기의 길이 되고 인생이 된다.

그 길에서 만나는 많은 것은 내가 만들어둔 씨앗의 결과로, 인연을 만난다. 우주도 돌고 나도 돌아가니, 우주의 본질에는 직선이 없다는 것을 알 수 있게 된다.

그래서 미래가 직선으로 가지 않는다.

원만한 공의 중심에 들게 되면, 어떻게 구르든 내가 가고자하는 쪽으로 방향을 조절 할 수 있다고 본다.

내가 지금 활용하고 있는 힘이 가고자 하는 곳에 쓰이는가, 재물, 권력, 명예, 쾌락, 과시하고 자부하고 누리며, 당연하다고 생각하며, 남도 끌어들여 같이 놀자고 한다.

어느 날 친구가 찾아와 이런 저런 이야기 하다 그 친구하는 말, 너 이야기를 재미있어 하는 사람도 있나?"

맞는 말인 것 같기도 하다.

그렇다. 우리는 공존하면서 다른 장(場)속에 살고 있는, 자전하는 상대를 인정하려 들지 않는다. 잘 모르면서. 함께 공유 할 수 없는 공간도 있다.

전혀 다른 세상이다. 그러나 한 공간이다.

남이 가끔은 이해 못해도, 나는 내 모습일 때가 가장 아름답다고 본다.

내 바람과 세상과 타협하지 않는다면, 내 할 일을 할 것이다.

서로의 환경 소질을, 사는 방법을 서로서로 이해하고 마음을 열어준다면, 지배와 복종의 위치구조가 사라지고, 평등 속에 바라보며 세워준다면 평화의 삶이 더 많지 않을까?

우주에 간섭받지 않는 것은 존재하지 않는다.

적게 받고 많이 받는 차이일 뿐.

태양의 간섭을 받고 만물이 자라고, 달의 간섭으로 바닷물이 밀물과 썰물을 만들고, 내 자신도 그 간섭으로 항상 변화해 간다.

간섭을 잘 활용하라.

우주의 이치를 알고 자신을 알고 자신의 바람과 타협하지 않는다면, 더 이상의 감옥 은 없다.

내 스스로 원을 이루기 위해 스스로 갇힌 것이다.

때로는 필요하겠지만, 때로는 내려놓으라.

좋은 간섭은, 잘 크고 잘 가게 한다.

잘못된 간섭은 서로의 반목, 즉 충돌을 가져와 작게는 말다툼에서 크게는 국가 간의 전쟁이 되기도 한다.

간섭은 서로 다른 氣의 만남으로, 잘 수용하면 새로운 정보를 얻어 넓은 세상을 보게 하고 좋은 변화를 주지만, 수용하지 못하면 상하고 돌아서고, 스스로를 지키기 위해 더 굳어지고 좁아진다.

어떻게 활용할 것인가. 어쩌면 우주의 태초는 간섭파인지 모른다. 밀고 당기는 서로의 바람과 욕심으로 잡아당기는 간섭은, 피곤하며 서로 상하는 모습이며, 상대의 배려보다 내가 먼저이고 자기주장이 커진다. 간섭할 필요조차 없다면 이미 돌아선 남이다. 잘 활용하면 파동의 간섭으로 아름다운 무늬를 만들어 낸다.

돔도, 서로 세우고 변화주면서 간섭하는 사이라고 본다.

아니라고 하면서도 남아있는 바람들,

깨어있지 않으면 항상 살아난다. 잘못 찾아내는 내속이다.

큰 도둑은 꼭꼭 숨겨진 것도 잘 찾아내는데, 배워야 하겠다.

그러면서 또 무엇이 숨어있는지 흥미롭다.

내 스스로 만들고 얽어 놓은 것들이다.

어떤 때는 그것들을 위안삼아 때로는 과시도 하고, 나는 너와 다르다며 살아간다.

내 마음대로 들락거릴 수 있다면 감옥 은 없다.

자유롭게 살게 한번 우습 시다.

사람인(人)자는, 서로 기대는 글이 아니라고 본다.

한글시옷(ㅅ)과 같이 어울려 구른다, 변화한다, 돈다, 서로 잘 돌아가게 도움으로 간섭한다.

진정 사랑하는 마음은 변화로 새롭게 살아나게 하는 것이라 본다.

사람 속에는 밝은 원초의 빛과 불이 있다.

우주를 밝힐 만큼, 태양계의 해처럼 세상을 변화 시킬 수 있는, 깨달음으로 가는 길 중 '하나는' 진동하고 있는, 그것과 동진하면서 철저히 화신(化身)이 되므로, 자기소질을 개발하고 되고자 하는 것과 점차 닮아가며, 새 모습으로 변하여 새 시대를 살수 있다면 잘 변한 화신이다.

그 대상을 우상화하지 마시라. 나의 드러난 한 모습이다.

'둘째'는, 내 머릿속 잘못된 정보를 철저히 찾아 고쳐야 한다.

성인의 말들이라도, 그들이 혹시 주를 만들어 우리를 종으로 만들며, 선악을 구분하여 상대를 만들어 선만 주장하며 사람을 한길로 몰아가, 환상을 깨고 보면 그도 자신이 만든 신의 종이 되어있는 것을 본다.

자신의 원(바람, 집착, 희망, 욕심)을 확실히 알고 있지 않으면, 내속에 바람이 일어나면 도둑같이 나타나 타협을 요구한다.

유혹으로, 내가 만든 우주 관습, 사람 관습, 주와 종, 힘들고 기대어 쉬고 싶은 욕망의 꼬리를 잡고 나타난다.

알고 이겼다고 끝나는 것이 아니라 상대는 내가 있는 한 살아있다. 영원히.

잘 쓰면 상대하면서 클 수 있는 장점이 있다. 잡히지만 않는다면.

필요악인 줄도 모른다. 변화 없는 잘 짜여 진 법과 틀은, 구속이며 종을 만들 수도 있다.

그래서 도시의 삶보다 때로는 시골의 삶이 여유롭다.

그물같이 짜여 진 이치는 질서이며 구속이다.

그 차원을 벗어나 공전을 위한 것이 아니라면, 자기변화를 가질 수 있다면, 그것에서 잠시 벗어남도 내 공간속이 많이 비어 있다면, 넓은 아파트보다

옹기종기 발맞추는 시골집 구들방도 구속보다는 공존의 사랑이다.

자기가 생각하고 행하는 것이 크게 잘못 된 줄 알면 바뀔까?

후회하고 반성하며 변할까, 인과를 알면 인정하고 노력할까?

자기가 누리고 있는 자리에서 물러나고, 과감히 잘못 모은 재산을 내어 놓을까? 절대 아니다. 그런데 무엇에 희망을 걸고 있나.

왜 사상을 이야기 하고 수행을 할까? 인류를 진정 사랑해서, 자신을 알기위해, 변하기 위해, 성취를 위해, 내세를 위해, 혹시 사상(思想)은 사상(死相)이 아닐까. 자신이라는 상을 죽이고 상대를 만나서 이해를 보태는 선입감을 없애므로, 새롭게 눈을 뜨는 의리란 그렇게 가치 없는 것일까.

욕심과 손해, 이익의 계산속에 버리고 핑계를 대는, 서로 그리워하며 낮은 곳에서 만나 받는 것 보다 주기를 바라는, 조그만 도움에도 감사하는, 생각만 해도 포근한 봄 햇살같이 나를 잠들게 하는 그런 의리와 사랑은 왜 적을까. 큰 사상 보다

모든 몸은 쪼갤 수 있으나 O은 쪼갤 수 없으니, O은 멸하여 지지
않으니라. 조몸(氣로 짜여진)이 사라지면, O은 태초의 부제도
(원운동)로, 돌아가 모좌에 드니라.

그리하여 저희 부모(처음=般若=O)를 알리라.

세상 틀로 된 것은 모두 조몸이니 모였다 흩어졌다 하며,
살아나고 사라지니라.

O들이 모이어 영이 되어 터에 옴이니, 틀마다 움트므로, 태어
나니라.

서로 취하는 바는 틀리지만, 그 도리와 계는 하나로 같으니
쓰게도 되고 쓰여 지게도 되니, 자라고 도우며 계속한다.

(두 좌, O과 氣를 서로 쓰며) 큼으로써 세상의 기틀이 되니라.

한 좌에서 풀면 한 좌에서 엮어지고, 한 좌에서 엮으면 한 좌에서
풀어지며, 엮으면 살아나고, 풀면 사라진다.

생겨나는 것도 사라지는 것도 아니다.

자들은 따로 가지면 서로 답들이 틀리니, 처음을 자로 써야 한다.

자로써 O을 쓰니 재지 못할 것이 없으니라.

O은 잘라도 잘라지지 않으며, 막아도 그침이 없으며, 상대에게도
클 수 있게 명을 주며, 독들도 맞게 쓰며 (속을 보고 쓰므로,
겉의 맞고 안 맞고의 정해진 것이 없다), 반드시 돌아오며
반복하니, 시작과 끝이며, 생멸이 함께하니 사방이 돌아, 팔방에
위치를 정하므로 다섯으로 운영되니, 당김이요(수축) 이음이며,
보탬이며(큼, 팽창, 多) 가짐이요(行) 줌이니, 빛이요 진동(수축,
팽창)이요, 사랑이요, 병(틀, 모양, 그릇)이니, 마디맺음(節,

한바퀴)으로 다스린다.

나는 누구인가?

O이며, 하늘이며, 신이며, 신들이며, 비로자나불로 붇다 이다.

절대이며, 상대인 氣세상과 공전하며, 자전한다.

세상의 부모이며 반야이다.

빛이며 돔이며 진동이며 당김과 펼침으로 조절한다.

O 이며 氣와 공전하며 자전한다. 절대이나 상대한다.

시작이며, 氣와 공존하며, 氣質을 쓰며, 돌아가며 돌아온다.

온전에서 완전으로, 옴에서 아로, 홈과 움으로 마무리된다.

세상의 물과 불이며, 물빛이며 불빛이다. 세상을 태워 쓴다.

돔과 진동으로 균형을 잡아준다. 홈=몸집, 움=창조=움 튼다

사람들은 자신이 찾는 것의 실체를 잘 모르며 닮으려한다.

그러므로 뿌리는 사라지고 잔가지와 잎사귀만 무성하다.

그 이유로 본질은 사라지고 무엇이 목적인지 모르고 건강과 자기만족의 위안으로 변한다.

가르치는 자도 기술자인지 지도자인지 구분을 못한다.

자신이 되고자하는 위인의 정신을 배우고 살리는 것을 그 시절의 환경과 행적을 흉내 내어도 같을 수 없다.

지금의 환경과 언어, 개개인의 자질이 다르기 때문이다.

현실에 맞는 더 효율적인 수행을 하므로 쉽고 빠르게 나의 본질을 찾고 우주를 알므로 걸림 없는 자유를 찾고 세상에 그 진리를 나누는 것이다. 서로 공유함으로 변한다.

각자의 소질에 맞게 개발하므로 각각의 별들이 되어 어둠에

아는 만큼 쓰고 타고 갈 수 있으며, 개발하고 고칠 수 있으니, 나는 나를 얼마나 알까. 분위기에 휩쓸려 흘러가는 자신을 구경꾼으로 관찰자로써 바라 본적이 있는가.

정확히 잴 수 있는 관점의 잣대가 생겼는가. 자신의 것인가.

<u>아세요, 성인들은 전부 불효자란 것을.</u>

이율배반적인 삶, 상대적인 관점의 삶, 그것을 넘어야 새 길이 보인다.

나란 我相이 사라지면 상대의 보상 심리가 사라진다.

결국은 자신을 위해 살았으니까, 비우면 보인다.

바램이 남아있는 만큼 바람에 흔들린다.

흔들리지 않는 지혜가 밝아진다. 구속이 사라진다.

육신을 압박하던 무게도 사라진다.

종의세상, 종들의 전쟁, 신들의 전쟁, 머리(귀신)의 전쟁, 바램이 종을 만든다. 육체로는 벗어날 수 가없다.

기대한다, 기댄다. 메 달린다, 신은 절대가 아니다.

있다는 것은 이미 상대이다.

이 세상에서는 더 바랄 것도 구할 것도 없다.

벗어나지 못하는 인과와 이해관계에 얽히어 살아가고 있다.

바르게 산다면 이 세상에 적응하며 살아 갈 수 없다.

깨달음도 족쇄다. 거지가 되거나 낙오자 이거나, 페인이거나.

기대지 않고 진실을 구하고 행하려 하는 자,

마지막은 세상에서는 살 수 없을지도 모른다.

천국은 여행자에게나 있다. 그곳에 있는 자에게는 없다.

천국에서 외로우면 천국은 사라진다.

절대 자리에서 상대세상을 밝게, 지혜롭게 산다. 어렵다.

이미 길들여진 목줄에서 벗어날 수 없는, 굳어진 세상이다.

알수록 공허해진다. 空虛=虛空이다.

시대에 따라 사고도 달라져야 한다. 수행법도 더 크게.

과거의 환경과 지금은, 진리는 같지만 적용법은 너무 다르다.

지금은 세계의 정보를 손바닥 위에서 바로 볼 수 있는 때다.

자신의 바람을 충족시키는 정보 홍수의 시대이다.

바람의 홍수 속에 어디로 가는지 방향과 위치도 모르는 채,

내면의 세계로 들어가는 것은 같다고 할지 모르지만, 틀리다.

이미 환경에 의한 정보와 열린 세상의 크기가 틀리다.

구분지어 졌던 과거의 표현 방식과 달리 점점 섞이어 간다.

과거에 집착하면 현실에 응용되지 않는다.

보는 눈에 따라 장점만 쓸 수도 있고, 적응에 혼란이 온다.

과거의 깨달음이 지금은 자신의 욕심에 맞추어 기복이 돼버린 지금, 사람들은 기대어 매달림에 익숙해있다.

편하니까, 내 탓이 아니고 신의 뜻 이니까.

종교에 눈이 가려진다. 인과응보의 진리는 무치고 있다.

틀에 박힌 종교의 틀을 벗어나려는 수행자는 갈 곳 없다.

당장의 연명을 위해 아닌 줄 알면서, 또는 알면서 그동안 경험한 수행, 건강법을 가르치고, 시술로 이어간다.

따르는 자가 생기면 무리가 되어 단체가 생긴다.

그곳에 안주하며 누린다. 당연한 듯이, 더 갈 곳이 없다.

각 수행법의 장점과 진리의 핵심을 알아야 응용하며, 현실에서 가장 효율적이고 바른 수행을 한다.

현실과 타협하지 않으면 삶이 힘들다. 내려놓고, 쉬자.

우리의 마음과 뇌는 과거의 정보에 의한 습관대로 말하고 반응하고 움직인다.

그 반응하는 모습을 관찰자 입장에서 바라보므로, 자신의 습관을 바꿀 수 있다.

그래서 새로운 생활 습관으로 길드 릴 수 있게 반복적인 연습이 필요하다.

한 순간을 놓쳐도 합리적 핑계를 대며 제자리로 돌아간다.

냉정한 눈으로 항상 깨어 있어야 하는 이유다.

깨어있으면 과거의 습관에 응하지 않게 고치려 하는 것과 쉽게 빠져드는 많은 중독에서 자유로워진다.

쉽게 중독되어 바뀌지 않는 것은, 더 나은 것이 없기 때문과 그것보다 더 다른 꿈을 꾸는 법을 배우지 않았기 때문이다.

새로운 자신에게 익숙해져, 내 것이 될 때까지 노력한다.

훌륭한 사람들은 어떤 기준을 가지고 생각하고 행동할까.

그것들을 굳혀 가면, 뇌는 새롭게 구조(설계, 제도)를 짠다.

그것을 바탕으로 새로운 몸과 장(場)의 연결을 만든다.

그 연결로, 내가 세상에 가는 길과 방향이 달라지는 것이다.

우리는 큰 변화를 겪거나 더 이상의 방법을 찾지 못할 때 새로움을 찾는다. 그곳에서 조그마한 희망이라도 찾기 위해, 자신을 과거의 관습에서 벗어나 새로워지기 위해서는, 결정

됐으면 분별하여 따지지 말고 부딪혀 본다.

여유 없이 쫓기듯이 변화를 바라면, 객관성이 사라지고 자신만을 생각하는 좁은 시야로 이기적 삶이 된다.

자신을 돌아볼 여유와 멀리 보는 계획을 세우지 못한다.

몸은 현실과 머릿속 상상들을 구분하지 못한다고 한다.

미래를 상상하거나 과거를 꺼내면 몸은 그와 연관된 경험과 감정을 느끼게 되고, 氣를 쓰게 된다.

과거와 미래를 끊으면 현재에 집중해 기운이 충실해진다.

과거와 미래를 잇는 만큼 집중력과 현실성이 약해진다.

변화는 익숙한 것을 버리고 새로운 것과 만나 새로워진다.

좋을 수도 나쁠 수도 있다. 원한다면 부딪쳐 보자.

어린아이의 호기심으로 새로운 기운 정보에 나를 맞춘다.

과거에서 미래를 향해가는 새로운 길을 만들며 진정한 나의 길을 찾는다.

우리 삶에서 어떤 일이 반복적으로 일어나는 것은 아직도 그것에 집착이 남아 있기 때문이다.

습관적으로 원하는 생각이, 기운의 움직임이 현실이 된다.

5% 의지로, 95%의 습관을 못 이긴다.

그래서 집중된 힘이 필요한 것이다.

그 외에 습관을 바꿀 수 있는 수련의 조건으로 지도한다.

다른 환경을 주어 다르게 볼 수 있는 관찰 능력을 키운다.

즉, 목적에 맞는 조건과 조정이 필요하다.

물은 주변의 자극에 따라 분자가 변한다.

물이 되어야만 자신을 자유로이 변화 시킬 수 있다.

새로워지려는데 우리는 대개 다른 곳에 집중한다.

다른 환경을 바라지 말고, 지금 주어진 곳에서 어떻게 할까,

원하는 곳에 집중하자. 지금 바로여기 어느 것이 현실인가,

나란? 자동 기술법

나는 누구인가, 어디로 가고 있는가.

나를 성장 시키는 경험도 있지만, 그러지 않는 것도 있다.

선과 악의 문제가 아니다.

우리는 아직 나쁨과 좋음을 분별하는 눈을 가지지 못했다.

그것을 떠나서 필연이라는 것이 있다. 꼭 경험해야 할, 생각의 자석법칙, 바람대로 기운이 끌려온다.

나란 우주가 자신의 바람(願)에 맞추어 조립(制度)된다.

그것이 현실과 맞지 않으면 이루어지지 않는다.

맞지 않으면 주어져도 내 것으로 만들 수 없다.

조건을 갖추면 이루어진다는 느낌이 들며 흐름을 탄다.

속의 드러남에 따라 맞는 사람들이 모인다.

잘못된 목적과 조건으로 만들어진 것은 사상누각이다.

잘못된 결과는 이룸이 아니다.

이루었다는 것은 자기 것이 되었다는 말이다.

자기 것이면 확실하고 쉽게 설명 할 수 있어야 한다.

설명이 부족한 것은 아직 내 것이 아니라는 말이다.

성인은 우주의 불균형과 영혼을 고치는 의사이다.

관찰자이며 조정자며 우주의 정이며 빛이다.

현재 위치에서 주변 환경과 조건에 맞추어 조절하여 어떤 길을 선택 할 것인가. 지도를 볼 수 있는 능력을 가진 자가 선생이며, 부모며, 지도자며 의사이다.

근원을 찾아가는 수행의 기본은,

첫째, 發心, 마음을 내야한다. 스스로 원해야 한다.

둘째, 發願, 목적이 있어야한다. 무엇을 하고, 무엇을 위해.

셋째, 因果, 모든 답은 처음에서 찾아야한다. 원인에서 부터

넷째, 方法, 어떻게 접근해 갈 것인가,

무형과 유형의 관계를 알기위해, 눈에 보이지도 않는 무형세계의 원리와 작용을 파악하는 효율적이며 현실적인 방법이 있어야한다. 또한, 쉬워야한다.

검증되지 않은 형이상학적 논리의 배제로, 지식이나 머리로 깨달지 않고 자기화 되어, 씀을 자유롭게 할 수 있는 방법과 실질적 수련이 중요하다.

현실과의 접목으로 누구나 원리와 수련을 하면 쓸 수 있게 많은 연구와 실험이 필요하다.

종교와 특수 단체의 굳어있는 논리와 우월권을 배제하고, 누구나 새로운 발견을 하면, 철저한 검증 후, 인정하는, 제도가 있어야한다.

기존의 방법을 개선 발전시켜 부족한 부분을 보충한다.

세상을 객관적(초월)으로 보는 관점, 즉 잣대가 있어야 한다.

그래야 서로 틀리지 않고 쓸 수 있다.

기존의 잘못된 틀이 깨어져야 비로써 우리는 새로운 세계를 열며 갈 수 있다.

이 모든 것도 자신이 주인이 되지 못하면 모두 헛일이다.

알면 모든 것을 藥(善, 眞理)으로 쓴다.

모르면 내가 좋은 것이라 하던 모든 것이 毒(惡)이고 짐이 되니, 괴로움과 고통이다.

깊이 알수록 넓고 알맞게 응용해 쓴다.

그러나 알아서 좋은 점과 나쁜 점이 같이 존재한다.

미래를 미리 안다는 것은 좋고 나쁜 분별 심을 가진 자에게는 큰 독(악)이다.

미리 알면 꼭 겪어야 할 힘든 경험(수련)을 피해가므로, 앞날에 보탬이 되는 훌륭한 거름을 버리므로, 좋은 자신을 만들지 못한다.

수행자는 큰 깨달음의 기회를 놓쳐서는 안 된다.

그것을 기점으로 변화되면서 다른 인연의 길을 가게 된다.

반대로 잘못된 결과를 미리 알고 바꾸면 운명도 바꾼다.

분별심이 사라지면 내가 거부했던 것들을 받아드리므로, 무지와 걸림에서 벗어나 그 속에서 많은 지혜의 보물들을 찾을 수 있다.

지옥은 깨달음을 가질 수 있는 최고의 수련장이며 기회의 장소이다. 그때의 분별 심은 이미 깨달음의 지혜다.

수행을 꼭 해야 할 이유다.

위에서, 뒤에서, 옆에서, 앞에서, 멀리서, 속에서 보며 초월자의 눈으로 현재의 조건과 방향을 보고 맞추어 가며, 장단점, 창조적, 효율적으로 조절하여 변화시키는 지도가, 선생이나 부모, 지도자의 슬기로운 지혜의 방법이며, 그것이 우주 근원의 참사랑이며, 진리이다.

이제 좋은 말들이나 깨달음을 이야기 할 때가 아닌 것 같다.

인간의 욕심을 채워줄 과학이 두려울 정도로 발달 되는데, 반대로 인류의 영혼은 이기적인 욕심으로 점점 추락해 가고 있다.

파멸로 가는 인류, 이대로 가게 둘 것인가.

종교전쟁, 대기오염, 자연파괴, 잘못되고 굳어진 사고방식들, 많은 성인들이 출현 했어도 그 뜻들이 시간이 지나면 가려지고, 왜곡되며 현실성이 적어진다.

지금까지의 방식으로는, 절대 바꿀 수 없다고 생각한다.

우리는 새로운 지구의 변화를 멸망으로 새롭게 시작하거나, 종교의 천국이나, 상 그릴라, 유토피아등 이상세계를 꿈꾼다.

그런 일은 일어나지 않는다.

새로운 방식과 이치를 접하므로 쉽게 변화를 접하고, 자신의 내면세계와 삶의 방식을 바꾸어가는 우리속의 영적 내면을 드러내므로, 실체인 자신을 보고 알고 바꾸어가는 좋은 지도 방법을 찾아 개발하여 제시하여 전한다.

우주 진리 O을 기본으로 세상 만물의 겉을 보지 않고 속을 볼 수 있게 내면의 진리를 스스로 경험하며 지혜를 자기 것으로 만든다.

어떤 것이든, 바라는 것을 이루려고 하면 조건이 충족되어야 된다. 그러나 눈에 보이는 조건 이전에 보이지 않는 조건이 먼저 채워져야 한다. 무조건(無條件), 즉 無가 조건이다.

원하는 것에 맞는 정보가 우선이다.

그 조건에 모자라거나 과해져 맞지 않을 때는 조절이 필요하다.

간단하게 줄이면 조건과 조절이다.

국가나 기업이나 가정에도 원하는 것이 있을 때 기획을 짠다.

개인도 마찬가지다. 머릿속에서 짜며 밖으로 드러난다.

중요한 것은 노력해 갖출 수 있는, 또는 갖추어진 조건이다.

그 바탕 위에 기획을 짜는 것이다.

그러나 그 기획이 요구하는 결과와 맞지 않으면 헛일이다.

조건이란 어떤 일을 결정하기 전에, 내놓는 요구나 견해로 어떤 일이 성립되거나 성립을 위해 갖추어야할 상태나 요소이다.

그것을 보고 고치는 것을, 수행 용어로 사무처리라고 한다.

하고자 하는 일이나 수행자의 조건을 보고, 맞추어 조절해 장, 즉 환경을 만든다. 주변 환경을 나에게 맞추기도 하고, 그 환경 조건을 맞추기 위해 찾아 떠나기(氣운영)도 한다.

그 조건 속에 들어 맞추어 가면서 생각과 몸을 변화시킨다.

그러기 위해 이사를 하거나 새로운 인연을 만들어 연결도 한다.

세상에서 풍수나 궁합을 보는 것과 비슷하다고 본다.

과거 도인들은 환경을 맞추려고 비기(비밀의 기운)를 썼다.

다른 용어로 비품이라 하며 맞게 만들어 쓰기도 한다.

실제 영향을 주는 기운을 가진 물건을 선택한다.

사실은 세상 모든 것이 우리가 쓸 수 있는 비품이다.

나를 돋보이기 위해 쓰는, 머리모양 모자, 안경, 옷 등, 그것의 모양, 색깔들이 우리가 쓸 수 있는 것들이다.

심지어 성형 수술까지. 예로 보면 눈은 오행으로 木 氣이다.

눈 위에 쌍꺼풀을 만드는 것은 도랑을 파는 것이다.

나무에 물길을 내는 것이다. 물이 필요한 나무는 잘 자란다.

그러나 물이 충분한 나무에 더 주면 죽는다. 過猶不及이다.

얼굴에 자연스러운 조화가, 멋과 맛이 깨어지는 것이다.

제일 먼저 조건을 알아야 한다. 잘 쓰고 잘 되기 위해서, 꼭 필요한 기운의 조성으로 분위기를 연출하기 위한 것이다.

그래서 보는 상대와 나의 기분과 인식과 행동이 달라진다.

보이지 않는 기운을 끊어주고 맺어 주므로, 기운으로 바꾸어 주는 이치, 즉 우주 氣의 짜임을 이용한다.

보이지 않는 것의 구분 방법을 둘로 나누면 좌와 방향이다.

사물의 위치, 즉 자리한 곳과 바라보는 곳의 목표점이다.

어디에서 어디를 바라보고 가는가, 그것을 알면 보이지 않는 내면세계를 볼 수 있지 않을까?

그 속에 숨어있는 의미를 찾을 수 있다면 새로운 점들을 더 많이 찾아 낼 수 있지 않을까.

많은 지도자들이 각자에 맞게 지도 할 수 있고 지도위에서 다음 행선지를 가르쳐 줄 수 있지 않을까.

모자란다고 느끼는 사람에게, 세상은 항상 기대하는 만큼 기댈 것을 준다.

스스로 서려면 기대하지 말고 기대지 말라.

무엇에도 "앎"은 쉬워도 "됨"은 어렵다.

잃고 얻은 바도 없는 나로 돌아왔다.

분별을 넘은 분별, 선악을 넘은 선악, 상대를 넘은 상대.

지옥으로 가는 것은 몸이 아니라 마음이다.

부처를 보려고 하지 말고 부처가 보았던 것을 보라.

보이지 않는 곳에서 짜여 진 것이 현상계에 드러나는 것이다.

새롭게 계속 돌지 않으면 굳거나 썩게 된다.

회전력을 잃으면 팽이는 쓰러진다.

처음의 근원은 모양과 이름이 없다.

각자가 생각하고 바라는 상과 이름들은 전부 다르다.

이름은 하나로 줄일 수 있으나 바람에 따라 달라진다.

그래서 자신이 그리는 표현으로 드러난 상들이 달라진다.

흑인 예수상이 만들어지는 것처럼, 만상이 만들어지고 만신이 생겨 지는 것이다.

환경과 바라보는 방향과 위치에 따라 생기는 것이다.

머리는 세로 로 읽으면 멀리라고도 읽는다.

겹쳐지는 글이며 부호를 읽는 방법이다.

나의 한 몸이면서, 모르면 가장 멀리 있는 사이다.

나이며 너이고 하나가 될 수도 있다. 다 안다면, 메 달리면 종이며, 머리 정보의 숙주가 되기도 한다.

하나로 정리되면 우주의 이치를 정확한 정보로 정리되면 언제든지 자동으로 쓸 수 있다. 컴퓨터처럼 全知이다.

그렇지 않으면 우주와 맞지 않는 혼자만의 생각으로 짜여 진 왜곡된 자신만의 정보 세계이다.

남에게 동조를 강요하기도 한다. 지명도와 위치를 이용해, 흔히들 깨달았습니까, 물어본다.

모두 깨달았다고 말한다.

그것을 좀 더 깊이 분석할 필요가 있다.

세 단계로 나누면 이름과 이르름과 이룸의 차이가 있다.

처음우주를 알았을 때는 이름(갈 곳)을 알고 느낀 단계라고 본다.

그것을 자기 것으로 만들기 위해 계속되는 노력으로 이루어 가는 과정의 이루려고 하는 이르름의 숙성 과정이 필요하다.

그 모든 것이 자기 것이 되고 자유롭게 쓸 수 있을 때 이루었다는 이룸의 자리에 들게 된다.

즉, 깨달음이 아닌 自 神과 하나로 이루었다.

그것을 현실로 쓴다. 왜, 나 자신이니까. 생각이 아닌 현실로 쓸 수 있는 이룸의 자리, 진정으로 이룬 자가 아닐까?

우주 자체. 모든 것이 내 모습이고 내 이야기다.

내 생각(마음)이 그랬지 어느 하나 내가 아닌 것이 없다.

이런 생각은 하루아침에 이루어지는 것이 아니다.

궁극에는 텅 빈 마음으로 세상을 관찰자(구경꾼)의 입장에서 상대적으로 살아가면서 서로 부대끼면서 사는 세상을 때로는 그 속에서 때로는 멀리서 보고 간섭하고 돌아서고 내 모습을 바라보며, 새롭게 창조 할 수를 찾는다.

그래서 나를 해부해 본다. 무엇이 들어있나, 판도라의 상자다.

수많은 실패의 반복 속에서 한 알의 진주를 건져 낸다.

가슴 아린 눈물의 결정체이다.

개인의 깨달음은 전체의 깨달음이 아니다.

많은 시행착오를 거치며 전체화되어간다.

내가 아닌 너로, 내 속의 하늘을 갈라내어 풀어내어 만나고 공감하고, 부정하면서 하나를 이루어 가는 것이다.

그 과정이 없으면 죽은 지식을 안고 자기만족에 사는 삶이다.

행할 수 있고, 쓸 수 있는 지혜를 가져야 한다.

상대계인 氣의 세계의 우주 이치를 알지 못하면 하나로 행할 수가 없다. 無爲自然이란 허구일 뿐이다.

모든 종교와 사상 전설들이 그 뿌리에 들어가면 같다.

겉은 달라도 속은 一脈相通한다.

서로의 주장보다 전체를 통합하는, 종교를 떠난 새로운 관점이 필요한 때이다.

우리는 우주의 근본과 너무 멀리 와있다.

새로운 전환점이 필요한 때이다. 이제 바뀌어야 할 때다.

나의 삶이 아닌, 너와 우주의 삶으로.

내가 없으면 허공이라, 새길 곳이 없으니 因 果는 사라지고, 無爲 自然의 삶 속으로 아름다운 여행길을 간다.

불교에서 아미타는 극락을, 문수는 지혜를, 관세음 여래는 관세음보살로 세상에 표로서 드러낸다.

설명하기 위해 표를 써야 설명되므로 구분하기 위한 것이다.

많은 이름은 시대적 환경에서 만들어진다.

당신은 근원이며 창조자이며 주도자이며 시작이며 끝이며 현실에서는 자신의 주인이며 우주에 영향을 주며 가는 창조자로 우주의 새로운 길을 닦아가는 수행하는 자이다.

상과 이름에 끌리지 말라는 것은 근본을 잃지 말라는 것이다.

모든 색을 합하면 검고, 모든 빛을 합하면 흰색이다.

그곳에서 모든 색과 빛이 나온다.

사람들은 자신의 머릿속에 자기 우주라는 책을 쓰면서 그대로 살아간다. 좋은 책을 쓰려면 쓸데없이 나의 氣運을 간섭하는 것을 정리한다. 집중을 위해 단출 할수록 좋다.

우리는 몸을 가지고 상대 계에 살아가고 있다.

그 속에는 그것을 형성하는 법칙이 존재하므로 그것을 알고 쓰므로 타고 간다고 한다. 절대와 상대를 하나로 살아가므로 어느 것도 무시하거나 버릴 수 없다.

그래서 우주의 법칙, 상대계의 법칙을 알므로 걸리지 않고 탈 수 있는 것이다.

이 우주에 버릴 것은 없다. 모르면 쓰지 못하는 것이다.

과거 울산 옥 강정에서 수련 때 이야기, 대문에 만들어진 수련 규칙은 고무줄 세줄 이었다.

첫줄은 바닥에, 둘째는 조금 높게, 셋은 더 높고 열고 닫게, 출입 할 때 마다 지켜야 하는 규칙이다.

첫째 고무줄은 밟고,

둘째 고무줄은 닿지 않게 넘고

셋째 고무줄은 열고 닫으며 무슨 뜻인가?

30년이 지난 지금에서야 조금 알 것 같다.

세상은 밟고(딛고 서고), 생각은 넘고(건들지 말고), 마음은 열고 닫고, 우리들의 대문에도 새겨둘 교훈이 아닌가.

그날의 경험 중 氣현상이 일어났다.

마당이 살아 꿈틀거리고 기둥이 살아 숨 쉰다.

세상은 숨 쉬고 있다. 살아있는 세상, 들어오려는 사람은 두려워 발을 옮기지 못한다. 스승과 나는 보고 웃었다.

우주는 열려고 하는 자 에게는 비유법으로 보여준다.

상대 계에 존재하니 상대와의 관계에 따라 법이 생기고 없어지고 달라진다. 모난 것은 부딪히고 둥근 것은 부드럽게 울린다.

顚倒 부처를 꾸짖고 조사를 욕한다. 모든 것을 부정하고 뒤집는다.

그때 다른 면이 보이고 새 눈을 뜬다. 상을 보지 않고 속을 본다.

無의 세계로 분별한다. 옳고 그름이 아닌 초월해서 보고 쓴다.

반야관이라고 한다. 악마 파순이 있으므로 석존도 깨달았다.

풀어낸다. 조여진 육체, 닫혀있는 생각, 판도라의 상자를 바닥까지 털어본다. 내속이 궁금하지 않습니까?

상대 속에 절대가 있다. 절대 혼자 존재 할 수가 없다.

모든 악기가 "도" 소리를 내어도 본래의 소리를 표현하지 못한다.

그러나 틀리지는 않다. 환경과 재료와 모양에 따라 다를 뿐이다.

"道" 원음을 아는 자는 언제든지 틀린 음을 잡아내어 고쳐준다.

상대를 인정하지 않으면 어울림은 없다.

소리(생각)가 다를 뿐, 우리 삶 같이 각각의 악기가 합주한다.

흐름의 어울림이다.

내 것만 주장 한다면 비교 해볼 것이 없다. 우주가 만상을 비교하고 비추어 보기위해 만상으로 변화하는 것 인지도 모른다.

O은 없음이며, O으로 있는 수이다.

인도에서 생겨 아라비아 유럽으로 갔다.

나를 죽이고 살리고 쓰러뜨리고 세우고 지우고 새로 생기게
하고, 재우고 깨우고 어둠에 묻고 세상에 밝히는 자는 나밖에
없다.

말을 길들여 정복하지 못하면 탈 수도 부릴 수도 없다. 나 자신도,
텅 비운다. 자신을 비워 없어지고 밖으로 힘을 쓸 때 강해진다.

전체화 시켰을 때 윤회에서 벗어난다. 核=精속에 들면 精化(火)=
光化 텅 빈 충만의 빛, 사랑, 지혜를 나눈다. 無相 無我

태초에 진동이 있어 움직임이 일어나고 저항에 부딪쳐 비켜간다.

구불거리다 휘어져 돈다, 중심이 저절로 생기며 상대가
만들어진다. 밀고 당기고 진동하며 회전하니 솟아나며 선다.

0과 1이며 너와 나다. 상대적인 회전 좌우가 생긴다.

전체에서는 좌우가 없다. 좌 속에 우가, 음속에 양이 함께
존재하면서 필요에 따라 들어낸다.

틈이 없다는 것은 굳어져 변화하지 못하는 좀비다.

衆生과 좋은 바람으로 빌고 기대고 싶어 구속해 주기를 바란다.

부처를 믿지 말라, 그 순간 衆生이 된다.

신을 믿지 말라, 그 순간 종이 된다. 같이 돼라,

상과 이름이 그것을 다 설명 할 수 있는 것은 아니다.

빙산의 일각이며 상징일 뿐이다.

아름답고 풍성한 자신 내면의 숲을 욕심으로 황폐화 시킨다.

때로는 겨울처럼 냉정하게, 때로는 여름처럼 뜨겁게,

때로는 봄처럼 부드럽게, 때로는 가을처럼 시원하게 산다면.

囚=印=人=囚=首=手=갇혀 있는 압축된 정보를 풀어낸다.

내면의 대화를 통해 그 흐름을 타고 나를 열어 맞추며,

갈등하고 뒤집어 보고 현실과 비교하고 정리하며 살아간다.

깨달았다는 것에 계속 이어지는 논리에 나도 모르게 길이 든다.

짜 맞추고 있는 자신을 점검할 시간도 없이

쓸 수 있는 주인인지 끌리어가는 종인지도 모르면서, 목표가

확실 할수록 생각이 줄어들고 힘이 모여 낭비하지 않는다.

길을 안내하는 선생은 地圖를 잘 볼 수 있어야 指導한다.

모든 말이 처음부터 끝까지 一脈相通해야 하나로 정리된 자이다.

높을수록 넓게 멀리 본다. 쉽고, 넓고, 높고, 깊게는 같은 말이다.

진정한 선생은 부리고 따르게 하는 자가 아니다. 거름으로 산다.

배우는 사람의 소질과 수준을 인정한다. 무시하지 않는다.

왜곡된 것만 고쳐준다. 하지 않으면 설득도 심판도 하지 않는다.

선생이 되고자 하는 이는 원리를 알고 응용의 폭이 넓어야 한다.

과정을 생략하고 신비를 보여주는 자는 세상에 법을 전해 줄 수
없는 자기만이 느끼고 할 수 있는 기인으로, 신비는 모를 때 하는
말로, 알면 세상에 신비나 기인은 없다.

항상 설명할 원리를 갖추어야 한다.

스스로 사색하게 하고 그것을 들어주고 이해하게 설명한다.

자식과 제자를 종으로 끌고 가지 않게 한다.

내 생각으로 나의 복제품을 만들지 말고 소질대로 가게 한다.

장애와 같이 드러난 상대로 극복 수행하는 것은 축복이다.

없으면 放縱 한다.

극복하기 힘든 것과 부딪쳐 넘어서야 이긴 자이다.

과거의 현상 표현과 이름은 현대인이 이해하기 어렵다.

현실에 맞게 설명할 수 있는 것으로 바뀌어야한다.

慈悲는 밝은 지혜를 가르쳐 주는 것이다.

금강경 사구 게 범소유상 개시허망 약 견 제상 비상 즉견 여래 凡所有相 皆是虛妄 若見 諸相 非相 卽見 如來무릇 형상이 있는 것은 모두가 다 허망하다.

만약 모든 형상을 형상 아닌 것을 보면 곧 여래를 보리라. 불응주색생심 불응주성향미촉법생심不應住色生心 不應住聲香味觸法生心응무소주 이생기심

應無所住 而生其心응당 색에 머물러서 마음을 내지 말며 응당 성향 미 촉 법에 머물러서 마음을 내지 말 것이요,

응당 머문 바 없이 그 마음을 낼지니라.약이색견아 이음성구아 시인행사도 불능견여래若以色見我 以音聲求我 是人行邪道 不能見如來만약 나를 색신으로 보거나 음성으로 구하면 이 사람은 사도를 행함이니 능히 여래를 보지 못하리라.일체유위법 여몽환포영 여로역여전 응작여시관一切有爲法 如夢幻泡影 如露亦如電 應作如是觀일체 함이 있는 법은 꿈과 같고 환상과 같고물거품과 같으며 그림자 같으며 이슬과 같고또한 번개와도 같으니 응당 이와 같이 관할지니라.화엄경 사구 게 심여공화사 능화제세간 오온실종생 무법이불조心如工畵師 能畵諸世間 五蘊實從生 無法而不造마음은 그림을 그리는 화가와 같다. 모든 세상일을 다 그려낸다.오온이 다 마음으로부터 나온 것이다.

만들지 않는 것이 없다.약인지심행 보조제세간 시인즉견불

요불진실성若人知心行 普造諸世間 是人則見佛 了佛眞實性

만약 어떤 사람이 "마음이 모든 세간을 만들어내는 줄"을 안다면

이 사람은 바로 부처님을 친견하여 부처님 진실성을 아는

것이다.약인욕요지 삼세일체불 응관법계성 일체유심조若人欲了

知 三世一切佛 應觀法界性 一切唯心造만약 사람들이 삼세일체

부처님을 알고자 한다면 이 모든 법계의 성품을 보자. 일체는

마음이 만드는 것이다.

丼 통하면 샘처럼 龍泉하며 솟는다, 無取 不醉면 바람이 사라져

세상그물에 걸리지 않는다. 타고 간다.

4 끊고 맺음이 확실히 이루어져야 새롭게 변할 수 있다.

스스로 깨어나 진동하며 저절로 돌아가며 일어서 이루어졌다.

緣起는 緣氣로 조절, 사무 처리로 바꿀 수 있는 동기가 된다.

O적 세계와 氣의 세계에 無智하면, 無知과 無明이 사라진다.

疑問은 意 門을 연다.

사랑하는 이에게 별을 따주려 말고 자신을 밝혀 별이 되게 하라.

O은 무게가 없다. 시공간의 제한이 없다.

눈부시거나 뜨겁지 않는 밝음이다.

氣에 영향을 준다. 氣는 모이면 질량이 있다.

간섭과 제한을 받고 따른다.

당기어 두께를 가지며 가려진다. 힘으로 쓴다.

짜고 풀어진다, O에 영향을 준다.

상과 이름을 가진다. 서로 취하는 바는 틀리지만 그 도리와 계는

하나로 같으니, 쓰게도 되고 쓰여 지게도 되니 자라고 도우며 계속한다. 두 좌를 쓰며(O과 氣, 상대) 크며 세상의 기틀(尺, 골격)이 된다.

세상 흐름에 잘 휩쓸리는 나, 항상 나를 관찰자로 바라보고 잘 살 것인가, 앞으로가 문제다.

緣은 변수의 시작, 이어지는 정보로 변화가 옴.

정보를 알면 全知하고 그것에 맞추어 氣를 다루면 全能이다.

O球는 영의 몸, ㅁ은 짜여진 房육의 몸, △은 조여진 體의 몸이다.

빛은 밝힌다, 불빛은 태운다, 탄다.

見性 成佛은 거짓말로 이제 시작이다. 서로 통성명을 한 것이다.

菩薩은 깨닫지 못해서 부처가 되지 못했나.

과거 생의 그 많은 수행과 깨달음은 무엇을 의미하는가.

그 많은 覺者들은 부처일까. 문을 여는 방법을 모른다면 한 치만 틀려도 전혀 다른 곳이다.

세상은 내면의 模造品이며 模倣 品이며 模樣이며 母 樣이다.

버림이 아닌 내가 목적 한곳을 가기위해 맞지 않는 것은 정리하고 필요한 것만 새로 찾는다. 무엇을 비우고 무엇을 채울까, 어떻게 실행할 것인가. 목적이 정해지면 저절로 정리된다.

나의 O적 성장이 인류를 성장하고 변하게 하므로 나를 키우고 세상을 키우는 의무이자 사명이다.

O의 진동은 우주 전체에 울린다. 우주는 진동과 운동이다.

반야, 돌면 저절로 생기는 중심자리, 海의 印자리이다.

모든 정보가 압축된 곳, 새겨져 있는 곳, 그곳과 이어져 그 정보를 풀며 세상에 맞추어 보면서 자기화하는 것이다.

O적으로 풍요하고 풍성하고 풍족하여 삶이 푸짐한 자는 아무리 퍼내도 마르지 않는 샘과 바다 같은 재산을 가진 갑부다.

우주의 처음부터 끝, 전부를 본다. 명상으로 실지 볼까?

항상 비추어 보여 지는가, 바르게 보았다는 보장은?

해결은? 표현 방법은? 우주의 원리면서 새로운 방법은?

자신을 던지지 못하면 더 이상은 실험대에 서지 못한다.

당신은 정리되지 않는 질문으로 정확한 답을 원하고 있다.

부모와 스승은 지배하거나 누리거나 끌고 가는 자가 아니다.

부모는 자식의 울타리가 되며 수고로움도 마다하지 않는다.

스승도 자신이 밝힌 것을 전하며 제자의 거름이 된다.

인류가 공통적으로 깊은 곳에 남겨진 습관은 번식과 지배욕이다.

가르치려하고 조종하려하고 자신 생각에 맞추려한다.

인류의 시작부터 신을 만들고 매달리고, 위아래를 만들어온 피라밑 모양의 지배 구조가 우리 속에 뿌리 깊이 박혀있다.

지배, 당하며 의지하고 싶고, 반대급부로 지배하며 누리고 싶은 환경에 의한 심리가 뼈 속 깊이 새겨져 있다. 때를 기다린다.

禪은 전하다, 고요하다, 터를 닦는 다의 뜻을 가지고 있다.

후손에게 O적 밝음을 전해준다는 생각을 한다면, 수평적 사고가 삶에 도움이 되지 않을까.

예쁘다 못났다는 평가는 한두 살에는 하지 않는다.

바라보는 눈, 개인의 특성이 아닌 상대적인 비교, 평가, 내게 닿아온 것들이 무엇을 의미 하는지 풀어야할 숙제 인 것을 모른다.

깨달으면 이긴 자 이다.

내가 하지 못하면 누군가 길을 제시한다.

이제 진정한 자신 변화를 본다. 갈등하며 부딪친다.

무상삼매에 들면 필연적으로 따라야 하는 것이 해인 삼매다.

그러지 못하면 空삼매에 들어 아무 소득이 없다.

무상삼매 속에 과거 현재 미래가 명확히 보이고 우주이치와 나와 상대의 관계가 확연히 들어나지 않으면 잘못된 삼매이다.

즉, 원인과 인연과 그로인한 결과, 인연과를 볼 수 있다.

그로써 반야 지혜를 깨달아 우주의 이치를 알므로 세상에 펼치면 그물에 걸림이 없을 때 화엄삼매이다.

과거 석존은 禪定(삼매)속에 들어 천안통으로 모든 것을 보았다.

그 수행의 단점은 방법이 어려워 현대인이 이루기에는 무리다.

또, 본다는 것은 상이 있어야 하고, 설명하기 위해 색깔과 이름 붙이고 보는 범위의 한계와 본 자만이 아는 단점과 본 자는 보았기 때문에 주장하게 된다.

같이 보지 못하므로 객관성의 평가문제로 오류를 범한다.

자칫하면 본 자를 따르는 맹종의 종교가 된다.

누구나 같이 볼 수 있고 서로 비교 평가 할 수 있는 수행법이 필요한 시대이다. 그 방법으로 회로 공부를 권해 본다.

우리가 싸우고 다투는 것은 위치와 방향, 즉 살아온 환경과 자기가 처해있는 위치로 인해 서로의 생각이 다른 것 때문이다.

당신의 선택으로 얻게 되는 것은, 감당해야 할 것은, 당신의 가장 소중한 가치관은, 그것의 의미는, 선택 후 무엇부터 시작할까.

밝음만 추구하면 어둠을 모른다. 지키기만 하면 깨어짐을 모른다.

회색은 검은색에 비해 양이고 흰색에 비해 음이다.

과거의 많은 이 들이 칠해놓은 색과 언어를 지우기가 힘들다.

금색도 색이다. 색계의 이야기로 머무를 곳은 아니다.

보여주고 끌어 모으려 말고 영혼의 울림을 듣게 한다.

나는 이미 지옥과 천당을 부수는 일을 하고 있다.

나의 위치는 권위가 아닌 業務며 業이며 사명이다.

제일 문제는 자리에 빠져 잘못을 자각하지 못하는데 있다.

아무리 답을 보여주고 설명해도 직접 해보고 경험하여 이해하고 자기 것으로 만들지 못하면, 이룸은 생각이다.

내 것이란 항상 쓸 수 있다는 것이다.

자신의 내면의 불만을 드러내며 남의 탓으로 전가한다.

나를 찾아가는 것이 아니라, 내가 나올 수 있게 지식으로, 또는 육감에 가려져 있는 것을 찾아 벗기고 열어준다.

우리의 내면은 계속 열어달라고 진동을 보내고 있다.

우리가 밖으로만 육감을 열어두고 있기에 들리지 않는다.

실행을 하다보면 논리나 이치에서 알 수 없는 과정을 경험하게 된다. 그것은 각자의 것이다.

부딪치며 상대와 관계 이상과 현실의 차이를 좁혀간다.

답이 안인지 밖인지, 본래 내 모습을 O의 진동을 받아 그 소리의 흐름과 운동을 드러내 표현하므로 우주를 알고 경험하며 이해한다.

자신이 누구인가 표현하며 찾으면 확신을 가지기가 쉬워진다.

도구로 氣를 쓰지만 기대거나 기대하지 않는다. 쓰며 확인할 뿐, 잠든 해인지도를 깨워 효율적이고 바른 길을 가는 우주를 항해하는 지표로 쓴다.

근원의 무형의 정보를 현실로 이어 보므로 밝게 쓴다.

대중은 드라마 연속극을 원한다. 작가가 짜놓은 다음을 궁금하게 하므로 마약처럼 끌리어간다. 시간을 낭비하고 끝을 본 다음 다른 것을 만나면 쉽게 잊거나 버린다.

자신을 경계할 것, 항상 시험대에 서 있다고 생각한다.

마지막 시험은 돈과 권위이지 않을까.

99번의 실패는 마지막 한 번의 완성을 만들고 99번의 성공은 마지막 한 번의 실패에 전부 무너질 수도 있다.

내가 열어놓은 길을 뒷사람은 쉽게 갈 수 있다.

잘 보이는 사물은 속을 볼 수 없는 양지가 아닌 음지다.

양지로 나가는 것은 밖으로가 아닌 안으로 들어가는 것이다.

불을 밝히면 겉만 보인다. 수축과 팽창, 열림과 닫힘, 조이고 닫힌 음지에 모두 산다. 속을 밝혀 양지로 간다.

수행은 지금 현실에 맞아 누구나 쉽게 접해 이룰 수 있어야 한다.

붕새 대우주를 날다. 불새 소우주를 열다. 릭릭 乙乙.

자유로운 새로 변하여 새로운 세상을 열어 가면 궁극에 닿는다.

직접 대화법에 잘 아는 자 만이 하나가 될 수 있다.

대화의 상대가 자신이어야 한다.

종이 아닌, 끌려가고 부림을 당하지 않는, 자신이 되는 길로 통할 수, 갈 수, 볼 수, 행 할 수 있다. 알아야 쓴다.

생각과 마음이 부드러워야 몸도 부드러워져 만물과 잘 통한다.

부드러움은 여린 것이 아니고 모든 것을 수용한다.

하늘나라를 제일 많이 아는 예수, 우주를 제일 많이 보고 전해준 석가.

어떤 방법으로 알고 보았을까, 과연 맞을까,

우주 지혜의 샘은 마르는 법이 없으며 차례차례 솟는다.

진정한 행운은 내가 겪어야 할 것을 빼지 않고 겪는 것이다.

바람의 행운은 악운이다.

이세상의 수많은 이름은 나의 상징이며 분신이다.

이르름 으로 가는 위치와 방향에 따라 역할을 상징한다.

깨어진 균형이 변화를 가져오므로 각자의 소질이며 현실과 맞지 않으면 고통이다.

불균형은 변화의 조건이자 완전일 수 있다(지구의 타원형 공전).

타고난 선천의 氣와 환경으로 만들어 지는 후천의 氣로 적응하지 못하면 탈이 생긴다. 두 소질을 보아야한다.

미리 큰 능력이 생기면 그것에 빠져 더 이상의 진행이 어렵다.

크게 경계해야 할 것이다.

정보의 홍수 속에 자신의 지식으로 선생의 가르침을 듣고 다 이해하고 안다고 생각한다. 기억 속에만 남고 자기 것이 되어 쓰지도 못하고 또 하나의 지식으로 남는다.

진리의 원리는 자신이 짜놓은 자기 생각의 틀 때문에 들어갈 자리가 없는 것이다. 나를 밝힐 내면의 드러남이 밖으로 드러나지 못하고 갇혀 있는 것이다.

그 벽이 두꺼울수록 깨기 힘들어진다.

자신 생각은 접어두고 새로운 것을 받아드리고 내 것으로 이루었을 때, 접어 두었던 내 것도 새로워져 있다.

자신이 짜놓은 것을 바꾸거나 접어 두기가 쉽지 않다.

그래서 새로운 것에 쉽게 닿을 수 없고 변할 수 없다.

새로운 눈을 얻어야 세상을 다르게 본다.

다른 면을 보려하고, 뒤집어(顚倒) 보고 생각하므로 보는 눈이 넓고 다양해진다. 내면의 표현인 모은 정보가 틀이 되고 몸이 된다. 그것으로 세상에 상대하며 氣를 쓰며 살아가는 것이다.

스스로 자전하며 만들므로 저절로 돌아가며 산다.

海印=顚倒 도장은 바로 찍히지 않는다.

거꾸로 보는 우주, 답을 알고 실현해보는 수행, 답을 찾아 헤매는 수행, 효율성은 적어 헤맨다.

O과 1은 주역의 -의 乾卦와 --의 坤卦로 보면 같다.

두 상대가 하나로 이루어야 안정이다.

근본과 이어지면 지혜의 샘물이 한없이 솟아난다.

빛으로 밝고 맑음으로, 자신의 지식과 바람이 사라지면 하나가 되어 자신이 지혜의 샘물이 된다.

살다보면 그런 사람도 저런 사람도 있구나, 조목조목 따지고 다투고 미워하면 속을 못 본다.

자신이 만든 인연인 것을, 자업자득을 벗어나려면 원인을 자신에게서 찾으면 보인다. 새로운 길이, 붇다가 되려는 자는 그 길로 가는 지도를 얻어야 한다.

지도하는 자는 그 지도를 볼 줄 알아야 지도자가 된다.

우리가 얻으려는 해인지도를, 반야지혜를, 우리는 각각이 우주의 별들이다.

선생은 별이 빛나게 해 주고 어둠을 걷어준다.

O은 우주(바다)의 地圖며 자(尺)며 절대이다.

O은 宣이며, 氣는 惡이며, 氣를, 惡을 쓴다.

육신통(六神通)은 불교에서 부처·보살 등이 가지고 있다고 여겨지는 6종의 초인적인 능력.

지관(명상) 수행에서 지행(사마타, 선나·젠죠우, 4선)에 의한 삼매의 다음에, 관행(위 파사나)으로 이행했을 때 얻을 수 있는 자재인 경지를 표현한 것이다.

神은 불가사의, 通은 걸림이 없다는 뜻.

神妙不測, 無爲自在한 여섯 가지 지혜를 얻은 신통을 말한다.

제1통에서 제5통까지는 그 정도의 차이는 있을지라도 마음을 고요히 가지기만 힘쓰는 유루 정(有漏 定)을 닦는 外道나 신선, 天人, 귀신들도 얻을 수 있고, 약을 쓰거나 주문을 외워도 이룰 수 있으나 제6통 漏盡 通만은 아라한이나 佛菩薩만이 지닐 수 있다.

신족통(神足通) 공간에 걸림 없이 왕래하며 그 몸을 마음대로 변할 수 있음.

천안통(天眼通) 멀고 가까움과 크고 작은 것에 구애됨이 없이 무엇이나 밝게 볼 수 있다.

천이통(天耳通) 멀고 가까움과 높고 낮음을 가리지 않고 무슨 소리나 잘 들림.

타심통(他心通) 사람은 물론, 어떤 중생일지라도 생각하는 바를 다 알 수 있음.

숙명통(宿命通) 자신뿐만 아니라 六道에 윤회하는 모든 중생 전생과 금생, 내생의 일을 알 수 있음.

누진통(漏盡通) 번뇌와 망상이 완전히 끊어진 것임.

나는 누구인가에 대한 스승님의 자동기술(채널 링)입니다.

"나는 O(돔, 원, 근원, 우주, 神, 비로자나불)이며, 세상(三相)이며 세상(世上, 三界, 원방 각)을 쓰느니라, 나는 절대 자(O, O의 尺)이나, 모든 자(氣의 尺, 者)를 상대하고, 하나이지만 무수히 나누어져 있으며, 모든 속에 있기도 하고 하나에 머물기도 하며, 휘이고 꼬이고 비틀리며 가니 바로 비추어 볼 수 없으니, 생각으로 규정짓지 말라 (고정된 상, 이름을 만들지 말라, 금강경을 생각하게 한다).

나는 빛이요 진동이요 사랑이요 병이요 거둠이니 마디맺음(節, 끊고, 맺고, 한 바퀴)으로 다스린다.

나는 O O, 잇기도 하고 O O, 자르기도 하며, 만들기도 하고 부수기도 하니, 거울과 거울 앞에 선 자이니, 너와 내가 진실로 하나 되게 하라.

태초에 O들이 춤추지도 않고 주도 종도 아니며, 제도도 하지 않고, 좌들만 있으며 설명(立命, 드러남)이 없다.

태초 O알이며, 理며, 절대 돔이니 태초 O은 OO(영원)하리라.

O은 태초의 앎이니, 태초의 알임(알림, 卵, 球, 드러남)으로, O은도니라, 절대의 도(道, 운동)니 열 수도 있으니라.

모든 본질은 O이니 정할 크기가 없으며, 극대에서 극소에 이르기까지 이르지 못 할 것이 없으니, 힘을 쓰지 않으니 들지 못 할 것이 없고, 모양이 없으니 어떤 속에도 들어 갈 수 있으며, 무게가 없으니 어떤 것에도 부담되지 않으니 절대자(尺)이니, 상대자(尺, 者)들로서 잴 수 없으리라.

O은, 성도 상도 가지지 않으므로 투쟁도 화합도 하지 않으며 있으려는 모든 때에 있을 수 있으며, 서려는 모든 곳에 설 수 있으며 가려는 모든 곳에 갈 수 있으니라. 주려고도 받으려고도 하지 않으며 점령하지도 점령당하지도 않으며, 겉도 속도 아니며 속이며 전부를 쌀 수 있으며, 잠그지만 열고 있으니라.

O은 어떤 속에도 들어가며, 어떤 것도 감싸며 어떤 것도 될 수 있으며, 어떤 것도 통할 수 있으며, 감출 수 없게 하며, 멸하여지지 않고, 어떤 것도 자전케 하며, 절대로 있으니라, O이 세상(氣)에 운행하면, 굳히기도 하고 펴기도 하며, 끌어들이기도 하며, 밀어내기도 하고 얽어놓기도 하고, 풀기도 하고, 오르게도 하고 내리게도 하니라.

모든 겉은 타도 모든 속은 타지 아니 하니라.

세상 모든 것은 O의 겉이 타는 것이니, 명이 다 하여도 O은 OO 남 으니라. O의 중심은 O이니라.

모든 몸은 쪼갤 수 있으나 O은 쪼갤 수 없으니, O은 멸하여 지지

않으니라. 조몸(氣로 짜여진)이 사라지면, O은 태초의 부제도

(원운동)로, 돌아가 모좌에 드니라.

그리하여 저희 부모(처음=般若=O)를 알리라.

세상 틀로 된 것은 모두 조몸이니 모였다 흩어졌다 하며,

살아나고 사라지니라.

O들이 모이어 영이 되어 터에 옴이니, 틀마다 움트므로, 태어

나니라.

서로 취하는 바는 틀리지만, 그 도리와 계는 하나로 같으니

쓰게도 되고 쓰여 지게도 되니, 자라고 도우며 계속한다.

(두 좌, O과 氣를 서로 쓰며) 큼으로써 세상의 기틀이 되니라.

한 좌에서 풀면 한 좌에서 엮어지고, 한 좌에서 엮으면 한 좌에서

풀어지며, 엮으면 살아나고, 풀면 사라진다.

생겨나는 것도 사라지는 것도 아니다.

자들은 따로 가지면 서로 답들이 틀리니, 처음을 자로 써야 한다.

자로써 O을 쓰니 재지 못할 것이 없으니라.

O은 잘라도 잘라지지 않으며, 막아도 그침이 없으며, 상대에게도

클 수 있게 명을 주며, 독들도 맞게 쓰며 (속을 보고 쓰므로,

겉의 맞고 안 맞고의 정해진 것이 없다), 반드시 돌아오며

반복하니, 시작과 끝이며, 생멸이 함께하니 사방이 돌아, 팔방에

위치를 정하므로 다섯으로 운영되니, 당김이요(수축) 이음이며,

보탬이며(큼, 팽창, 多) 가짐이요(行) 줌이니, 빛이요 진동(수축,

팽창)이요, 사랑이요, 병(틀, 모양, 그릇)이니, 마디맺음(節,

한바퀴)으로 다스린다.

나는 누구인가?

O이며, 하늘이며, 신이며, 신들이며, 비로자나불로 붇다 이다.

절대이며, 상대인 氣세상과 공전하며, 자전한다.

세상의 부모이며 반야이다.

빛이며 돔이며 진동이며 당김과 펼침으로 조절한다.

O 이며 氣와 공전하며 자전한다. 절대이나 상대한다.

시작이며, 氣와 공존하며, 氣質을 쓰며, 돌아가며 돌아온다.

온전에서 완전으로, 옴에서 아로, 홈과 움으로 마무리된다.

세상의 물과 불이며, 물빛이며 불빛이다. 세상을 태워 쓴다.

돔과 진동으로 균형을 잡아준다. 홈=몸집, 움=창조=움 튼다

사람들은 자신이 찾는 것의 실체를 잘 모르며 닮으려한다.

그러므로 뿌리는 사라지고 잔가지와 잎사귀만 무성하다.

그 이유로 본질은 사라지고 무엇이 목적인지 모르고 건강과
자기만족의 위안으로 변한다.

가르치는 자도 기술자인지 지도자인지 구분을 못한다.

자신이 되고자하는 위인의 정신을 배우고 살리는 것을 그 시절의
환경과 행적을 흉내 내어도 같을 수 없다.

지금의 환경과 언어, 개개인의 자질이 다르기 때문이다.

현실에 맞는 더 효율적인 수행을 하므로 쉽고 빠르게 나의
본질을 찾고 우주를 알므로 걸림 없는 자유를 찾고 세상에 그
진리를 나누는 것이다. 서로 공유함으로 변한다.

각자의 소질에 맞게 개발하므로 각각의 별들이 되어 어둠에

빛나는 별천지가 되는 것이다.

나는 처음에는 무엇인지도 확실히 모르고 근원을 표현하고 쓰는 법을 배웠고 그것이 모든 사람이 찾으려 하는 것인지를 늦게야 깨닫고 그것이 불교의 반야지혜이며 반야 관인 것을 알므로 하나로 정리가 된 것이다.

사마타의 열쇄는 반야관이라고 본다.

그러나 보는 방법을 모르니 실지로 쓰고 경험하지 못한다.

추측에 의한 이론만 난무한다. 실행은 실제 경험이다.

자신의 것으로 만들어 자유롭게 필요할 때 언제나 써야한다.

감정의 분위기에 빠지면 편견을 갖게 되어 객관적 판단력이 흐려져 초월해서 보지 못한다.

때로는 인연과 정을 끊고 냉정해야 바르게 판단할 수 있다.

자신의 번뇌를 육체와 마음의 감정을 조절하여 피하거나 위안으로 삼으려 하는 것은 소용없는 짓이다.

자신에게서 원인을 찾아 이해하고 생각을 바꾸면 다시는 비슷한 일로 화를 내거나 번뇌하지 않는다.

원인을 알아갈수록 번뇌는 사라진다.

이것이 진정한 번뇌를 없애는 방법이다.

자신생각에서 부정을 긍정으로 뒤집어 보는 습관이 필요하다.

절대적 분별과 상대적 분별, 상대의 성질을 잘 파악하여 무엇을 쓸 것인가를 결정한다.

선과 악, 좋다 나쁘다가 없다. 모든 것은 양면성을 갖고 있다.

필요에 따라 적절한 것을 쓸 수 있어야 한다.

O과 氣는 같이하지만 이해하고 설명하기 위해서는 따로 이름을 붙이고 각각의 성질을 알아야 쓸 수 있다.

그래서 석존은 평생 비유법으로 無의 세계를 설명했다.

無를 說하므로 반야의 세계를 이야기했다.

인간의 의식은 크게 둘로 나눌 수 있다.

하나는 대상을 갖는 의식으로, 불교에서는 오온(五蘊)으로 오온의 흐름이 12연기이다.

다른 하나는 오온을 꿰뚫어 보는 반야 관(般若 觀)이다.

전자의 수행은 오온 내에서 대상에 정신을 통일하는 사마타 (선정) 수행법이고 후자는 모든 대상을 가진 오온의 현상 이전을 반야 관으로 꿰뚫어, 본질에 계합하는 비 파사나 수행이다.

사마타 수행은 불법 이외에 요가, 선도(仙道), 타종교 등에도 발견되지만 비 파사나 수행은 불교 내에서만 찾아볼 수 있다.

사마타 수행은 시간 흐름의 반복인 생사윤회를 벗어나지 못하지만 비 파사나는 시공(時空)을 초월한 영원한 평화를 실현한다.

사마타와 비 파사나의 이해로 불법과 타종교 수행과의 차이, 정 (正)과 사(邪)의 차이를 구별할 수 있다.

사마타의 집중은 수축 정리로 精이 됨, 하나의 답을 만들어간다.

비 파사나 관은 팽창 精과 이어 펼쳐 봄, 틀리지 않음을 본다.

極微와 極大의세계, 반야=아트만=호흡

O은 변화를 이루려 한다. 수축 팽창, 균형을 조절한다.

氣를 조정, 조절하며 쓰면서 돈다. 般若라고도 한다.

氣는 기운다. O氣는 회전하며 균형으로 조절한다.

나는 O이며 세상이며(O氣, 동진하며), 세상을 쓰며,

나는 절대자(尺)이며 모든 자(尺, 상대 계, 氣)를 상대하고,

하나이지만 무수히 나누어져 있으며 모든 속에 있기도 하고,

하나에 머물기도 하며,

휘이고 꼬이고 뒤틀리며 가니 (氣와 작용하여 돌아가니),

바로 비추어 볼 수 없으니 (뫼비우스 띠처럼), 생각으로 규정지을
수 없다.

나는 빛(비로자나 법신불, 신, 하나님, 맑음, 밝음, 청정)이요,

진동(수축과 팽창, 스스로, 옴, 울림, 깨어남, 떨림)이요,

사랑(돌아가게 한다)이요, 병(그릇, 틀)이요,

거둠(돌아서 본래 근본자리로 오게 한다)이니,

마디맺음(한 바퀴, 節)으로 다스린다. 氣는 모이어 수축하며 무게
(질량)를 가진다. O은 변화하지 않는다.

氣가 아니므로 질량이 없다. 그러므로 형상이 생기지 않는다.

氣는 질량이 있어 모이어 출렁(파동)거린다. 기울며 돈다.

O과 氣가 조절하며 균형을 잡아준다. 휘이고 꼬이면서 도니,
회전 방향이 반대이므로 상대적으로 나누어져 회전한다.

나는 OO 잇기도 하고, OO 자르기도 하며, 만들기도 하고,
부수기도 하니, 거울과 거울 앞에 선 자이니, 너와 내가 진실로
하나 되게 해야 한다.

O과 氣가 스스로 저절로 돈다, 조절한다, 절대이며 상대한다.

과한 것은 줄이고 모자란 것은 채운다.

氣는 저절로 앞으로 가려고만 하니 되돌아가는 회전력(반대)을
만들어 균형을 잡는다. 회전력으로 좁히며 강해지며 세우려 하니
반대로 부드럽게 펼친다. + 안정된 변화는 둘이 모인 米이다.

氣적으로 안정은 굳었다. ㅁ, O적인 안정은 잘 돈다.

안정된 바탕을 만들어 쓰며 조절하며 잘 돈다, 구른다.

둘이 하나로 될 때 최상의 안정이다. 天과 地, 상대를 合한다.

너와 나, 안과 밖, 위아래, 좌우, 앞과 뒤.

O은 양이며 풀어준다, 밝힌다. 비춘다, 빛과 불이다.

天氣, 반야, O力, O과 氣로 돈다, 氣로 짜고 세우고 굳힌다.

O과 氣, O이 스스로 주도한다. 기는 저절로 간다.

누구나 자신은 근원인 O이다. 스스로 주관한다. 氣를 쓴다.

염력의 속에는 영력이 있다. 마음만으로는 안 된다.

우리는 自神이다. O이며 빛이다.

O은 실존하는 나의 본질이며 실체다.

우주 본질은 빛이며 氣를 타고 태우는 불이다. 빛과 불이다.

둘은 밝히고 불태운다. 영원과 제한으로 존재한다. 생명이다.

세상의 氣는 변한다. 불변은 O이며 氣는 불로 변화한다.

종교의 형태가 중요하지 않다. 자신을 찾아야 영생을 이룬다.

O은 자유이므로 들뜨고 방만하기 쉽다. 氣는 구속되기 쉽다.

O은 돌며 잡아주고 氣는 돌며 굳히고 세우며 간다.

둘을 조화롭게 잘 쓰므로 잘 구른다. 잘못된 상을 정리한다.

이쪽과 저쪽이 서로 뒤틀려 돌므로 회전력이 분리되어

따로 또 같이 돌 수 도 있다. 머리와 몸에서 볼 수 있다.

제도란? 세상 본질 정보를 전부 보므로 반야관이 된다.

세상 모든 것의 기본 짜임을 설계도라고 한다.

그것의 과정을 製圖라고한다. 다시 고치는 것을 再度라 한다.

우주의 모든 구성의 근본을 볼 수 있는 방법으로 반야관이다.

짜임을 보므로 素質, 氣質, 실상을 본다. 반야관이다.

氣를 이용하여 구성을 보므로 근본의 프로그램을 볼 수 있다.

보는 만큼 고칠 수도 있다. 세상 제도라고도 한다.

O제도, 스스로 이루어 놓으면 氣제도세상 저절로 살아간다.

반야, 모든 사물의 본래의 양상을 이해하고 불법(佛法)의 진실한 모습을 파악하는 지성(知性)의 작용.

또는 최고의 진리를 인식하는 지혜.

산스크리트어 'Prajñā'의 음역어이다.

반야관은 모든 사물의 실상을 꿰뚫어 보는 안목을 말한다.

반야의 지혜를 통해야만 성불이 가능하다.

반야는 모든 부처님의 스승이며, 어머니(佛母)다.

반야는 우주이치를 밝힐 뿐만 아니라 중생을 교화하는 실천적 의미를 갖고 있다.

반야의 지혜는 단순한 세속적인 지혜가 아니다.

無와 반야는 하나로 연결되어 불가분의 관계에 있다.

無의 이해가 곧 반야이며, 반야는 곧 無의 실상을 깨닫는 일인 것이다.

반야는 일체의 사물이나 도리를 영원한 진실을 파악하는 일 자체를 말한다.

인간은 누구나 처음부터 반야의 지혜를 갖추고 있다.

탐, 진, 치 삼독과 번뇌로 뒤덮여 가려져 있을 뿐이다.

번뇌를 제거하는 일이 반야를 드러내는 일이다.

번뇌와 반야는 둘이 아니라 하나다.

모든 불경과 반야심경의 중심 사상은 無이며, 반야다.

불교의 목표이기도 하다.

반야의 완성, 지혜의 완성을 향한 부단한 노력 없이는 깨달음을 성취할 수 없다.

반야는 문자반야(文字)·관조반야(觀照)·실상반야(實相)이다.

반야를 설명할 때 가장 많이 채택될 뿐 아니라, 문자반야는 방편반야(方便般若)라고도 한다.

이는 부처님이 설하여 문자화된 경·율·논을 전부 통칭한 것으로, 문자도 반야를 나타내는 방편이 될지언정 반야 자체가 될 수는 없지만, 문자로 반야의 뜻을 전할 수 있으므로 문자반야라고 한다.

관조반야는 경·율·논의 글자나 말에 의하여 진리를 알아내고 이 진리에 의해서 수행하고 실천하는 것을 말한다.

관조반야의 진실한 지혜는 반드시 무념 무분별(無念無分別)이다.

실상반야는 부처님의 말씀 가운데 감추어져 있는 진리이며, 관조반야를 통하여 체득되는 궁극이다.

반야심경은 이 현상계에 너무도 매혹되어 진한 꿈을 꾸고 있는 것을 깨우기 위한 반야의 가르침을 담고 있다.

우리는 현실을 살아가되 캄캄하게 살아가서는 안 된다.

지혜의 밝은 눈으로 인생을 관찰하면서 문제를 해결하자는 것이 반야심경의 교훈이다.

지혜의 가르침을 통해 세상을 관조할 때 우리가 추구하는 행복을 얻을 수 있을 것이다.

진정한 행복은 지혜에서 온다는 것을 반야심경은 가르치고 있다.

능엄경의 이근원통(耳根圓通)에서 소리 이전의 본성에 계합하는 수행법과 통하고, 아함경의 12연기 이전을 꿰뚫는 반야 관과 통한다. 이것은 석존의 정견(正見)인 연기 관 오온·사성제·중도 등의 올바른 입지가 섰을 때 가능하다.

그렇지 않으면 우파니샤드의 아트만 수행과의 차이를 구분할 수 없게 될 수도 있다고 이야기 한다.

눈에 보이는 세계가 아닌, 보이지 않는 세상을 보는 법을 반야 관=반야지혜라고 한다. 그것으로 태초에서 지금까지의 변화와 이치를 본다. 보이는 세상과 五蘊의 실체를 만난다.

12연기법을 줄이면 마하 반야 파라 밀다,

더 줄이면 因 緣 果, 원 방각이다.

실 행 법 으로 무심삼매, 해인삼매=반야 정보=화엄삼매 수행법으로 사마타=집중, 비 파사나=반야 관으로 근원의 실상을 본다.

그래서 無의 說과 無의 法이라고 한다.

O과 氣, 즉 般若의 世界를 생각으로 알 수 있다고 생각하는가?

반야의 세계를 구분할 잣대가 있어야 한다.

바다 고래를 잡으려면 고래에 대해서 자세히 알아야한다.

안다고 고래를 잡은 것은 아니다. 지식으로 잡지는 못한다.

그래서 見性 成佛은 잘못된 말이다.

이제 시작인 것이다. 넓은 바다(宇宙)에는 필수적으로 가야 할 길을 안내하는 지도가 있어야한다. 그 지도를 보고 가야 할 장소를 찾을 능력이 있어야 목적지에 갈 수 있다.

고래의 이동 길을 알고 때를 맞추며 포획 도구를 갖추어야 한다.

도구를 쓸 능력이 없다면 모든 일들은 생각만으로 계획을 세운 이룰 수 없는 사상누각의 헛된 상상이 되어버린다.

수행에 氣라는 도구를 쓸 수 없다면 서로 통하지 못한다.

원하는 것과 안 통해 알 수도 없고 생각으로 짐작할 뿐이다.

생각은 한계를 갖고 있다. 실상을 경험하지도 못하고 꿈을 꾼다.

경험하지 못한 것은 현실에는 많은 장벽에 부딪쳐 진행이 없다.

많은 실패 속에 시간을 낭비하고 소득은 적다. 비효율적이다.

부처가 되려고 꿈꾸는 수행자도 마찬가지다. 크게 더 다른 것은, 보이지 않는 것을 찾아 보이지 않는 길을 간다는 것이다.

보이지 않으니 본 자 마다 자기가 본 것이 옳다고 주장하며 믿음을 강요하고 동조해 주기를 바라니 혼돈 속에 사람들은 자신의 보고 들은 지식과 선호하는 것을 기준으로 판단하며 뒤를 따른다. 이제 누군가 그 많은 것들을 정리할 때 인 것 같다.

정확한 경험과 이해와 우주이치로, 사람들은 반야의 세계를 경험해 보지도 않고 원리도 모르고 반야의 세계를 이야기한다.

지식만 난무하다.

回路다, 돈다, 진동하며 파동을 써 짠다. O과 氣다, 운동이다.

O과 氣는 하나로 동진한다. O은 볼 수 없고 느낄 수 없지만 氣로써 유추해 볼 수 있다. O은 진동한다. 氣는 돈다. O은 울고 氣는 변화한다. 氣는 돌면 저절로 구심점이 생기며 수축 팽창한다. O은 진동으로 氣는 돌며 변화와 균형을 이루려 한다.

氣를 알면 氣를 조절하며 쓰면서 돈다. 般若지혜라 고도 한다.

無란? 모든 물체의 절반 세상으로, 보이지 않는 물질 작용으로 모든 것의 본래 작용이다. 보는 법을 반야 관이라고 한다.

진동이며 돔이며. 파동하며 짜고 풀며 제도하고 틀이 되는 반야다.

나는 혼자가 아닌 合體이다, 과거 많은 정보의 결정체가 되어간다.

O적 合體=宣, 氣의 합체, 惡 많은 O들의 合體로 자신이 본존이다.

무엇으로 나를 만들 것 인가. 재료는 절대 体들 아니면 목적성 자신의 방향성에 따라, 그것의 보답으로 사명감을 가진다.

어느 한 体의 이론이나 정보에 끌려가지 않게 정리 한다.

神이나 先生, 지도자가 나를 지배 하지 않아야 한다.

자기의 잘못된 이해와 욕심이 맞으면 그길로 끌려가게 된다.

無 取 不 醉이니 돈과 명예를 누리지 말며 맑고 밝게 산다.

항상 자신이 주체이며 본존이다. 나는 O이며 빛이다.

잣대를 O 작용과 영혼에 두는 것이 아니라,

氣작용 물질에 두고, 無에 두는 것이 아니라 有의 六感에 두어

머리 정보에 의지하여 보이고 확인되는 것만 신뢰하며 無取不醉의 정신은 사라지고 자신의 영혼도 같이 묻혀 버리며 밝음은 사라지고 질량을 가진 물질에 집착하므로 암흑세상으로 가고 있다.

물질적 기운이 커지며 영혼의 기운은 적어지므로 상대적 균형을 맞추기 위해 영적 기운의 드러남이 생긴다. 성자들이다.

본래의 냄새와 맛이 맞지 않으면 자신의 길들여진 것에 맞추려 본래 것을 감추려 조미료로 덮는다. 본질은 점점 사라진다.

수행과 사상도 이와 같다. 그래서 사라지고 변질되는 것이다.

변질과 변화는 다르다. 변화는 본질을 바탕으로 다른 시도며 변질은 본래와 전혀 달라진 것이다. 거기서 본질을 찾을 수 없다.

생각이 바뀐다는 것은 생각하는 방법이, 습관이 바뀌어야 한다.

환경의 위치와 방향에 따라 삶이 달라지며 보는 것이 달라진다.

이해하지 못하면 오해한다. 이해하려면 전체와 속을 본다.

겉과 부분에서는 편견으로 이해 할 수 없다.

뇌와 컴퓨터는 거의 유사하다. 우주적 연결, 책임이 없다.

정보만 주기 때문이다. 책임지는 것은 사용자의 탓,

氣의 흐름이 아니라 정보 체다. 파를 매개로 한다.

최고의 연결과 복사 능력을 가지고 있다. 진동파와 동진으로 전자파와 같아 전파를 간섭 조절도 한다. 정보는 사용자에 의해 실행되므로 힘이 생기고 살아나며 공감을 일으켜 조절한다.

그 수에 따라 세력의 강약이 생긴다. 사람의 감정이 조합된다.

공감하는 자들과 함께 살아있다. 분위기를 만들어 끌어드린다.

모아진 정보는 정답이 없다. 자기가 필요한 것을 참고로 쓴다.
퍼즐 게임이나 쓰레기 더미에서 보물찾기다.

자신이 찾는 것을 확실히 알지 않으면 선택의 혼란에 빠져 크고
조직적이고 강하고 논리적이며 좋은 조건을 제시하는 유리한
정보를 선택한다.

그 속에서 소속감과 지식의 권위를 느끼며 자위한다.

주제를 올리면 많은 댓글들이 오르며 자기주장을 펼친다.

서로 안 맞으면 다투고 욕한다. 그러나 컴퓨터를 탓하지 않는다.

실제 사람의 뇌 정보를 상대하고 있다는 것을 알기 때문이다.

우리의 뇌도 같다. 상대하기 보다는 구분하지 못하는 자신을
점검해 볼 필요가 있다. 왜 상대가 반대하는지 이해의 차이다.

무시 할 수도 있는데 감정을 가진다. 냉정히 객관적으로
관찰한다.

우주도 같은 파동에 同氣 感應한다. 많은 정보가 서로 부딪치며
간섭현상이 일어난다. 정리는 물음을 던진 자신의 몫이다.

0과 1의 조합으로 모든 정보처리가 만들어지듯이 우주도
마찬가지다. 0과 1로 만들어졌다.

0과 氣로 과거의 정보에 계속 더해져서 커져 왔다.

누군가 발견한 지식에 바탕을 두고 발견자의 시각을 벗어나지
못하고 계속하고 있는 것이 대부분이다.

굳어진 것이 깨어져야 오류를 발견하고 고칠 수 있다.

정해진 길을 벗어나니 나의 길이 보인다는 말이 있듯이 부정하고
뒤집어 볼 때 새로운 것을 발견하고 새 세상이 열린다.

펼쳐져 있는 정보를 정리할 잣대가 서지 않으면 답은 없다.

깨달음의 하나는 올바른 정보로 정리하고 변화 시키는 것이다.

당신이 신으로부터 계시를 받았다면 그것은 근원의 신이 아니다.

근원은 계시하거나 대화하지 않는다. 두루 비추고 진동 할 뿐,

근원은 표현할 것이 없다. 표현은 氣의 세계에서 되는 것이다.

당신이 신을 만난다면 천사와 악마를 동시에 만난 것이다.

천사의 말을 하며 그 말을 무기로써 부리며 악마의 종을 만든다.

그것을 만드는 것은 당신의 이기심이다. 우주에 선악은 없다.

우주는 좋고 나쁨도 없다. 모든 것은 양면성을 가지고 있다.

상대와의 관계에서 좋고 나쁨을 상황에 따라 판단할 뿐이다

그 대상은 정보체인 당신의 뇌며=나며=짜고 푸는 존재이다.

정보는 살아있고 파를 쓰며 조절한다. 힘으로 작용한다.

사람과 같아 습관이 잘 바뀌지 않는다.

성경에서 善惡 果에만 관심이 몰려있지 永生 果는 묻혀 버렸다.

아담에게 숨을 불어 넣은 것은 부리며 쓸 틀을 만들었다는 거며,

뱀이 금단의 열매를 먹게 한 것은 뱀의 지식을 심었다는 것이며,

그로부터 뱀의 세상이 펼쳐졌다면 우리가 사는 상대적인 세상은,

겉모습을 보고 판단하는 물질에 잡혀 사는 세상이 된 것이다.

쫓겨났다는 것은 나가서, 신을 선전하여 불러 모으라는 포섭이며

그들을 만나 정보를 퍼트려 영혼을 지배하기 위함인지도 모른다.

다른 세상과 섞어보고 많은 변화의 경험을 하게 한 것이다.

뱀은 신의 상대적 모습으로 그려지며 자신을 감추고 있는지도,

우리는 그 상대적인 것을 선과 악이라 하고 있다.

영생의 삶에는 선과 악이 없다. 돋과 수축 팽창이 있을 뿐이다.

세상의 상대적인 모습이며 지식으로 五感으로 사는 세상을 상징하며 세상물질에 집착하면 뱀과 같다는 교훈이기도 하다.

실제는 한 모습일수도 있다. 세상은 상대의 구조이다.

몸을 나라고 생각하고 살아가면, 몸이 필요로 하는 것에 맞추어야한다. 풍요로운 衣食住를 갖추고 부귀영화를 누리며 자신과 보조하는 사물에 집착하게 된다.

결과는 서로 다투고 빼앗는 물질 제일주의로 혼란해 진다.

몸의 오감은 외부환경과 머릿속 정보에 따라 취향이 달라진다.

사람의 입맛이 각각이듯이 생각도 각각이다. 서로 갈라진다.

내면의 영혼이 자신인줄 알지 못하고 육신의 누리고 사는 것에 집착하게 된다. 세상은 혼탁해지고 영혼은 파괴되어 가고 있다.

永生(영혼)의 삶을 사는 자는 선악의 파도를 타고 쓴다.

肉身(물질)의 삶을 사는 자는 선악의 파도에 생사를 계속한다.

삐뚤어진 지구를 신이 보고, 튀어나온 것을 때어 모자란 곳에 주었다. 균형이 맞아 신이 보기에 참 좋았다.

그러나 빼앗겼다고 생각하는 자들은 신이 악마로 보였다.

얻은 자에게 신은 천사였다. 누가 신을 천사와 악마로 만들었나.

물질을 넘어 영의 삶에는 선악과 좋고 나쁨이 없는 것을 모른다.

비교로 유혹하는 신의 두 모습이 아닐까? 내 속에도 있는 고도의 수법에 신이라는 이름에 우리는 속고 있는 것은 아닌지, 우리가 생각하는 신은 신이 아닌 영혼의 지배자가 아닐까?

신은 우리가 생각하는 사랑이란 감정이 없을 수도 있다.

우주에 본래 없는 선악을 상대적으로 만든 교묘한 수법일까.

종교는 천당과 지옥, 두 개의 선택을 놓고 비교하며 권한다.

당연히 천당이 100%의 선택이다. 둘 다 신에게 오게 하는 하나는 악마와 지옥을 피해 하나는 천당의 행복을 누리기 위해 많은 종교의 한결같은 수법으로 인간의 약한 부분을 파고드는 최고의 사기술이다.

나더러 주여, 주여 하는 자 마다 천국에 다 들어 갈 것이 아니고 다만 하늘에 계신 아버지의 뜻대로 행하는 자라야 들어가리라.

신의 말을 분별할 잣대가 있어야 한다.

宗敎는 믿어야할 대상이 아니라 실천해야 할 대상이다.

상대(相對)=대상(對象)에 따라 마음이 생기고 달라진다.

우리는 현재 상대 계에 살고 있다. 계속 무심으로 살 수 없다.

나를 알면 상대도 알아진다. 안다는 것은 이미 상대가 아니다.

하나다. 아는 법은 觀心과 無 觀心이다.

알 수 없는 相의 세계보다 보이지 않는 無의 세계를 알면, 시작과 그 작용을 알면 속을 안다. 無 觀心이 般若 觀이다.

無心=無와 영혼의 세계에 마음을 둔다.

모든 성인들은 보이지 않는 O과 氣의 세계인 無를 이야기했다.

그것에서 우리의 내면의 실체를 알고 우주를 알았다.

그 방법이 아니면 나와 우주의 실체를 알 수 없다.

만물은 신의 거울상이다. 상대도 나의 거울이다.

고로 모두 신이다.

남의 삶을 자신의 생각대로 살아주기를 바란다.

내가 믿는 신은, 부처는 이러 이러 해야 돼.

내가 아는 수행자는 이러 이러 해야 돼, 아니면 아니야.

누가 신과 부처를 규정짓고 평가 하는가.

누가 신과 부처를 만드나 각각의 바램이다.

신은 상이 없는데, 뭘 그리나, 상이 없는 세상.

맑고 밝고 변화를 즐기는, 그냥 멀리서 바라보는 때로는 간섭하는, 들고 남이 자유로운 당신이 그입니다.

사람들은 자신이 體得하지 못한 것을 머리의 지식으로 공감하며 자신의 것인 양 신뢰하며 표현하며 자랑한다.

우주를 알려면 우주를 느끼고 그것과 통하므로 다양한 경험을 바탕으로 이해하며 우주와 자신을 알아가며 자기화한다.

경험자와 경험이 아닌 지식으로 아는 자, 서로의 정보가 부딪치고 그러면서 비교하고 평가한다.

하늘과 땅 차이의 지혜와 지식이다.

머리가 아닌 실제의 경험으로 지혜를 이룬 자는 깨어짐이 없다.

당신의 한 생각이 세상에 큰 간섭을 만든다. 히틀러나 간디처럼 마호메트, 예수나 석가처럼 누구의 삶으로 세상을 바꾸고 싶은가?

생각으로 알 수 없는 자신과의 동진과 대화로 자신을 열고 자신을 찾아가며 갇혀있고 묻혀있는 판도라의 상자를 열어 자신의 소질대로 표현하며 부정과 긍정으로 깊은 곳에 닿아 자신을 살려내어 알아가며 하나로 되는 길, 般若의 길, 印은 人이며 因이다. 小宇宙는 素宇宙며 大宇宙로 열어가는 것을 풀어낸다한다. 우주의 정보를 열어가는 것이 海印이다.

그 도구로 氣를 쓴다. 氣로 通하여 理를 알고 근원의 중심에 든다.

보이지 않는 세계를 보며 수행을 한다는 것은

실리와 실기를 겸해야 자신의 것이라고 할 수 있다.

그것이 명확하지 않을 때 허상 속에서 살아가게 된다.

한 사람의 바르지 않은 정보가 많은 사람을 망칠수도 있다.

메비우스 띠는 하나며 상대적이다. 나는 無의 세상을 이야기면 상대는 물질적인 세상의 사고로 이해한다. 顚倒가 없다.

생각으로 우주를 다 알아낼 수 가 없다. 그러면 다 알고 있는 근원의 나를 만나자. O과 氣를 써서 서로 대화하는 법을 익힌다. 서로의 표현이 다르기도 한다. 물질세상의 표현이 아닐 수도 있다.

나의 실체는 영혼이라는 것을 알고 낯선 영혼의 세상을 알아가며, 나의 지식을 버리고 거부하지 말고 이해하려고 노력하면서 바람과 기대, 욕심이 없는 어린아이의 순수한 마음으로 닥아 간다.

항상 조심해야 하는 것은 O과 氣의 세상은 선악이 없다.

조금의 물욕이라도 있으면 그것을 노린다(=기운이 몰린다).

유혹으로 시험한다. 벗어나지 못하면 그 속에 안주하게 된다.

그것으로 끝이다. 항상 자신을 지켜보아야 하는 이유다.

신이다, 부처다, 성인이다, 동물이다, 식물이다, 벌레라는 이름과 상에서 벗어나 내면을 보면 실상을 볼 수 있다.

보이지 않는 세상을 보는, 불교의 반야 관과 이근원통법이다.

心中=中心에 든다. 상에 마음을 두지 않으면 無相이다.

無相이면 海印 三昧에 든다. 우주가 드러난다. 耳根 圓通 法.

無爲 自然으로 저절로 華嚴 三昧로 들어난다. 내가 밝힌 만큼,
遠 離 顚倒夢想 究竟涅槃. 멀리 떼어놓고 생각지 말고, 상에서
찾는 꿈을 뒤집어 속에서 찾으면 궁극에 닿아 열반에 든다.

三世諸佛 依 般若 波 羅 密 多 故 得 阿뇩多羅 三먁 三 菩提
그 방법인 반야 파라 밀 다를 알면 더없는 지혜를 얻으므로
삼세제불이 그렇게 부처가 되었다. 般若 波 羅 密 多로 이어지는
작용을 알아야 우주를 알고 쓸 수 있다.

같은 것의 표현을 시대와 환경에 따라 다르게 불리어진다.

그 이유의 배경을 이해하므로 하나로 모을 수 있다.

자 성 세 계 = 반 야 세 계 = 無 相 세 계 = 해 인 세 계 = 화 엄 세 계 =
용궁장경세계=無理세계=無字 眞 經=活 天세계=십 승지세계=極
樂淨土=精 土

=中心=中央=頂上=頂点=須彌山=정수리=童子=아이=I=자동=
지도O=金尺=샘井=自 神, 모두 같으며 다른 표현이다.

지혜로 새롭게 변한다. 자궁=새롭게 태어난다. 지혜가 샘솟는다.

원뿔 꼭지 점, 원의 중심, 피 라 미드 중심, 사각의 중심 꼭지 점
삼각형은 상대적 균형이 없어 자기중심이 꼭지 점 頂點이다.

우주는 변화를 위해 惡을 쓴다. 죽음도 쓴다. 公憤을 일으킨다.

악역도 역할이다. 자신 역할을 잘 이행 하는 것이 업이며 사명
수행자의 처음은 전설을 믿고 찾아간다.

신, 부처, 신선, 무병장수, 극락, 천국, 초능력, 치유 능력, 그것을 자신이 찾을 수 있다고 믿고 안 되면 누군가 줄 것 이라고 기도하고 매달린다. 자성의 세계를 모르기 때문이다.

이승에서 因果를 볼 수 있다면 큰 복이다. 최후의 승자가 진정한 승자다. 하심을 하면 많은 직접 경험을 할 수 있다.

누리는 자는 내려오지 않는다.

이름이 지정되면 나머지는 없는 것이다. 변화하는 나는 이름 할 수 없다. 무엇 때문에 집착하는 줄 알면 존재의 이유가 넓어진다. 자신을 전체화하면 나는 점차 사라진다.

옴=소리의 세계, 數理의 세계, 각각 절반의 세상, 우주라는 소리에 맞추어 춤춘다. 神난다. 선과 자유는 절반의 세상이다.

내 욕심이지, 내 바램 이지 하면 밝은 지혜가 저절로 생긴다.

산들 바람은 나를 깨어나게 하는 기분 좋은 흔들림이다.

정해진 길은 없다. 당신의 노력만큼 얻을 수 있는 깊고 펼쳐진 세상이다. 자신의 욕심에 속지 말라.

六根의 지배를 벗어나려면 氣運으로 본다(작용의 궁합). 心相과 魂魄을 본다. 항상 속을 보고 판단한다. 인연과 의 연기법을 본다.

心 彌 眼의 능력이 있어야 바로 본다. 영혼의 선생이다.

세상은 내 마음대로 되는 것이 아니라 無의 條件에 의해 행한다.

無의 세계를 볼 수 있어야 실체를 볼 수 있다(=반야의 세계관).

우리에게 닥아 온 모든 것들이 왜 무슨 인연인지 알지 못한다.

이것을 어떻게 대하고 대처해야 하는지도 알 수 없다.

그것을 알 수 있는 방법은 보이지 않는 인연 즉 내면의 설계인 제도의 세계로 들어가 자신의 영혼의 세계를 볼 수 있어야 한다. 짐작이나 본능으로는 알 수 없는 세상이다.

보는 방법이 반야관이다. 보이지 않는 내면을 보는 능력을 가진 자만이 깨달음에 이룰 수 있다. O과 氣의 세상을 안다.

사람들은 깨달음을 갈구하면서도 자신을 버리지 못한다.

나를 접어두어야 무상무심의 세계에 들어 해인 삼매가 드러나고 전체가 보이고 상대를 이해하는 지혜인 반야의 세계가 닥아온다.

사람들은 적당한 합리화를 내세우며 그 속에 숨는다.

말로는 모든 것을 버린다면서, 물질세상과 나를 버리지 못한다.

업장과 현재의 누림을 버리지 못하는 사람들에게 무엇을 기대할 수 있을까. 기대에서 만남은 실망으로 끝난다.

주어도 받지 못하는 실망과 기대 속에 허무만 남는다.

아는 만큼 주려고 하는데 그들은 자기 생각으로 재고 있다.

그 만큼의 인연이라 생각하며 위안을 삼는다.

우주만물은 元素의 운동들이 압축되어 짜이어 相이 되어있다.

나의 영혼도 氣와 동진하며 짜며 제도되어 조이며 압축되어 상을 이루고 있다. 기로 짜여 진 압축을 풀어야 영혼도 자유롭게 변화한다. 기를 써서 풀어내는 방법으로 나의 영혼과 동진하는 방법이다. 그 진동을 듣고 통하며 그 흐름 속에 들어야 한다. 耳根 圓通 法, 경쟁과 비교를 하는 것은 목표가 같거나 비슷할 때이다.

전혀 다른 관점에서는, 같거나 비슷해도 경쟁이 없다.

각각의 창조의 샘이 솟아 자신의 삶에서 주인공이 된다.

생각도 6감각 중에 하나다. 많은 사람이 세상을 변화 시키려고 생각한다. 자신을 변화 시키려고 는 생각하지 않는다.

세상을 자기에 맞추어 변화를 바라면 진화는 없다. 내가 바뀐다.

밖을 바라보는 자는 꿈을 꾸고 안을 보는 자는 깨어난다. (칼 융)

진동, 장은 내외의 연결고리다. 최고의 조건이 최악일수 있다.

그 반대 일수도. 그 조건에 주저앉아 있으면 빠져 나올 수 없다.

파도가 계속 치듯이 세상은 변한다. 항상 마무리가 좋아야한다.

첫째, 사법계란 현재에 생겨나고 변천하고 없어지고 하는 여러 가지 차별한 현상계(現象界)를 말하는 것이니, 이 현상계의 모양이 천태만상(千態萬狀)이어서 통틀어 표시하기가 쉬운 일이 아니지마는, 불교에서는 이것을 5온(蘊:色·受·想·行·識)이라하고, 화엄경에서는 모든 사법(事法)은 서로 장애되지 않고 원융(圓融)하여 서로서로 인이 되고 연이 되어 한량없이 생겨나고 없어진다고 한다. 이것이 사법계다.

둘째, 이법계란 우주 만상의 참 성품인 본체계(本體界)를 말하는 것이니, 한량없이 차별한 현상계인 사법계는 인이 되고 연이 되어 생겨나서 변천하다가 필 경에 없어지는 것이지마는, 이 본체는 생겨나지도 없어지지도 않고 늘지도 줄지도 아니하면서 끝없는 세월에 변하지 않는 절대의 진리라는 것이다.

이법 계는 우리의 말로는 형용할 수 없고 마음으로 생각할 수도 없는 것이어서, 끝까지 어떻다고 설명할 도리가 없는 것이므로 억지로 공(空)이라 하지마는, 공이라는 말만으로는 이 절대적인 경계를 표현할 수 없으므로 공이라는 생각까지 없어지는 경지에서만 체험할 수 있다는 것인데, 이것을 중도(中道)라고 하나니, 이른바 이법 계(理法界)다.

셋째, 이사무애법계란 차별한 현상계와 평등한 본체계와의 관계가 그것이 곧 그것이어서 서로 여의지 않는다고 말하는 것이니, 하나의 진여(眞如)에 대하여 변하지 않는[不變] 뜻과 인연을 따르는[隨緣] 뜻이 있다는 것이다. 고요한 편으로 보면 진여는 절대로 변하지 않는 것이지만, 움직이는 편으로 보면 인연을 따라 전체가 움직여서 온갖 현상으로 펼쳐진다는 것이다. 진여의 자체를 물에 비유하면, 고요하던 진여의 이(理)인 물이 무명(無明)이란 바람을 만나면 곧 여러 가지 차별한 파도가 일어나는 것이며, 그렇게 한량없이 차별한 현상계도 그 자체나 성품으로 보면 오직 하나의 진여의 이치에 지나지 않는다는 것 그래서 현상계와 본체계는 한 진여의 두 가지 방면으로 인연을 따라 일어나는 것이 제 성품이 없는 줄을 알 것이니, 이것이 곧 이사무애법계라는 것이다.

끝으로 사사무애법계란 우주의 실상(實相)은 본체를 떠나서 현상이 없고, 현상을 떠나서 본체를 말할 수 없는 것은 앞의 이사무애법계에서 밝힌 바다. 한 걸음 더 나아가서 보면, 차별한 현상계의 온갖 사물(事物)도 그 서로서로의 사이에 번거롭고 복잡한 한량없는 관계를 가지고 있는 것이다.

그래서 모래 한 알, 풀 한 포기까지도 모두 본체 그대로가 나타나는 것이므로, 그 속에는 법계의 전체를 포함한 것이 되는 것이다.

다시 말하면, 하나가 곧 여럿이요 여럿이 곧 하나며, 하나 속에 온갖 것이 들어 있고 온갖 것 속에 하나가 들어 있는 것이므로, 크고 작은 것이 서로 융통(融通)하여 장애되지 않고, 영겁(永劫)과 찰나(刹那)가 다르지 않으며, 유정과 무정이 어긋나지 않는 것이니, 이것이 곧 사사무애법계로 화엄사상의 법계연기, 혹은 무진연기(無盡緣起)라는 것이다.

이 경계는 평등무차별한 참된 지혜로써만 증득할 수 있는 것이고, 우리의 분별 있는 지식으로는 상상할 수 없는 것이다.

속은 겉을 풀어내려고 작용하는데 바깥은 힘들어한다.

기뻐할 것인가 슬퍼할 것인가 무엇으로 판단할 것인가,

하나의 의문은 숨겨져 있는 많은 것들을 드러나게 한다.

하나로 귀결되는 답은 그 과정에서 저절로 생긴다.

氣의 처리는 동기유발이다. 나비효과를 바란다.

빈손으로 내게 오라, 내가 설치했던 모든 장애물이 조용하게 영원히 제거되도록 문을 열어주는 것뿐이다.

참사랑은 모든 열린 문을 통하여 내면의 집으로부터 밖으로 환히 비추며 순수 안에서 세상을 환히 밝혀준다.

무시할 것은 없다. 나를 깨워가는 과정이니까. 바람이 있는 한 생각은 영원하다. 바람이 불지 않으면 새로운 변화는 없다.

온도의 차이가 없다. 상대적인 작용이다.

氣를 잘 쓰는 자는 奇人, 영혼을 잘 다스리는 자는 義人,

둘 다 갖추어야 聖人이라 할 수 있다.

자신이 누구인지 알고 이루었으면 자신을 쓴다.

빛과 진동인 나를 써 氣를 조정하여 갇혀있고 조여 있는 O을 풀어낸다. 상대계인 기의 세계는 業과 길흉화복이 있지만 O의 세계에는 없다.

변화이자 새로움이다. 같은 길을 가지 않는다.

목적을 알면 나의 길을 안다. 어디에 있으나 돈다. 지나간다.

겉모습에 속지말자. 속에는 五慾 七情이 누구에게나 있다

현자는 그것을 바로 이해하고 잘 다루는 법을 알고 있는 자이다.

진화론이나 창조론이 아닌 O적 환경 변화의 적응 론이다.

머리로 생각하고 지식으로 공감하고 편하고 재미있는 것을 선택하며 정당함을 만들고 주장한다. 그 속에 들어 경험하고 부정과 긍정을 계속하며 찾아내기에 지루하니 현실성을 따진다. 초심은 사라지고 무엇무엇 때문에 라는 핑계를 대면서 얕은 생각에 빠지면 얄팍한 지식을 뽐내며 누린다.

우주는 빛의 떨림에서 시작되었다.

근원의 나는 빛이며 진동=소리이다. 그것을 줄 수 있어야한다.

그것을 쓰므로 세상과 나를 밝히는 진정한 참이며 사랑이다.

따뜻한 부모의 참사랑처럼 그로써 영혼이 자유로워지고 밝아진다.

그곳에 닿으려면 긍정적이며 밝고 맑아야 한다.

天上 天下 唯我 獨尊은 나의 시작이자 끝이다. 알파와 오메가이다.

천지 창조자와 절대자로 같은 표현이다.

전체와 부분의 합친 표현, 자신이 시작하여 자신이 된다.

거시세계, 미시세계, 내면세계, 궁극세계에 들면 같고 이어져있다.

잠자는 하늘을 깨운다. 돌지 않은 온전과 돌아온 完全은 다르다.

나는 내 삶의 생각과 글의 구경꾼이다. 평가자이고 정리자이다.

制度를 再度하기 위해 生老病死가 필요하다. 그래야 변한다.

석존은 과거의 모든 법을 본질로 돌려놓으려 하였고, 예수님도 인간의 영혼을 본질의 하나로 돌리려고 했다.

지금도 그러한 때가 아닌가? 과거를 다 모아서 하나로, 처음으로 돌아가자, 초심으로 돌아가자.

나는 항상 협곡사이에서 외줄을 타고 있다. 다 왔다는 안심이 끝없는 추락으로 이어진다. 어쩌면 영원히 줄을 탄다.

외줄이니까, 객들이 만나 객 담만 하면 주인은 할 일이 없다.

붓다를 만나고 여래를 만나라. 그 이유는 자신의 생각으로 이해하면 여래의 뜻을 이해하지 못한다.

왜냐, 우주는 휘이고 꼬이고 뒤틀려 있기 때문이다.

내가 너이지만 같을 수 없는 이유는 보는 차원이 다르다.

내 입장에서 해석 하므로 이해가 다르다. 상대세계이므로 그래서 무형의 작용에서 판단한다.

하나라도 내 욕심이 있으면 그 잣대로 해석하고 그 길로 간다.

영혼의 변화와 궁극을 위주로 해석하는 습관이 필요하다.

물질에 중점을 두고 해석하면 세상에 붙잡혀 갇힌다.

그때는 자신이 가장 무서운 존재다.

잘 쓰고 버리고 가야 할 것에 집착한다면 욕심이 악마로 변한다.

원하는 대로 된다는 것은 가장 무서운 유혹이다.

나의 영혼이냐 세상의 부귀영화냐의 선택, 전혀 반대 세상이다.

밖의 상에서 富貴榮華를 찾는다. 내면에도 있다.

고요한 증득의 즐거움과 무형의 富가 있다. 사라지지 않는 내면의 자유가 진정한 자유다. 병속의 새, 감옥 에서의 자유, 육체의 구속에서의 영혼의 자유, 초월의 자유.번뇌에서 오는 흔들림은 바탕을 튼튼하게 다진다.

그 원인을 깨달아 남에게 지혜를 전한다.

이기려 하지 말고 이해하려고 하라. 자신도, 상대도, 나와 손을 잡으려면 빈손으로 오라. 내손 외는 잡지 말라.

내게 올 때는 발가벗고 와라. 아무것도 가리지 말고, 몸집에서 느끼던 육감의 정보는 몸집이 사라져도 버리지 못한다.

천국과 지옥을 만들어 육감을 옮겨 온다. 분별하지 못한다.

탈을 가진 나와 가지지 않은 나의 차이를 이해하고 관한다.

의지할 곳이 있다는 것은 편하다. 그러나 그것이 종으로 만든다.

초월된 관점에서 필요에 의해 쓰고 버린다.

첨과 通한다. 처음은 참이다.

상과 이름이 없는 종교의 신과 부처가 아닌 처음과 통한다.

빛이요 진동이므로 그것과 동진 하므로, 滿神의 세상이다.

무엇을 기대하느냐에 따라 그 길을 간다.

뱀=악, 내속과 우주의 반이다. 쓰느냐 쓰이느냐 잡히는가, 성질을 알아야 바로 쓴다. 속을 본다. 하나로 이룰 수 있다.

인생은 실패의 연속이었으니 한곳에 머무르지 않고 여기 있다.

세상 모든 것은 정보에 의해 영향을 받고 움직인다.

정보로 짜고 움직이는 세상을 넘어서는 것은 정보 속이 아닌 객관적으로 관찰하고 구분한다. 정보는 선악이 없다.

그냥 정보이다. 쓰는 자에 따라 상대적인 판단이 결정한다.

잘못된 정보로 망가진 세상이 정리 되어야 한다.

지도는 잘못된 정보를 정리해 주는 것이다. 정보의 바다, 海印.

뇌의 정보를 꺼내어 본다. 육감의 정보에 길들어 있다.

정보에 길들어 있는 것을 깨는 것이 수행이며 지도이다.

정보를 고칠 수 도 있고 그것을 행할 수 있어야 한다.

그러지 못하면 정보가 충돌하여 혼란이 온다. 氣運이 변화한다.

있는 그대로를 보고 판단 후 조절, 조종한다.

깊이 들려면 내 정보는 접어 두어야 한다. 즉, 내가 없어야 한다.

그러지 않으면 정보의 충돌로 깨어지거나 혼란의 정리로 깨어난다.

뇌의 혼란으로 몸과 삶이 깨어진다. 生死의 기로에 서기도 한다.

자신을 정보에 맞추어 길들어 지거나 부딪쳐 길들인다.

O의 세상에 들려면 짜임의 너머에서 내려다보고 있어야 한다.

전체와 부분을 비교하여 구분할 수 있는 반야관이 필요한 때.

로봇은 영혼이 없다. 인간이 입력한 정보가 조종한다.

인공지능은 글자대로 인공이다. 정보의 세계다.

영혼이 없는 우리의 삶은 정보에 의해 움직이는 깡통 로봇이다.

올바른 영적 정보 없이 외부의 정보에 의지해 움직여도 깡통이다.

명심해야 할 것은, 인간은 소우주다. 나의 실체는 영혼이다.

어떤 목적으로만 이루어진 정보의 집합체와는 다르다.

우주 전체의 영향을 받으며 변화해가는 살아있는 육체이다.

어떤 정보는 그의 정신을 지배하기도 하지만 우주의 또 다른 전체의 영향을 받으면서 변해간다.

때로는 감정이 그 모든 정보를 깨기도 하는 이유이다.

무한한 정보의 집합체이면서 한 부분만 들어나 있으니 그 보이는 부분으로 전체를 알 수 없는 존재다.

우리에게 보여 주는 것은 있는 것은 빙산의 일각이기 때문이다.

상과 정보가 아닌 그 내면에서 일어나는 영혼인 반야의 세상을 기계적 정보로 어떻게 표현할 수가 없다.

세상의 모든 것을 이용하여 영혼의 진화를 이루는 것이 세상이 만들어진 목적이므로, 인공정보의 실행만으로는 이룰 수 없다.

세상을 영혼이 움직여야 한다. 그러기 위해 나의 영혼을 깨워야 한다.

그러기 위해 수많은 정보 속에서 옥석을 가려낼 경험 있는 전문가=선생=부모들이 필요한 때이다.

과거의 사상을 모아 그 원 뿌리를 찾아서 하나로 정리할 때이다.

그것이 새로운 시대의 시작이다.

빛, 불로 실현되는 실제 수행으로 결과확인.

내가 최악의 조건에 있지 않으면 어찌 그들을 이해 할 것 인가.

이순간의 경험은 최고의 수양이다. 富는 최악의 조건이다.

채널 링의 단점, 원하는 답을 요구한다. 그 생각에 맞추어 준다.

생각의 범위가 좁으며 답의 종이 되어 그것에 매달려 의지한다.

수용력이 좁아 주장하며 부딪친다. 끌고 가려한다. 본 것을

굳힌다.

전체성과 수용력이 부족해진다.

顚倒와 폭 넓은 이해가 필요하다.

과거의 모든 성자들의 精=天地 精이 모여야 새로운 사상이

태어난다.

그 頂点은 合體, 三位一體, 三界가 하나 체이다.

악과 괴로움을 격어보아야 최상이다. 반쪽의 경험은

진정한 경험이 아니다. 안에서 밖으로 나에서 너에서 합쳐서

내로. 편견이나 특성을 가지고 우주를 주도하거나 간섭한다면 할

필요가 없다.

모든 것이 의도한 대로 될 것이 정해져 있으니.

육감은 외부와 어울려 분별하고 생활 하는데 쓴다. 현혹되지

않는다.

그것으로 속을 판단하지 못한다. 육감에 의한 제한된 지식은

속을 가려

깊이 높이 넓게 핵심을 보지 못하는 한계가 있다.

온전에서 완전으로 가는 길에 다 필요하다. 그것에 잡히지만

않는다면 각각의 삶이 달라야 하는 것을 알고 이해해야 한다.

나를 보는 것은 自我에 빠져있어 바로 볼 수 없으니

상대에서 나를 본다. 크게 드러나는 인물과 사건은 변화의 상징이며 동기부여로 볼 수 있다. 변화를 주는 주연이다.

지구인도 외계인을 닮아간다. 운동부족, 팔다리 부실, 뇌, 맛 집중.

우리의 영혼은 육체를 이용해 세상을 경험하는 여행자다.

위로 속으로 멀리 깊이 중심으로 갈수록 이해하기 힘들다.

미래의 목적을 위해 내가 무엇을 할 것인지 생각하자.

喜 怒 哀 樂, 부귀영화는 판단의 기준이 아니다. 결과를 본다.

목적에 맞는 삶을 사는지를 판단한다.

끌어주기 위한 거짓말들, 감추어진 프로그램, 지난 후에 아는. 미리 알려주면 가지 않는다. 진행과 좋은 변화를 위한 영적교육법. 영적 말과 글을 이해하려면 철저한 無의세계와 顚倒에 기준을 둔다.

그래야 생각과 지식을 넘어선 우주이치와 지혜를 얻는다.

과거의 모든 성인과 스승의 사상은 밑거름으로 써야한다.

그들이 당신을 지배하게 해서는 안 된다.

많은 것이 바라는 대로 되거나 신비 속에 빠지면 수행은 그것으로 끝이다. 써먹기에 바쁘고 무리와 휩쓸려 다닌다.

작은 깨달음이나 능력을 가지고 전부인 것처럼 생각한다면 머물러 더 이상 진전은 없다.

無心=무에 마음을 두면 心中=中心에 든다.

상에 마음을 두지 않으면 無相이다.

無相이면 海印 三昧에 든다. 우주가 드러난다. 耳根 圓通 法.

無爲 自然으로 저절로 華嚴 三昧로 들어난다. 내가 밝힌 만큼.

1=위아래, -=좌우, \=안 밖, /=앞뒤,

母=卵子=田=土=안, 父=精子=정보=씨앗=밖.

아무도 영혼 없이는 살 수 없다. 영혼이 없다고 생각하기 시작하면 그대의 삶은 모든 의미를 잃어버린다.

영혼은 그대가 존재하는 모든 의미가 한데 뭉친 것이다.

영혼이 없다면 그대는 존재계로부터, 영원한 생명으로부터 떨어져 갈 것이다.

그대 속에 영혼이 없다는 바로 그 생각이, 그대를 존재 계에서 잘라 내 버릴 것이다.

그대는 위축되기 시작할 것이며 고통을 느끼기 시작할 것이다.

번역서와 해설서, 번역을 하는 자는 자신의 생각이 아닌, 있는 그대로를 표현하려고 애를 쓴다. 더구나 경전을 다루면 더 조심한다.

그 뜻을 왜곡시키지 않으려 노력한다. 모르면 원음을 그대로 남겨둔다.

설명하려는 자는 많은 비유를 쓰며 자기 생각을 부각시키려 애쓴다.

본래의 뜻이 왜곡되어 그래서 많은 유파와 해설집이 생긴다.

(타고르)

중생은 부처를 해탈시키고 부처는 중생을 해탈시킨다.

그것은 서로 나누어질 수 없는 것이다.

고통이 깨어 있음을 만들어 내기에 중생은 부처를 낳는다.

깨어 있음은 고통을 벗어나게 해주기 때문에 부처는 중생을 해탈시킨다.

고통이 없다면 깨어있음을 만들어낼 만한 것은 아무것도 없다.

그대가 미혹되었을 때 부처는 중생을 해탈시킨다.

그대가 깨어 있을 때 중생은 부처를 해탈시킨다.

부처는 스스로 부처가 될 수 없다.

그들은 중생에 의해서 해탈된다. 그래서 모든 부처는 미혹을 아버지로 삼고 탐욕을 어머니로 삼는다.

부처와 중생이 아닌 각각의 일로 業이며 인과이다. 상을 떠난다.

내 일에서 절대 최고의 존재가 되며 자신의 소질과 할 일을 발견한다.

마음은 모든 것이 자라나는 뿌리이다.

만일 그대가 이 마음을 이해할 수 있다면 다른 모든 것이 거기에 포함된다.

그것은 나무와 같다. 모든 과일과 꽃들, 그리고 모든 가지와 잎들이 이 뿌리에 의존하고 있다.

만일 그대가 그 뿌리를 자른다면 나의 죽음과 깨달음의 기회도 죽는다.

마음을 이해하는 사람은 최소한의 노력으로 깨달음에 이른다.

마음을 이해하지 못한 사람은 무슨 수행을 하더라도 헛된 것이다.

모든 선과 악이 바로 그대 자신의 마음에서 나온다.

이 마음을 벗어나서 어떤 것을 찾는 것은 불가능하다.

이론과 답은 간단하게 줄여서 말할 수 있다.

말로는 쉽게 설명되지만 이루기는 어렵다.

영원히 못 이룰 수도 있는 것 도 있다.

우주를 이해해야 사람을 이해할 수 있다.

과거는 현재 속에 들어와 있고 미래는 현재가 만들어간다.

현재를 조절하므로 과거와 미래가 바뀐다.

지금의 모든 것은 과거의 집약이다. 미래는 지금의 변화이다.

인권이란 외부가 아닌 내면이 실상이다. 역할론 이 진면목이다.

초능력, 빛의 시대이다. 맑음이 우선이다.

바람이 없는 호수(물)는 파동을 바르게 전한다. 간섭이 없으니
세상이란 욕망의 바다는 진실의 바닥이 보이지 않는다.

누군가는 생활인데 누군가는 탐험이다. 환경을 초월한다.

사고가 완전히 바뀌는 날, 聖誕日이다.

실상은 하나인데 상황에 따라 상과 이름이 바뀐다.

상과 이름에 메이지 않고 속을 볼 수, 들을 수, 자신을 상대를
만날 수 있다면 깨달을 수 있다.

자신과 상대가 하나 되면 붓다이다.

우주는 이해하는 것이다. 상대와 나를, 그래야 바로 쓸 수가 있다.

폭이 커져 전체화 된다. 분석하고, 쪼개면 보이는 것밖에 모른다.

되고 싶다고 되는 것은 아니다. 조건을 갖추어야 이루어진다.

생각으로는 그 조건을 알 수 없는 것이 많다.

사구 게=반야 관 스스로 갖추면 저절로 된다. 상과 이름이 아닌
속을 본다.

사무처리, 길흉화복이 아닌 영적 지도를 준다.

관세음과 예수의 이근 원통 법, 채널 링의 유사점.

상대일까? 상대 적 일까? 나와 같을까, 깊이 보면 나다.

내가 하고 싶은 것을 하면서 살고 싶으면 남의 시선을 의식 하면 많은 시간과 정신적 낭비가 따른다.

그것과 협상하면 방향이 달라진다.

그것으로 성취를 이루면 좋지만 되지 않아도 많은 것이 남는다.

내일로 다른 사람에게 피해를 주지말자.

과학적 이론과 분석은 우주를 영원히 이해 할 수 없다.

우주의 첫 작용은 빛과 불이다.

진화는 근원과 맞추어 자연으로 돌아가는 것이다.

일련의 실험들을 근거로 연구진은 각 세포기관이 세포 내에 고유한 위치를 갖고 있으며, 이들을 연결하는 미세한 '밧줄'의 네트워크가 해당 위치를 결정하고 물질 전달도 조절한다는 결론을 내렸다. (회로에서는 신경회로라고 한다.)

"세포 내 기관 간 접촉을 연구해 세포들이 어떻게 조직화하고 상호작용하는지를 이해하게 되면 수년 내에 세포생물학 분야에 흥미 있는 변화가 일어날 것"이라고 슐다이너 교수는 보고 있다.

聖者와 부모는 알면서 속아준다. 두루 비춤은 위가 아닌 속이다.

중국 춘추시대 초나라의 철학자인 노자(老子)의 대표적인 저서 상선약수(上善若水)는 "가장 위대한 선은 물과 같다"

물은 만물을 이롭게 하면서 다투지 않으며 사람들이 싫어하는 곳에 처한다. 그러므로 도(道)에 가깝다.

거할 때는 낮은 곳에 처하기를 잘하고 마음 쓸 때는 그윽한 마음가짐을 잘하고 사람들과 함께 할 때는 사랑하기를 잘하며 말할 때는 믿음직하기를 잘하고 다스릴 때는 질서 있게 하 기를 잘하고 일할 때는 능력 있게 하 기를 잘하고 움직일 때는 타이밍 맞추기를 잘한다. 다투지 아니하니 허물이 없다."

세상에 물보다 더 부드럽고 약한 것은 없지만 굳고 강한 것을 치는데 물을 이길 수 있는 것은 없다.

약함이 강함을 이기고 유연함이 단단함을 이긴다.

그것을 알지 못하는 사람은 없다. 그러나 실행하는 사람이 없다.

물이 위에서 아래로 흐르는 것은 수평(水平)을 유지하기 위함인데, 물은 조금만 상하의 차가 있어도 수평(水平)을 유지한다.

수평(水平)은 곧 공평(公平)이라 했다.

둘째, 물은 완전(完全)을 나타내고 있다. 물은 아래로 흐를 때 아주 작은 구덩이가 있어도 그것을 완전하게 채우면서 흘러간다.

셋째, 물은 상황에 따라 한없이 변하면서도 본질을 잃지 않는다.

넷째, 물은 겸손(謙遜)하다. 물은 가장 중요한 생명의 근원이지만 언제나 아래로 흐르며 낮게 있는 모든 곳을 적셔준다.

언제나 자신을 내세우지 않으며 조용한 마음으로 기다린다.

알아주면 고맙고 알아주지 않아도 조용히 순종한다.

심선연(心善淵) : 물은 연못처럼 깊은 마음을 가지고 있다.

여선인(與善仁) : 물은 아낌없이 누구에게나 은혜를 베푼다.

언선신(言善信) : 물은 신뢰를 잃지 않는다.

정선치(正善治) : 물은 세상을 깨끗하게 해 준다.

사선능(事善能) : 물은 놀라운 능력을 발휘한다.

동선시(動善時) : 물은 얼 때와 녹을 때를 안다.

첫째, 유연함. 물은 자기를 내세우지 않는다.

자기를 규정하지 않기에 어떤 상대도 받아들인다.

둘째, 겸손함. 물은 만물을 이롭게 하면서도 그 공로를 다투지

않는다. 다른 사람이 싫어하는 곳까지 임하기에 도달하지 못하는

곳이 없다.

셋째, 기다림. 물은 흐를 줄을 알기에 멈추어 설 줄도 안다.

웅덩이를 만나면 그곳을 채울 때까지 조용히 기다린다.

넷째, 여유(餘裕). 물은 바위를 뚫을 힘을 가졌으나 뚫으려 하지

않고 유유히 돌아간다.

다섯째, 새로움. 살아 있는 물은 멈추지 않고 늘 흐른다.

그러기에 언제나 새롭다. 또한, 늘 깨끗하고 청결하고 한결같다.

찬 샘=맑고 깨끗한, 냉정한, 끝없이 솟는 새로운 지혜,

영혼의 감로수. 심성이 맑아야 심중과 통한다. 맑으면 밝아진다.

착함과 맑음은 다르다.

원인을 알므로 지혜롭게 밝게 보고 쓴다.

물질세계의 길흉화복은 영적 세계에서는 정반대 일수 있다.

轉禍爲福의 이유, 내면을 보아야 답과 미래를 본다.

회전 하는 것은 대칭을 이루려 한다. 틈=여유=공간=시간

神이 나야, 우울증, 신 내림, 건강, 사업, 수행에 도움이 된다.

내가 묻고 내가 답한다. 생각이 묻고 정보가 답한다.

영이 묻고 영이 답한다. 우주의 이야기를 현실에 맞추어 전한다.

바램=희망=믿음이 없으면 배신도 없다.

배신이 없었다면 지금의 나도 여기에 없을 것이다.

믿음이 깨어지면 自神 도 적어지거나 사라지고 허무와 답답함으로 화(震怒)를 부른다.

기대와 믿음에 대한 배신이 없다는 것은 다른 무엇이 나를 어떻게 해줄 것 이라는 바람이 사라졌다는 것.

의로운 지혜에 자신의 의지를 가졌다는 것.

바램이 크고 권위적일수록 화도 크고 깊이 쌓이고 굳는다.

내가 이런 험한 길이란 것을 알았다면 그래도 선택 했을까?

세상 부모는 석가와 예수 같은 자식을 정말 원했을까?

그래서 하늘인 자신은 자신을 속인다.

自神이 自身을 쓴다. O이 氣를 쓴다. 영이 아닌 물질세상의 바라고 기대하는 것으로 해석하는 머리를 쓴다.

이제 각 종교에서 일방적으로 법을 해석하여 전하는 것을 바르게 바꾼다. 세상의 종교와 만물은 한 뿌리다.

우리는 하나다. 내가 세상을 만든다.

각각 부처=소질개발 현실적 삶으로 연결.

시험은 소질을 발견하고 개발하기 위한 것.

한번 그대가 자신의 본성을 보고 나면 경전 전체가 덧없는 장광설로 들릴 것이다.

수천가지 경문이 하나의 밝은 마음에 못 미친다.

자신의 역할이 무엇인지 찾아야 한다. 그러면 내 길을 갈수 있다.

대부분의 사람은 필히 죽지만, 죽지 않는 사람도 있다.

같이 숨쉬고, 같이 울고, 같이 웃기도 하는 자 가있다.

그자는 죽지 않고 영원히 살아 있는 것이다.

그는 영적으로 모든 자의 가슴속에 살아있는 것이다.

누구나의 가슴속에 남아있는 한줄기 빛으로 남기를.

행과 불행은 누구에게나 언제든지 일어날 수 있다.

一波萬波, 하나의 물결이 연쇄적으로 많은 물결을 만든다는 뜻으로, 한 사건이 그것으로 그치지 않고 잇달아 많은 사건으로 번지는 일을 비유적으로 이르는 말. 우주의 시작은 일파만파다.

자신의 지식과 환경을 바꾸지 않는 깨달음은 거짓말이다.

현재의 안정된 생활이 무너지는 것이 두렵다.

가정에 대한 집착, 책임감, 도덕성, 죄책감, 후회할거라 생각한다.

성인은 다 버렸다. 더 나은 미래와 큰 세상을 위해.

버리지 못하면서 새로운 것을 얻으려 하는가, 절대 얻을 수 없다.

수행을 도피처로 삼으려 하는 자, 그 또한 새로운 감옥 에 갇힌다.

한 생을 버려라, 그것이 거름이 되어 새로운 세상이 기다린다.

惡과 善의 늑대가 싸우면 내가 먹이를 많이 준 것이 이긴다.

너와 나, 내가 졌으니 너도 졌다, 우린 같은 패배자다.

영은 육체가 없다=고통이 없다=잘못에 책임이 없다

=잡을 수 없다=없앨 수 없다=한 체가 아니다 내가 있는 한.

生老病死에 빠진 나를 구경한다. 감정이 없다. 否定이 없다.

짜여 진 길을 벗어날 때에도 정보만으로 판단한다.

새로운 경험을 위해서 나의 육체의 고통은 모른다.

항상 희망으로 부추긴다. 거짓말이라도 쓴다. 책임은 없다.

육감이 없다. 정보만 있다. 감각이 없다. 苦가 없다.

실행을 위해서는 온갖 탈을 다 쓴다. 세상을 무시한다.

때로는 神의 탈을 쓴 뱀이다.

정보를 빌려 쓰므로 감정이 있는 것으로 보인다.

현실에 대한 감정이 없다면 세상에 있을 필요가 없다.

그 괴리감을 없앨 수 없다. 죽이거나 버릴 수 없다.

목메고 기다리고 혹시 하는 생각으로 바라며 살아왔고 살아간다.

너는 그냥 기다려라, 운명을 따르라, 宇理속에 가두어 종을

만들고 깨달을수록 그것에 속박됨이니 틀리지 않을까

항상 조바심하며 주인으로 착각하며 산다.

자신의 육체도 바람도 어쩌지 못하는 목줄에 끌려가는 개

신세이다. 因緣果에 답을 정해놓고 묻어간다.

인간의 머릿속으로는 이해되지 않는 절대적 냉정함과 상대적

다정함, 절대적 작용과 상대적 작용 두 세계에 걸쳐져 있으므로

둘을 잘 쓴다.

모습들이 모여 있는 三位一體상과 善惡의 세계를 알고 밝게

쓴다.

平凡=無我 자신의 바램 이 자신을 속이고 안 되면 화를 낸다.

자신의 바램 이 그림자로 드러난다. 자신의 결과물로 착각한다.

이 번뇌가 어디서 시작됐을까? 상대가 생기면서? 주체는?

바램 을 근본에서 찾지 못하면 이것이 어디서 왔는지를 모른다.

상대적 세상에 살면서 소멸 시킬 수 없는 것.

생각=번뇌, 성욕, 감정, 바램=싫다, 좋다, 육신의 부담 성욕, 식욕, 수면욕, 희망사항, 자제가능 내려가서 구하지 말라, 위에서 불러 올려라, 잔챙이와 놀지 마라, 같아진다. 발목 잡히면 냉정성이 사라진다.

모든 종교단체는 우주 이치를 자신들의 이익을 위해 해석한다.

정치인이 자기 정당과 자신의 이익을 위해 집중하는 이유와 같다.

나로 시작되어 상대가 되어 어울려 쓰고 나로 돌아온다.

맺어놓은 씨앗이 밖으로 드러나 꽃피고 열매 맺어 내가 거둔다.

因緣 果며 상대는 나의 거울이다. 거기서 나를 찾는다.

내가 바라는 대로 되지 않으면 부딪친다. 내 속을 알고 다스린다.

누군가는 해야 할일, 가야 하는 길, 길이 아니다.

악이란 절반의 세상을 쓰지 않으면 살아 갈 수 없다.

빠질 일이 없으니 惡도 쓴다. 항상 쓰고 있으면서 인식을 못한다.

善(宣)이 아니면 안 된다는 생각에 반쪽 세상을 보고 산다.

善만 생각하고 선만 본다. 다 보고 있다고 착각하고 산다.

물질세상이 악의 세상이라는 인식이 없다. 선이 절대인 것처럼, 악으로 악을 쓰면서 태어났고 악으로 된 물질세상을 쓰면서도 알지 못하는 생각의 나쁘다, 좋다는 편견을 벗어나 쓴다.

조여 있으면 풀고, 너무 풀린 것은 조인다. 음양의 조화가 生路다.

회전이 조여 있다, 굳어있다, 갇혀있다, 폐쇄적이다, 편협하다, 암울하다, 숨겨져 있다, 신나게 넓혀준다.

변화=顚倒 너무 풀려있다. 산만하다. 들떠있다. 안정시킨다.
조인다.

모은다. 한 방향으로 몰아간다. 주장을 시위한다. 압박한다.

미래와 속을 모르는 불확실성의 세계.

불안해하고 좌절하고 매달린다.

길이 정해지고 믿음이 생기면 한길을 가니 漏盡通으로 편해진다.

많은 경험과 번뇌를 겪은 자가 우주를 더 깊이 이해한다.

석존은 참선을 하라고 한 적이 없다. 구도에 대해서도.

그냥 선정에 든 다=自性에 든다. 궁금한 것을 염두에 두고,
글자에 눈이 팔려 외우는 것은 불경뿐이요, 오로지 익히는 것은
구두 선(口頭禪)뿐이다.

삶과 죽음의 참 경계를 어찌 알 수 있으랴.

비록 수행하는 이들은 있으나 정법인 심인(心印)을 구하지 않고,
도를 깨우치려 하면서도 정법인 무자진경(無字眞經)을 찾지
않네.

세상의 진리는 무자진경에서 나왔다. 표현하면 유자진경이다.

鬼神세계가 현실이다. 만물은 내면의 業을 실행하기 위해
패거리를 이루어 강설하고 남몰래 이상한 짓거리를 일삼네. 達磨
설계에 맞추어 만들어지는 틀이며 탈이다.

아무리 사주 관상을 잘 보아도 영혼을 볼 수는 없다.

영혼을 보아도 초월해 보는 자는 없다.

吉凶禍福과 영혼은 이해가 다르다.

범죄가 발생하면 '독'으로만 볼 게 아니라 그 '독'이 퍼지게 된

사회 환경을 봐야 한다. 범죄자는 독 그 자체가 아니라 중독된 자들의 표라고 봐야 그를 위한 사회적 치료약을 찾을 수 있다.

자식이 부모를 심판 할 수 없다. 본인이 선택 했으니.

답은 안에 있고 그것을 보지 못하는 밖은 괴롭다.

그것을 변화시키는 자가 혁명가이다.

양의 탈을 쓴 늑대 어느 것이 실상일까?

양에서 늑대를 찾을 수 있을까.

주체가 사라지면 변형된 것이 주체가 된다.

구마라습과 삼장법사보다 가장 완벽한 번역자는 달마존자이다.

번역자는 글자에 매달린다. 깨달은 자는 글자를 넘어선다.

내가 가진 것은 당신이 원하는 답이 아니다.

영혼의 세상이기 때문이다.

갇혀서 묻혀있는 자신을 살리자, 본래 빛인 자신으로, 공부의 시작은 채널 링이다. 삼대 종교의 시작은 채널 링이다.

그들은 自神과의 채널 러였다.

三昧라면 흔히 靜적이라고 생각한다. 실제 行은 동적이다.

반야 파라밀다의 작용을 아는 것은 금강경 사구 게의 실행이다.

상을 보지 않고 내면의 작용을 보는 방법이다.

죽음으로 도망하려는 비겁한 놈,

당신이 서 있으면 운주사 미륵은 누웠고

당신이 누 으면 운주사 미륵과 함께이다. 상대와 하나 되라,

業의 세상과 사명의 세상은 다르다. 선악으로 판단하지 말라,

수행자는 자신이 주체이고 무속인은 종이 되어 메 달린다.

메 달리던 자신과의 교감이 멀어지고 진전이 없고 틀려지면
사람들은 수행보다는 그동안의 경험과 지식을 쓴다.
탐욕과 성욕은 집중하던 에너지를
소멸하게 하고 수행의 길을 방해하고 물을 흐리게 하여
속이 보이지 않고 틀리거나 다른 길로 가게 한다.
많은 수행자들에게 조금이나마 도움이 되어 빛으로 거듭 나시길,

무자진경 (부처와 보살의 전설의 수행법)

지은이 逢 天

1판 1쇄 발행 2020년 03월 06일

저작권자 봉천

발 행 처 하움출판사
발 행 인 문현광
교   정 신선미
편   집 오현정
주   소 전라북도 군산시 축동안3길 20, 2층 하움출판사
I S B N 979-11-6440-125-3

홈페이지 http://haum.kr/
이 메 일 haum1000@naver.com

좋은 책을 만들겠습니다.
하움출판사는 독자 여러분의 의견에 항상 귀 기울이고 있습니다.

이 도서의 국립중앙도서관 출판예정도서목록(CIP)은 서지정보유통지원시스템 홈페이지(http://seoji.nl.go.kr)와
국가자료종합목록 구축시스템(http://kolis-net.nl.go.kr)에서 이용하실 수 있습니다. (CIP제어번호 : CIP2020008458)

· 값은 표지에 있습니다.
· 파본은 구입처에서 교환해 드립니다.
· 이 책은 저작권법에 따라 보호받는 저작물이므로 무단전제와 무단복제를 금지하며,
  이 책 내용의 전부 또는 일부를 이용하려면 반드시 저작권자와 하움출판사의 서면동의를 받아야합니다.